RHÉTORIQUE APPLIQUÉE.

ROANNE. — IMPRIMERIE DE A. FARINE.

RHÉTORIQUE APPLIQUÉE

OU

RECUEIL D'EXERCICES LITTÉRAIRES

DANS

TOUS LES GENRES DE COMPOSITION FRANÇAISE,

DÉDIÉ

AUX MAISONS D'ÉDUCATION,

PAR

J.-A. GUYET.

PRÉCEPTES. — CANEVAS. — MODÈLES.

PRÉCEPTES.

LYON,
CHEZ L'AUTEUR, RUE DE LA PRÉFECTURE, 6.
1850.

DÉDICACE.

SONNET.

Asiles fortunés, où règne l'innocence,
Où la vertu grandit sous des toits protecteurs,
Dont jamais le torrent de l'humaine démence
N'osa souiller les murs de ses flots destructeurs !

Au sein de votre paix s'instruit l'adolescence,
Le talent y mûrit, ennoblissant les cœurs ;
L'art s'y montre riant à la rieuse enfance :
Tel rit à l'herbe tendre un parterre de fleurs.

Voici qu'à votre seuil une Dame en atours,
Qui, pour venir vous voir, a passé de longs jours,
Murmure doucement une tendre prière.

Elle veut alléger vos pénibles travaux,
Dans sa main sont cachés mille présents nouveaux ;
Demeures de sagesse, accueillez l'étrangère.

GUYET.

PRÉFACE.

Je commence par déclarer que le but de cet ouvrage est de rendre la composition facile aux élèves; mais que je n'ai point l'intention de m'astreindre au mécanisme auquel on soumet ordinairement les traités de Rhétorique. La méthode a été poussée si loin, on a tellement divisé et subdivisé les préceptes de l'art oratoire, qu'il en résulte une confusion réelle, et l'élève a fort à faire pour se sortir avec honneur du dédale de chapitres et de paragraphes qu'on lui fait parcourir. Ces efforts des rhéteurs, louables en eux-mêmes, n'ont pourtant rien produit de nouveau ni d'utile : car, depuis Aristote et Quintilien, qui les premiers ont traité de la Rhétorique, les préceptes n'ont varié que dans la forme, le fond est resté le même. Les modèles, il est vrai, se sont multipliés, et nous sommes assez riches aujourd'hui pour nous dispenser de recourir aux *anciens*. Sous ce rapport encore, il me semble qu'on a trop multiplié les exemples, et abusé de la permission de *citer*. Avec des préceptes délayés, et de nombreux extraits de bons auteurs, il est facile de faire un cours de Rhétorique c'est-à-dire un volume de 3 à 400 pages ; mais quand on aura composé un nouvel ouvrage, aura-t-on fait quelque chose de plus utile que ce qui existait long-temps avant nous ? Pour décider cette question, il suffit de comparer nos traités de Rhétorique aux institutions oratoires de Quintilien.

« Que l'on n'exige pas de moi, dit ce célèbre rhéteur, ce que beaucoup ont voulu » faire, de renfermer et de circonscrire » l'art dans des bornes nécessaires et immuables. Je n'en connais point de cette » espèce. La Rhétorique serait une chose » bien aisée, si on pouvait ainsi la réduire » en système. La nature des causes et des » circonstances, le sujet, l'occasion, la » nécessité, changent et modifient tout. »

Cette déclaration de principes justifiera la mienne. Je ne méprise point les règles, il s'en faut; jamais je n'accorderai tout au naturel, quelque bon qu'il soit; mais tout en donnant beaucoup à l'art je donne plus encore au talent : car, on ne peut le nier, le talent a existé avant l'art, les modèles existèrent avant les préceptes. C'est en observant *les hommes de génie*, qui les premiers produisirent des chefs-d'œuvre, que les *hommes de sens* devinèrent l'art, et c'est en analysant les écrits des premiers que les seconds formèrent un recueil de préceptes. C'est ce qui fait que nous rencontrons souvent dans *la décomposition* des choses fort belles auxquelles les auteurs ne pensaient peut-être guères, et que leur talent a produites, pour ainsi dire, d'instinct. Le talent est donc créateur, et l'art n'est qu'imitateur : sans le talent, l'art n'aurait pu exister.

Mais l'art peut manquer au talent, et voici où commence la nécessité d'étudier la Rhétorique, même pour les personnes qui ont les plus grandes dispositions naturelles à bien écrire. Sans l'art, leurs compositions ressembleraient à des ébauches informes; leur talent est comme un fer contourné et battu par le premier travail du forgeron, mais qu'il faut limer pour le rendre luisant et poli, ou comme un diamant brut qu'il faut tailler à cent facettes, pour le rendre éclatant de mille feux.

Un homme disposé à soutenir les opinions extrêmes pourra dire : *Puisque j'ai du talent, je n'ai que faire de l'art*; je réponds : vous avez raison, si vous êtes un Homère. Mais, prenez garde, l'antiquité n'en a qu'un, et tous les siècles passés depuis, n'en ont point. Seriez-vous ce mortel favorisé, désigné pour être le second?

Cela est possible; mais de deux choses l'une: ou vous imiterez Homère, ou vous ne l'imiterez pas. Si vous l'imitez, vous suivrez un maître, *vous apprendrez l'art*, et vous ne vous fierez plus à votre talent. Si vous ne l'imitez pas, vous ferez des choses tellement opposées aux idées reçues, à toutes les notions du beau, du naturel, du sublime, que chacun vous blâmera, et dira, tout en reconnaissant que vous avez du talent, qu'il faudrait qu'il fût perfectionné par l'art. Vous serez bien obligé d'en croire tout le monde; car probablement vous ne ferez pas vos ouvrages pour les lire tout seul (1).

Il n'est permis qu'au génie d'inventer, de créer dans une langue un nouveau genre de composition. Personne n'avait appris à Lafontaine l'art de produire des chefs-d'œuvre en faisant parler des bêtes. Racine a trouvé

(1) Homère fut le père de la poésie ancienne, c'est le créateur de l'épopée; Virgile n'a fait que l'imiter. — Démosthène fut le père de l'éloquence et le modèle de Cicéron. — Le grand Corneille a été le père de la poésie française et a tellement contribué à la perfection de Racine, qu'il est permis de se demandter si, sans Corneille, Racine eût fait ses chefs-d'œuvre. Mais entre Homère et Virgile, Démosthène et Cicéron, Corneille et Racine, qui oserait se faire juge en fait de mérite littéraire? Il est raisonnable de croire que si Virgile, Cicéron et Racine eussent écrit avant Homère, Démosthène et Corneille, les premiers seraient regardés aujourd'hui comme créateurs et *pères de genre*, si je puis m'exprimer ainsi.

seul le moyen de faire des vers admirables. Mais les grands hommes se comptent facilement. Ne nous croyons pas meilleurs que nous ne sommes, et en attendant que notre talent mûrisse, étudions l'art, qui, en tout état de choses, ne nous sera jamais inutile.

On comprend que par le mot *art* j'entends la réunion des préceptes qui forment le code du rhéteur. Cette expression n'ayant point encore un sens bien déterminé, j'aurais dû dire *science*; car ce mot s'applique mieux et plus souvent aux idées théoriques, aux ouvrages didactiques.

Ces distinctions subtiles entre le talent et l'art n'existeraient point, si la Rhétorique n'avait point été *réduite* de nos jours *en système* rigoureux, suivant l'expression de Quintilien. Mais si le système est dans la théorie, dans nos traités, il n'est point suivi dans la pratique, dans nos ouvrages; le talent sait quelquefois heureusement s'affranchir des règles étroites que l'on oppose à son développement, et nous n'admirons pas moins ses succès. En effet, si vous nous donnez un bel ouvrage, où dans un style tour à tour *simple*, *sublime* et *tempéré*, vous nous ayez réellement attachés, et montré toutes les ressources d'un talent qui sait imiter la belle nature, ce qui est le don le plus heureux des grands peintres, que nous importe que nous ne puissions classer votre style dans un des trois genres créés par les rhéteurs? Nous ne vous admirerons pas moins que si vous aviez observé toutes les règles, en nous parlant dans un style constamment de même genre. Si, dans un plaidoyer, outre la discussion *du fait* et *du droit*, vous avez *loué ou blâmé*, *conseillé ou dissuadé*, mais d'une manière telle que vous ayez captivé notre attention et commandé nos éloges, nous vous rendrons grâces. Nous ne pourrons appliquer les règles, parce que vous aurez mêlé les genres *démonstratif*, *délibératif et judiciaire;* mais vous nous avez *instruits*, vous nous avez *plu*, vous nous avez *touchés*, vous êtes absous : car vous avez rempli votre triple devoir d'orateur.

Je pourrais prolonger cette dissertation; mais je me hâte de finir, et je préviens le lecteur que j'ai tâché de faire pour le mieux, en adoptant un ordre différent de l'ordre qu'on suit ordinairement. Prévenir l'ennui, en évitant l'uniformité, plaire aux jeunes gens en leur rendant le travail agréable, tel a été mon but; je désire sincèrement l'avoir atteint.

RHÉTORIQUE APPLIQUÉE

OU

RECUEIL D'EXERCICES LITTÉRAIRES.

DÉFINITION ET DIVISION.

—

La Rhétorique est la science de *bien dire*. Par le mot *dire*, j'entends parler et écrire ; par le mot *bien*, j'entends non-seulement la perfection du style, mais encore la moralité du sujet.

Si tel auteur profite d'un talent incontestable pour faire l'éloge du vice et tâcher de décrier la vertu, je suis en droit de dire que cet homme ne sera jamais orateur. Il se peut que je ne puisse, avec le peu d'art que je possède, découvrir la fausseté de ses principes et démontrer ce qu'ils ont d'odieux ; mais je n'en serai pas moins certain qu'il choque, en parlant, la nature, la vraisemblance et la raison, qui sont les fondements de toutes les règles, et ma définition seule l'exclura du rang des bons rhéteurs.

« La rhétorique en elle-même, dit M. » Gerusez, est comme toutes les sciences, » utile aux bons esprits, nuisible aux » esprits faux; c'est la liqueur que le vase » améliore ou corrompt selon sa nature. » Ainsi, l'orateur qui me parlera des douceurs du crime et des fadeurs de la vertu corrompra son art, au lieu de l'améliorer; il sera indigne du titre qu'il prend, du beau nom d'orateur.

Ce n'est pas qu'on ne puisse être en même temps vicieux et bon orateur; nous en avons plus d'un exemple dans l'histoire de notre littérature. Mais l'homme ainsi organisé ne sera orateur que quand il parlera *bien* de choses morales; il ne le sera plus quand il obéira, en écrivant, à la corruption de son cœur. Pour *bien dire*, il sera obligé de se contrefaire, et cette hypocrisie lui méritera un mépris général.

» Si le créateur nous a distingués du » reste des animaux, c'est surtout par le » don de la parole. Ils nous surpassent en » force, en patience, en grandeur de corps, » en durée, en vîtesse, en mille autres avan- » tages, et surtout en celui de se passer » mieux que nous de tous secours étran- » gers. Guidés seulement par la nature, » ils apprennent bientôt et d'eux-mêmes » à marcher, à se nourrir, à nager. Ils » portent avec eux de quoi se défendre

» contre le froid ; ils ont des armes qui leur
» sont naturelles ; ils trouvent leur nour-
» riture sous leurs pas ; et pour toutes ces
» choses, que n'en coûte-t-il pas aux
» hommes ? La raison est notre partage et
» semble nous associer aux immortels ;
» mais combien elle serait faible, sans la
» faculté d'exprimer nos pensées par la
» parole, qui en est l'interprète fidèle ! C'est
» là ce qui manque aux animaux, bien
» plus que l'intelligence, dont on ne sau-
» rait dire qu'ils soient absolument dépour-
» vus... Donc, si nous n'avons rien reçu de
» meilleur que l'usage de la parole, qu'y
» a-t-il que nous devions perfectionner da-
» vantage ? Et quel objet plus digne d'am-
» bition, que de s'élever au-dessus des
» autres hommes par cette faculté unique,
» qui les élève eux-mêmes au-dessus des
» bêtes ? »

Voilà le langage de Quintilien, qui envisageait surtout la rhétorique comme *art de bien parler*. Ce passage seul peut faire comprendre combien la science de *bien dire* est importante, noble, sublime, et combien l'on doit craindre de la dégrader, en l'éloignant de la vérité et de la vertu qui sont les sources du beau, pour la faire servir au triomphe du vice et du mensonge, qui avilissent l'homme, et des passions immorales qui le rapprochent de la brute, dont la parole doit par sa nature le distinguer plus que toute autre chose.

La Rhétorique, il faut l'avouer, n'est que le vernis brillant habilement étendu sur une matière travaillée pour le recevoir; c'est la taille donnée au diamant. Or, ce diamant, c'est la pensée. Donc, pour *bien dire*, il faut d'abord avoir *bien* pensé. Malheureusement l'art de *bien penser* n'est point encore fait. Si votre pensée est vraie, si elle est sage, on la recevra avec respect, comme tout ce qui est beau et bon, même lorsque vous l'exprimerez sans art; c'est déjà quelque chose; mais elle instruira, elle plaira, elle touchera, si vous avez suivi, en l'exposant, les préceptes de la Rhétorique, et votre triomphe sera plus complet.

En l'absence d'une méthode qui apprenne à *bien penser* et dont il serait probablement impossible de se servir dans l'âge où l'on enseigne la Rhétorique aux jeunes gens, quel est le devoir du rhéteur? C'est de fournir des pensées à ses élèves, et de leur apprendre à les revêtir de tout l'éclat qu'elles peuvent recevoir. Cette phrase contient tout le plan de cet ouvrage, que je devise en deux parties, renfermant l'une les préceptes généraux, l'autre les préceptes particuliers.

Les préceptes généraux s'appliquent à tous les genres de composition qu'on peut essayer dans la jeunesse; les préceptes particuliers sont adaptés à chaque espèce, et sont accompagnés de canevas (1) et de modèles (2).

Et comme il ne me sied nullement de rejeter de ma propre autorité les divisions de l'école adoptées par de bons rhéteurs, je les placerai en note au bas des pages (3).

(1) Tome second.

(2) Tome troisième.

(3) Division de l'École. Les rhéteurs divisent leurs traités en quatre parties : 1° La Rhétorique en général, 2° le Style, 3° la Composition, 4° la Poésie. Cette division générale me semble vicieuse en ce que la Rhétorique en général et le Style appartiennent à la même étude. Ce défaut sera rendu sensible par les deux remarques suivantes. 1° La subdivision de la Rhétorique en général comprend, dit-on, l'invention, la disposition, l'élocution et l'action. Or, l'élocution n'étant autre chose que le style, on divise deux choses qui devraient rester unies. 2° A l'article de la composition, on se trouve obligé de parler de nouveau de l'invention, de la disposition et de l'élocution, ce qui peut jeter de la confusion dans l'esprit de l'élève.

PREMIÈRE PARTIE.

PRÉCEPTES GÉNÉRAUX

OU

DE LA COMPOSITION LITTÉRAIRE.

Il ne faut point qu'à ce mot, *composition*, les jeunes élèves aillent s'effrayer en se créant par avance des difficultés purement imaginaires. La composition n'est pas facile sans doute ; mais elle est beaucoup moins difficile qu'on ne se l'imagine ordinairement dans l'adolescence.

La composition, telle que nous l'entendons, n'est pas simplement un devoir d'élève, *c'est l'action de composer un ouvrage d'esprit.* Pour composer, il suffit donc d'avoir de l'esprit ; et qui n'en a pas ?

Oui, tout le monde a de l'esprit, plus ou moins ; mais pour bien composer il faut joindre l'art à l'esprit, au talent. Or, l'art de la composition consite à rassembler plusieurs idées, à les mettre en ordre, et à les présenter dans un style convenable. Delà trois parties qui sont nommées. 1. INVENTION. 2. DISPOSITION. 3. ELOCUTION (1).

(1) Les rhéteurs ajoutent une quatrième partie à leurs traités : l'ACTION, qu'ils regardent avec raison comme le complément de la science de l'orateur. Il est très utile

CHAPITRE PREMIER.

DE L'INVENTION.

L'invention consiste à créer un sujet et ses accessoires. C'est la première partie de la composition, la base de tout l'édifice.

Pour réussir dans l'invention, il faut se tracer un plan où ne doivent entrer que les premières vues et les principales idées ; c'est en marquant leur place sur ce plan, qu'un sujet sera circonscrit et que l'on en connaîtra l'étendue; c'est en se rappelant sans cesse ces premiers linéaments, qu'on déterminera les justes intervalles qui séparent les idées accessoires et moyennes qui serviront à les remplir. Par la force du génie, on se représentera toutes les idées générales et particulières sous leur véritable point de vue ; par une grande finesse de discernement, on distinguera les pensées stériles des idées fécondes ; par la sagacité que donnera l'habitude d'écrire, on sentira d'avance quel sera le produit de toutes ces opérations de l'esprit. Pour peu que le sujet soit vaste et compliqué, il est bien rare qu'on

en effet de savoir débiter un discours, lire une narration, etc. Nous consacrerons un appendice à l'ACTION, à la fin de ce volume.

puisse l'embrasser d'un coup-d'œil, ou le pénétrer en entier d'un seul et premier effort du génie ; et il est rare encore qu'après bien des réflexions on en saisisse tous les rapports. On ne peut donc trop s'en occuper ; c'est même le seul moyen d'affermir, d'étendre et d'élever ses pensées ; plus on leur donnera de substance et de force par la méditation, plus il sera facile ensuite de les réaliser par l'expression.

Ce plan une fois conçu dirigera la DISPOSITION, la soumettra à des lois, et réglera le mouvement de l'ÉLOCUTION. Sans cela le meilleur écrivain s'égare ; au milieu de couleurs brillantes, de détails admirables, on reconnaît que l'ouvrage n'est point construit, et on accuse l'auteur de manquer d'invention. Les pensées demeurent isolées ou ne sont réunies que par des transitions forcées, c'est ce qui fait que tant d'ouvrages sont faits de pièces rapportées, et qu'il y en a très-peu qui soient fondus d'un seul jet.

Cependant, tout sujet est un, et si vaste qu'il soit, il peut être renfermé dans un seul discours. Les ouvrages de la nature ne sont si parfaits que parce que chacun d'eux est un tout, et qu'elle travaille sur un plan dont elle ne s'écarte jamais. L'esprit humain qui puise les germes de ses productions dans les connaissances acquises par l'éducation, peut les féconder par la méditation, s'il imite la nature dans sa marche lente et son travail continu sur un plan bien conçu et graduellement développé ; ce n'est qu'à cette condition qu'il établira, sur des fondements inébranlables, des monuments immortels.

C'est faute de plan, c'est pour n'avoir pas assez réfléchi sur son sujet, qu'un écrivain se trouve embarrassé et ne sait par où commencer à écrire ; il aperçoit à la fois un grand nombre d'idées, et comme il ne les a ni comparées, ni subordonnées, rien ne le détermine à préférer les unes aux autres, et il demeure dans la perplexité. Mais lorsqu'il se sera fait un plan, lorsqu'une fois il aura rassemblé toutes les pensées essentielles de son sujet, il n'aura pas de peine à les mettre en ordre et à les rendre en style naturel, facile, intéressant et lumineux.

Pour bien écrire, il faut donc posséder d'abord pleinement son sujet; il faut y réfléchir assez pour voir clairement quel est l'ordre qu'on doit mettre dans ses pensées et en faire une chaîne continue, ce qui est le propre de la DISPOSITION, comme nous le verrons bientôt.

C'est Buffon qui vient de nous tracer ces premiers préceptes que je résume en cette phrase : *Dans l'invention on cherche un sujet, on en jette le plan, et on le développe par la méditation.* Pour s'aider dans la méditation du plan, on peut conseiller deux choses aux jeunes gens : 1° c'est d'étudier le mécanisme par lequel l'intelligence fonctionne ; 2° c'est de recourir à ce qu'on nomme les lieux communs.

Sur le premier point, il suffira de définir ici en peu de mots certaines expressions qui reviennent souvent dans l'étude des belles-lettres.

La pensée en général est l'acte par lequel on considère un objet ; *l'idée* est la représentation seulement de ce même objet ; c'est l'image de la chose. Ces deux mots sont synonimes ; mais il faut les ramener à une précision rigoureuse. *L'idée* représente l'objet, le peint dans notre esprit ; elle nait de la première impression formée en nous par des mouvements extérieurs ou intérieurs ; *la pensée* considère cet objet, elle l'examine avec attention, elle nait de la réflexion. Ainsi le mot *Dieu* se présente à mon esprit ; c'est une idée claire, distincte. Mais je m'arrête sur ce mot, je l'analyse, je découvre ses attributs, c'est une pensée. D'où il suit que l'idée marche toujours la première, et que la pensée la suit de très près ; mais que si l'idée est fugitive, si elle nous échappe, la pensée n'a point eu le temps de se former. Les jeunes gens, en écrivant, sentiront très bien la différence de l'idée et de la pensée ; et je leur recommande de faire toujours ce que faisait Pascal, c'est-à-dire, d'avoir constamment à leur portée une feuille de papier blanc. Pendant que la main trace les caractères de l'écriture, l'esprit continue à travailler ; *les idées* naissent, c'est l'instant de les saisir au vol et de les clouer, pour ainsi dire, sur le papier prêt à les recevoir, par un mot ou un signe quelconque. On y revient plus tard et on en forme *des pensées.*

L'imagination est cette faculté de l'esprit qui nous offre les objets ; c'est la messagère des idées. — *La mémoire* est le don de conserver le souvenir des objets. — *Le discernement* est la qualité qui aperçoit les différences des objets entre eux. — *Le goût* est la connaissance des meilleurs objets. — *Le cœur* est la source de nos affections, de nos sentiments. — *Le sentiment* est le mouvement du cœur qui décide de la convenance des objets. — *L'esprit* est la source de nos idées. — *Le génie* est le don exceptionnel qui produit les plus belles idées ; c'est la perfection de l'esprit. — *Le jugement* est la faculté par laquelle on adopte les idées reconnues convenables.

Pour résumer en quelques lignes tous les phénomènes intellectuels au moyen desquels on parvient à bien penser, je dirai qu'ils se présentent dans l'ordre suivant :

Le génie et l'esprit créent les objets ,
L'imagination les présente ,
L'idée les aperçoit ,
La mémoire les retient ,
La pensée les considère ,
Le goût les épure ,
Le cœur les éprouve ,
Le sentiment les approuve ,
Le jugement les adopte ,
Le discernement les classe.

Cette série de phénomènes n'est pas aussi lente à parcourir qu'on pourrait le supposer. Dans la machine intellectuelle tous les engrenages se meuvent avec une prodigieuse rapidité ; et souvent une pensée se trouve formée avec ses rapports principaux presqu'au moment où l'idée vient d'apercevoir un objet.

Le second moyen pour s'aider dans la méditation du plan est de recourir aux *lieux communs.* Ils sont ou *intrinsèques* ou *extrinsèques.*

Ils sont *intrinsèques* quand ils peuvent fournir des idées tirées du fond même du sujet. Tels sont : *la définition , le genre , l'espèce , l'énumération des parties d'une chose* , etc.

Ils sont *extrinsèques* quand ils présentent des idées qui paraissent étrangères aux sujets, mais qui les corroborent puissamment, comme *les semblables*, *les oppositions*, *les citations et exemples*, etc., etc.

Ceci est un peu abstrait; mais, pour me faire comprendre, je vais citer mon propre exemple.

Quand j'ai voulu traiter le sujet qui fait l'objet de cet ouvrage, j'ai dû songer d'abord à *la définition* générale de la Rhétorique, elle a amené quelques développements et une division. La division, à son tour, a amené des définitions *de genres*, et celles-ci des définitions *d'espèces*; de là est venue *l'énumération des parties*, qui a fourni encore de nouvelles définitions et divisions de genres et d'espèces. Ce sont mes lieux intrinsèques.

J'ai puisé des notions comparatives dans des sciences *semblables* à la Rhétorique, comme la peinture, l'architecture, la philosophie, etc. Dans l'art de mal dire (qu'on me pardonne cette monstrueuse alliance de mots), j'ai trouvé des *oppositions*. J'ai raconté quelques anecdotes et fait usage ainsi des *exemples*. Enfin, j'ai eu recours aux *citations* pour affermir et expliquer les préceptes. Ce sont mes lieux extrinsèques.

Tout ce que nous venons de voir ne sort pas de la généralité, et peut s'appliquer à toutes espèces de composition; mais l'art de composer a deux branches principales, qui sont la narration et le discours. Considérée relativement à ces deux grands genres, l'invention n'a pas les mêmes principes et ne se sert pas des mêmes moyens. Pour éviter toute confusion, nous allons diviser en deux paragraphes les autres préceptes de l'invention.

§ 1. Invention Narrative.

Dans la narration on expose un fait, ou vrai ou supposé vrai. On peut le puiser dans les quatre mondes différents qui constituent ce qu'on appelle *la nature*. 1. *Le monde existant*, l'univers actuel renferme les faits physiques, moraux, politiques, religieux, etc., qui se passent sous nos regards. 2. *Le monde historique* contient les grands enseignements du passé, les faits célèbres de tous les temps accomplis. 3. *Le monde fabuleux* nous rappelle la mythologie, ses dieux antiques et ses héros imaginaires. 4. *Le monde idéal* appelle les faits possibles ; l'imagination en tire des êtres, à qui elle donne, en suivant les règles de la vaisemblance, tous les traits d'une existence propre.

Le moraliste qui peint les travers de la société vivante, l'écrivain qui retrace quelque grande scène de la nature, prennent leurs sujets dans le monde existant; l'annaliste s'empare du monde historique, le romancier vit dans le monde idéal ; quant au monde fabuleux, il est aujourd'hui presque abandonné.

Le narrateur, quelque soit l'ordre de choses où il puise ses faits, est soumis aux mêmes lois, en fait d'invention.

Il faut d'abord que le fait soit complet, c'est-à-dire qu'on le voie naître, se passer et s'accomplir. Car, d'une part, si l'origine du fait n'était pas connue, la narration serait obscure ;

mais il ne faut pas prendre cette origine trop loin, et si l'on a besoin de faire précéder son récit de quelques circonstances antérieures nécessaires à la clarté, il faut les exposer brièvement et aborder le fait le plus tôt possible ; si, d'une autre part, le fait n'était pas achevé, on aurait mal à propos piqué la curiosité sans la satisfaire, et l'intérêt serait nul. Qu'un feuilleton vous tombe sous la main, si le journal qui le contient ne doit pas vous présenter plus tard la suite du récit, vous n'en commencez pas la lecture.

Le fait étant complet, il faut qu'il soit *intéressant*, *vraisemblable* et *moral.*

1. *Intéressant.*

Pour soutenir l'attention dans un ouvrage, il est nécessaire que le fond puisse captiver l'intérêt du lecteur, de telle sorte qu'on désire vivement voir ce que deviennent les personnages qui sont en action. Si vous ne remplissez pas cette loi de l'intérêt, votre ouvrage deviendra froid, et la curiosité faisant place à l'indifférence, celle-ci amènera bientôt le dégoût qui tue les productions de l'esprit.

L'action, c'est-à-dire le principal événement fourni par le sujet doit être *une* et conduite avec beaucoup d'art. C'est le seul moyen de fortifier l'intérêt. L'unité d'action plaît à l'esprit, on aime à voir le fait raconté s'accomplir sans incidents et malgré tous les obstacles ; la duplicité d'action affaiblit au contraire l'intérêt : car, si deux ou plusieurs actions marchent ensemble, elles partagent l'attention ; et, si toutes deux ne sont pas également intéressantes, l'une donne du dégoût pour l'autre.

Ce n'est pas qu'on ne puisse ajouter une action incidente à l'action principale. Le narrateur a besoin quelquefois de cette ressource pour distraire le lecteur des émotions vives que celui-ci peut éprouver. On fait alors ce qu'on appelle un *épisode*, qui, en tout état de choses, doit être court et bien lié à l'action. C'est un simple temps de repos pour l'esprit.

Au lecteur fatigué présentez à propos
D'un épisode heureux l'agréable repos. (Del.)

L'épisode n'est permis qu'autant qu'il développe le sujet, qu'il y jette du mouvement et de la variété, en un mot qu'il soutient l'intérêt.

2. *Vraisemblable.*

Il faut que le fait soit vraisemblable, c'est-à-dire qu'il ait l'apparence de la vérité.

Il n'est pas nécessaire qu'un sujet soit historique et vrai dans tout l'acception du mot : il peut être tout entier d'imagination ; mais il doit être traité selon les règles de la vérité. Si vous me dites des choses tellement impossibles à croire, que votre fiction choque toutes les notions que j'ai du naturel et du vrai, comment voulez-vous que je puisse vous suivre ? Votre œuvre révolte ma raison, je méconnais votre talent, et le livre me tombe des mains.

Quand vous prendrez votre sujet dans l'histoire, dans la tradition, dans la mythologie, respectez les idées reçues. Que le fond de ce sujet soit conforme à ce que tout le monde a lu ; mais rien ne vous empêche de créer, de développer des détails. Votre imagination peut s'emparer d'un fait simplement indiqué, et lui donner l'étendue convenable en racontant les circonstances telles qu'elles *ont pu* avoir lieu.

Observez fidèlement les caractères des personnages tels que nous les connaissons par nos études. Ainsi ne faites pas un impie d'un homme qui fut vertueux, un homme humble d'un orgueilleux, un héros tranquille, quand il a été emporté et violent.

Achille déplairait moins bouillant et moins prompt,
J'aime à lui voir verser des pleurs pour un affront ;
A ces petits défauts marqués dans sa peinture,
L'esprit avec plaisir reconnaît la nature ;
Qu'il soit sur ce modèle en vos écrits tracé.
Qu'Agamemnon soit fier, superbe, intéressé ;
Que pour ses Dieux Enée ait un respect austère ;
Conservez à chacun son propre caractère. (Boil.)

Lorsque le sujet est entièrement d'imagination, on a toute latitude sous le rapport des faits, des personnages et de leurs caractères. Mais deux règles sont à observer ici : 1° C'est de peindre les personnages, de les faire agir et parler suivant les lois de la nature et les caprices du cœur humain. 2° C'est de donner aux objets cette couleur locale qui les rapproche de l'histoire.

Sur le premier point, il n'y a aucune remarque à faire. Chacun sait bien qu'il est d'une importance extrême de représenter fidèlement les hommes, et que tout ce qui est hors nature est forcé et blâmable. Mais sur le second point, il est essentiel de peindre d'après l'histoire *les mœurs de temps* et de *lieux*.

Les mœurs de temps doivent être étudiées à fond. Je sais bien que le personnage que vous choisirez peut avoir été une exception dans son siècle, n'avoir point *marché avec lui*, comme on le dit généralement ; mais vous ne devez pas peindre une exception : car on s'intéresse rarement aux hommes incompris. Ainsi :

Gardez vous de donner, ainsi que dans Clélie
L'air ni l'esprit français à l'antique Italie.
(BOIL.)

Les lieux influent aussi sur les mœurs ; il faut donc examiner où l'on place le théâtre de son action, et faire parler les personnages en conséquence :

Des siècles, *des pays* étudiez les mœurs.
Les climats font souvent les diverses humeurs ;
Souvent, sans y penser, un écrivain qui s'aime,
Forme tous ses héros semblables à soi-même ;
Tout a l'humeur gasconne en un auteur gascon.
(BOIL.)

Remarquons encore qu'il faut observer les *mœurs d'âge :* ceci coule de source.

Ne faites point parler vos acteurs, au hasard,
Un vieillard en jeune homme, un jeune homme en vieillard.
Le temps qui change tout change aussi nos hommes,
Chaque âge a ses plaisirs, son esprit et ses mœurs.
(BOIL.)

Il pourrait paraître hors de propos d'engager un auteur à ne point contredire les notions topographiques que l'on a sur les pays où se passe une action. Si, pour une description, vous avez besoin d'une cascade bruyante, ne créez pas des montagnes dans une plaine, et pour avoir le plaisir de me parler d'un bosquet paré de mille fleurs, ne me transportez pas avec vous dans un désert aride.

Pour être toujours vraisemblable dans l'invention, il faut étudier la nature, et la copier en ce qu'elle a de beau. Remarquons bien ces mots : *en ce qu'elle a de beau.*

Il n'est pas de serpent ni de monstre odieux,
Qui, par l'art imité, ne puisse plaire aux yeux,

A dit Boileau ; mais il ne faut pas prendre ce précepte à la lettre. La concession n'est faite qu'à la condition qu'on peindra les *monstres odieux* de manière à les présenter *aux yeux* sans accessoires bas ni dégoûtants. Le poète veut dire évidemment que *tout sujet peut être traité convenablement, si on le prend dans la nature, et que l'art le relève, lorsqu'il est rebutant.* C'est donc la confirmation du précepte énoncé plus haut.

Aucun art, même la poésie, ne saurait produire ce qui n'est pas, ou ce qui ne peut pas être. On imite donc forcément la nature, et le talent de l'invention se montre d'autant plus qu'elle est imitée plus fidèlement et plus noblement en même temps. Ces deux qualités, la fidélité et la noblesse, sont inséparables, qu'on s'en souvienne; autrement, on s'éloigne *du beau*, on tombe dans *le laid*; dès lors le mérite de l'invention diminue et se dégrade même entièrement.

Pour résumer, il n'est pas très difficile d'être vraisemblable dans l'invention à quiconque connaît la nature, et sait extraire de *cette mère de toutes choses* l'agrément, le fini, la beauté, la perfection.

3. *Moral.*

Il faut enfin que le sujet soit moral.

Par ce mot *moral* j'entends aussi l'utile : car tout ce qui est utile est moral. L'utilité doit être le principal but d'un écrivain, et tout ouvrage, pour être utile, doit contenir une morale instructive, conforme aux principes des hommes vertueux. Comment voulez-vous que je m'intéresse à un héros qui tire vanité de ses crimes, à l'histoire d'un scélérat qui souille sa vie de forfaits honteux ? Il faudrait pour cela que je fusse un lecteur de mœurs dépravées ; et, lors même que je le serais, soyez sûr que je n'aimerais point à voir le vice rehaussé en beau style : car c'est le propre de la vertu de se faire aimer et respecter, même par les hommes vicieux.

Je suis bien surpris qu'aucun des traités de Rhétorique que l'on met entre les mains de la jeunesse, ne dise un mot de cette éminente qualité de l'invention, de *la moralité du sujet*. Quoi ! vous exigez des mœurs dans l'orateur ! vous voulez qu'il soit *probe*, *modeste*, *bienveillant* et *prudent !* et vous ne demandez au narrateur aucun titre à l'amour et au respect de ses lecteurs ! Est-ce être conséquent avec vos principes, avec votre définition même de la Rhétorique, et avec le langage de Quintilien ? La Rhétorique est la *science de bien dire*, c'est-à-dire de *bien parler et de bien écrire de choses morales*. Donc, tout écrivain qui *parlera bien* de choses immorales, sera plus médiocre auteur que celui qui *parlera mal* de choses morales, non-seulement aux yeux de la majeure partie des contemporains, mais encore aux yeux de la postérité.

A l'appui de cette sentence de réprobation, je n'ai pas besoin de citer tous les auteurs des siècles passés, qui sont tombés dans l'oubli à cause de l'immoralité de leurs productions. Je vais rappeler seulement les faits qui se sont passés de nos jours. Il n'y a pas long-temps que certains journaux de la capitale ne trouvant pas la politique capable de défrayer seule l'avidité de leurs lecteurs, prirent fantaisie de faire de la littérature dans leurs feuilletons. L'idée était bonne; mais comment fut-elle exécutée?... On introduisit dans le feuilleton d'horribles romans, où le dévergondage échevelé du style était bien loin d'égaler l'immoralité des sujets, et c'est beaucoup dire. Un tel cynisme révolta les hommes de goût, et le scandale fut tel que les journaux qui en général ne se piquent pas de bonne littérature, et qui étaient d'ailleurs presque tous aussi coupables eux-mêmes, s'écrièrent qu'il fallait faire cesser par la force cette dégoûtante manière de penser et d'écrire; que, sans cette précaution, *la littérature française serait marquée aux yeux du monde entier d'un éternel déshonneur*. C'était la voix des bons principes qui s'élevait contre celle des principes mauvais; c'était le cri de la Rhétorique alarmée qui s'échappait de consciences bourrelées par le remords. O Cicéron, Quintilien, Boileau, Racine, et vous tous grands orateurs des temps anciens et modernes! plût au ciel que vous eussiez vécu! vos paroles eussent étouffé dès les premiers sons ces accents infernaux, et nous ne

2*

gémirions pas aujourd'hui sur une époque à jamais déplorable dans l'histoire de notre littérature dramatique. Coupables auteurs, qui avez *inventé* ces productions monstrueuses, qui les avez *disposées* sans remords, et qui les avez revêtues d'une *élocution* plus livide et plus horrible que la face des Euménides, je livre vos écrits au mépris des hommes de goût mes contemporains; quant à vos noms, dont je ne souillerai pas ma plume, le tribunal redoutable de la postérité les attend !

Qu'on me pardonne cette digression; je reviens à mon sujet.

Il ne suffit pas, pour réussir parfaitement dans l'invention, de trouver un sujet *intéressant, vraisemblable et moral;* il faut joindre à ce mérite celui non moins précieux de découvrir dans ce sujet ce que n'y voit pas le commun des hommes. Il faut rassembler toutes les pensées qu'il comporte, faire choix des meilleures, élaguer celles qui sont frivoles, triviales ou trop subtiles. Ce travail secondaire de l'invention n'est pas le moins pénible; c'est celui où l'auteur de talent se montre, et où l'auteur médiocre échoue. On peut mettre la main sur un sujet fécond et dramatique, réunissant les trois conditions dont nous venons de parler; mais il est très rare de bien choisir les pensées accessoires, d'imaginer de bons faits et d'heureux incidents, et de tracer en maître les caractères des personnages. Aussi toute cette partie de l'invention est abandonnée au talent.

---

§ 2. Invention Oratoire.

L'invention impose à l'orateur des obligations aussi rigoureuses qu'au narrateur, mais elles sont d'un autre genre.

Le sujet d'un discours est donné par les circonstances et les événements. A ce point de vue l'orateur n'a rien à rechercher.

Tout le travail de l'invention oratoire consiste à trouver les moyens de persuader, c'est-à-dire *d'instruire*, *de plaire* et *de toucher*.

L'orateur instruira par le raisonnement, il plaira en se conciliant les esprits ; il touchera en s'adressant aux cœurs : son devoir d'inventeur est donc 1° de découvrir ses *preuves* ; 2° de rechercher les moyens qui feront ressortir ce qu'on nomme les *mœurs* ; 3° de trouver le secret d'émouvoir les *passions*.

1. *Preuves.*

Les preuves sont de deux sortes : *intrinsèques* quand elles sont tirées du fond même du sujet, *extrinsèques* quand elles ne lui appartiennent qu'accessoirement. Si je veux prouver à un jeune homme qu'il faut éviter le jeu, je lui dirai que la passion du jeu est irrésistible, qu'elle entraîne avec elle la ruine, le déshonneur, le crime même, et qu'elle peut conduire à l'échafaud : Ces moyens seront intrinsèques. Je lui rappellerai le souvenir de tel de ses amis qui, par le jeu, s'est réduit à la misère ; je lui citerai quelques faits puisés dans l'histoire, l'autorité des moralistes, etc., etc., et ces preuves seront extrinsèques.

On peut recourir, en cherchant ses preuves, aux lieux communs dont j'ai déjà parlé (pages 21 et 22) en y ajoutant *l'intention*, la *circonstance*, la *cause*, *l'effet*, etc. Ainsi, une voiture passe sur un enfant (chose qui n'est pas rare dans nos grandes villes), si l'avocat du cocher fait appel à *l'intention* de son client, s'il détaille les *circonstances* de l'accident, s'il en fait voir *la cause* dans l'étourderie de la victime; s'il expose enfin que *l'effet* n'est qu'une blessure peu grave, il emploiera la ressource des lieux communs des affaires semblables.

Quelquefois ces ressources communes sont les seules qui se présentent; il faut bien alors obéir à la nécessité. Mais si on peut les négliger, il faut le faire. Qu'on médite attentivement son sujet, qu'on se pénètre profondément de sa matière, qu'on l'envisage sous toutes ses faces, qu'on en étudie tous les détails, et l'on trouvera assez de preuves intrinsèques; qu'on enrichisse son esprit des connaissances nécessaires à la matière que l'on traite, qu'on lise avec attention les auteurs qui ont écrit sur le même sujet, et les preuves extrinsèques se présenteront en foule. C'est le seul moyen d'éviter les déclamations, l'enflure, et d'acquérir la réputation d'orateur instruit et capable d'instruire.

Nous verrons plus loin comment il faut disposer une preuve lorsque nous dirons un mot de la logique.

2. *Mœurs.*

Par *mœurs* oratoires on entend d'abord quatre qualités essentielles à tout orateur qui a la prétention légitime de plaire, savoir : *la probité*, *la modestie*, *la bienveillance* et la *prudence*. On comprend aussi sous le nom de mœurs, les *bienséances* que l'orateur doit observer et les *précautions* qu'il doit prendre.

1. *Probité*. Un orateur doit être à l'abri de tout soupçon de mauvaise foi. Il ne faut pas qu'on puisse croire qu'il est capable de tromper. L'auditeur, s'il n'a cette persuasion intime, se méfiera des paroles de l'orateur, même dans les plus justes causes.

2. *Modestie*. Il faut s'oublier soi-même, ne point parler de sa personne, et ne s'occuper que de son sujet : la vanité déplaît aux hommes.

3. *Bienveillance*. Paraissez affectionné pour ceux qui vous écoutent ; qu'ils croient que vous les aimez et que vous prenez à cœur leurs intérêts.

4. *Prudence*. Votre réputation d'habileté et d'instruction doit être telle qu'on ne craigne point de se tromper en adoptant vos avis, en suivant vos conseils.

Toutes les autres vertus que peut montrer un orateur, se rapporteront à ces quatre qualités principales : la piété, la pitié à la bienveillance ; la fermeté, le courage à la prudence ; l'indignation, l'horreur du crime à la probité ; la défiance de ses forces, l'humilité sans bassesse à la modestie.

Mais ces qualités éminentes de l'orateur doivent-elles être simplement superficielles, c'est-à-dire n'exister que pour l'auditeur ; et l'orateur peut-il être dans le fond vicieux, orgueilleux, dur et mauvais conseiller, si à l'extérieur il ne montre point ces défauts? Il est évident que cette *hypocrisie oratoire*, cette contradiction des principes avec le langage, serait de courte durée : les hommes, quoique aveuglés par leurs intérêts matériels, auraient bientôt découvert la fourberie, et l'orateur dissimulé verrait promptement les acclamations et l'estime se changer en huées et en mépris. L'histoire de nos luttes parlementaires en offre plus d'un exemple. Pour faire une application exacte, sans sortir de la généralité, nos avocats sont-ils tous probes, modestes, bienveillants et prudents, suivant le sens que nous avons donné à ces mots? Il faut avouer qu'ils suivent, le mieux qu'ils le peuvent, les traditions de l'antiquité. Leurs conseils de discipline, leurs réglements, leur conduite publique, témoignent de leurs efforts à imiter les vertus éminentes des Démosthène et des Cicéron. Mais l'intérêt, ce grand et détestable mobile des actions humaines, est la cause souvent de la dégradation de leur talent. A force de se charger de mauvaises causes, d'excellents avocats perdent les meilleures, parce qu'ils ont compromis, en plaidant les premières, leur *probité oratoire* et *leur prudence*, leurs lumières. Les juges se sont habitués à les considérer comme des girouettes parlantes, qui tournent au gré du vent de la fortune. Il est hors de doute que l'avocat qui posséderait dans leur intégrité les mœurs oratoires, ne perdrait jamais une seule cause. Il faut donc, pour être bon orateur, avoir dans le cœur les vertus de son état, sous peine de l'avilir, et d'en faire, au lieu d'un art par excellence, un triste métier d'argent.

Outre les mœurs qu'il doit posséder, l'orateur doit considérer un autre ordre de mœurs dans ses auditeurs. C'est : 1° la disposition de l'esprit à recevoir telle impression plutôt que telle autre : car la douleur, la joie et tous les sentiments ont des mobiles différents ; 2° l'âge de celui qui écoute. Un jeune homme sera touché par d'autres considérations qu'un vieillard ; 3° le caractère des hommes. Le méchant sera persuadé d'une autre manière que le sage. Un caractère doux sera plus facilement ébranlé qu'un caractère violent. Il en est de même des mœurs de profession. Il faudra des raisonnements tout opposés à un militaire, à un ouvrier, à des femmes, à une assemblée de magistrats, etc.

5. *Bienséances*. Les bienséances oratoires consistent dans l'art de ne rien dire qui ne soit convenable et à propos. Elles regardent : 1° *l'orateur* lui-même : un prince ne s'exprime point comme un simple particulier, un prédicateur comme un avocat ; 2° *l'auditeur :* on ne parlera point à des académiciens comme à des hommes peu instruits ; 3° *les tiers* : s'il s'agit d'un homme respectable, on le traite avec égard ; on répand de l'intérêt sur la position de ceux que l'on défend ; 4° *le temps :* si l'on n'a qu'une heure pour parler, il ne faut pas étendre son discours de manière à le faire durer plus longtemps ; 5° *les circonstances :* elles peuvent être affligeantes ou joyeuses, solennelles ou ordinaires, il faut y conformer le ton du discours ; 6° enfin *le lieu :* dans un camp, dans une assemblée politique, à la cour, au barreau, à l'église, etc., le langage ne sera pas le même.

6. *Précautions oratoires.* On entend par ces mots les tournures adroites par lesquelles l'orateur évite certaines difficultés qu'il rencontre dans les auditeurs ou dans son sujet. Trois circonstances principales peuvent nécessiter des précautions oratoires : 1° Lorsque les esprits sont mal disposés ou même prévenus contre le but du discours ou contre l'orateur. Il faut d'abord feindre d'entrer dans leurs dispositions, sembler condamner ce qu'ils condamnent eux-mêmes, les ramener peu à peu et ne faire usage de ses moyens que lorsque les préventions seront tombées ; 2° lorsque la matière que l'on traite peut faire une impression désagréable, il faut éviter de se servir de mots trop découverts et qui rappelleraient des idées contraires au but du discours ; 3° lorsque l'on a des reproches à faire, il faut en tempérer la vivacité par un ton affectueux, atténuer les fautes et en rejeter l'odieux soit sur un petit nombre de coupables soit sur la fatalité des circonstances, etc.

3. *Passions.*

On nomme *passions* en Rhétorique les sentiments qui peuvent naître d'un sujet et se communiquer aux autres. Le *pathétique* sert à exprimer ces sentiments.

Le raisonnement s'adresse à l'esprit, et le pathétique au cœur.

Trois choses sont à remarquer dans le pathétique.

1° Considéré en lui-même, le pathétique ne comprend que deux sentiments principaux :

l'amour, source de la tendresse, du respect, de la pitié, de la reconnaissance, de l'orgueil, de l'avarice, etc., etc.; *la haine*, mère de la colère, de la vengeance, de l'indignation, du mépris, etc. Il y a peut-être un troisième sentiment, assez rare, il est vrai, qui est l'absence de toute passion, c'est *l'indifférence*. Il est facile à l'orateur d'émouvoir des auditeurs déjà passionnés par amour ou par haine; mais, pour les échauffer, quand ils sont indifférents, pour les amener à aimer ou à haïr, il faut tout l'effort du pathétique. Je crois qu'il est plus facile de faire passer quelqu'un de la haine à l'amour, ou de l'amour à la haine, que de vaincre l'indifférence, cet état passif de l'âme, qu'aucun aiguillon ne peut faire sortir de sa torpeur habituelle. Nos grands orateurs sacrés avaient peut-être cette conviction : car il n'est pas rare de les voir recourir aux plus grands efforts du pathétique; leurs ouvrages en offrent de fort beaux modèles. C'est que l'indifférence est la plus grande plaie de l'âme, et pour la guérir la religion use de toutes ses ressources.

2° Considéré dans l'orateur, le pathétique prend ses sources dans une *imagination* vive et frappée elle-même des grands objets qu'elle veut représenter; dans *la sensibilité* naturelle à recevoir les impressions que les passions font sur l'âme, dans un grand *discernement* à placer les mouvements pathétiques convenablement, c'est-à-dire, dans les sujets qui les comportent. Ces trois qualités se corroborent mutuellement; mais la plus importante sans contredit est la sensibilité. Pour arracher des pleurs, il faut pleurer soi-même. Il est de principe absolu qu'il est impossible de communiquer aux autres une émotion qu'on ne ressent pas dans son propre cœur.

3° Considéré dans les moyens, le pathétique doit être 1° *exprimé en style simple* et exempt de toute figure ambitieuse; 2° *être préparé;* personne ne se passionne sans raison préalable et légitime; 3° *ne point être interrompu*, soit par des transitions visibles soit par tout autre froid artifice ; 4° enfin, *ne peut être prolongé*, car les mouvements violents fatiguent le cœur et les pleurs se tarissent vite. Si l'orateur n'observe ces règles avec une exactitude scrupuleuse, il glacera son auditoire au lieu de l'échauffer.

Pour trouver le pathétique, il faut descendre dans son propre cœur et étudier avec ce maître par excellence les caprices des passions humaines. Il faut, en outre, sonder par avance les dispositions des auditeurs, pour les faire tourner, suivant leur caractère, au triomphe de sa cause. L'amour de Dieu excitera les cœurs pieux ; l'amour de la gloire animera des soldats ; la haine du despotisme transportera des conjurés, etc. Mais quel est le secret capable d'émouvoir des indifférents?... Le talent seul peut le découvrir.

Une question se présente en finissant ce paragraphe. Doit-on se servir dans tout discours des trois parties de l'invention, les preuves, les mœurs et les passions? Dans la plupart des cas judiciaires un moyen pourra suffire. Si un débiteur me conteste une créance, je me contenterai de prouver qu'elle est légitime, et mon compétiteur sera condamné à payer ; je n'aurai besoin ni des mœurs ni du pathétique. D'autres fois deux moyens devront être employés : Si je n'ai pas de preuves authentiques de ma créance, le juge devra apprécier ma probité qui m'empêcherait de vouloir tromper, ma bienveillance qui me fait recourir avec confiance à son équité, ma modestie qui éviterait un scandale judiciaire et des débats publics, et ma prudence qui m'aurait retenu, si j'avais craint de perdre ma cause ; et tout cela formera un corps de preuves morales qui décidera le gain de ma cause. Plus rarement on devra employer les trois moyens à la fois : si je suis père de famille et dans une position gênée, si ma partie est puissante, si mes preuves sont faibles, si mes titres moraux ne suffisent pas, je tâcherai de toucher le cœur des juges par le spectacle de la pauvreté qui m'attend, de mes enfants réduits à la misère, je mettrai en regard l'opulence de mon adversaire, et si je parviens par mes larmes à attendrir mes auditeurs, le succès de ma cause n'est pas douteux.

Mais si, dans les luttes judiciaires, les moyens de l'invention se présentent dans cet ordre, il est vrai de dire que, dans l'éloquence sacrée, dans les grands débats parlementaires, l'ordre contraire se présentera plus ordinairement. Il faudra recourir fréquemment aux trois moyens, plus rarement à deux, et ce n'est que dans des occasions exceptionnelles qu'un seul pourra suffire.

CHAPITRE SECOND.

DE LA DISPOSITION.

La *Disposition* est la seconde partie de la composition littéraire. C'est l'arrangement des pensées fournies par le sujet.

Trois qualités générales sont requises dans la disposition : 1. *L'ordre.* — 2. *La gradation.* — 3. *L'harmonie.*

1. L'ordre consiste à séparer les accessoires de l'invention en autant de parts qu'il y a de natures de pensées. Nous avons parlé déjà des pensées intrinsèques et extrinsèques. C'est la division générale; mais telle pensée peut être puisée dans l'ordre moral, telle autre dans l'ordre métaphysique, etc. Il faut les réunir ordinairement, pour les exposer, à moins que les circonstances ou le but de l'écrivain ne s'y opposent. Son talent sera de les arranger dans l'ordre le plus propre à obtenir l'effet qu'il désire.

2. Lorsque l'ordre des pensées est établi, on examine quelle marche on doit suivre dans leur exposition. Tantôt on commence par les plus faibles, tantôt au contraire on place en avant les plus fortes. Dans le premier cas, on suit une gradation ascendante, afin que l'intérêt

augmente à mesure que l'action ou le discours avance. Telle est la marche ordinaire des compositions dramatiques. Dans le second cas, c'est-à-dire lorsque la disposition commence par le développement des pensées les plus saillantes, la gradation est descendante. C'est quelquefois la marche que suit l'orateur, lorsqu'il reconnaît la nécessité de frapper de grands coups dès l'abord, afin que ses auditeurs ou ses lecteurs, surpris à l'improviste, soient comme étonnés de la force de ses moyens, et qu'il n'ait plus ensuite qu'à achever son triomphe par le développement des idées accessoires qu'il a réservées pour les dernières.

Le mérite de la gradation consiste en ce que le discours ou l'action suit une marche *toujours* ascendante, ou *toujours* descendante. Ce serait donc une faute de choisir d'abord une pensée forte, de la faire suivre d'une pensée faible, en exposant immédiatement une pensée tenant le milieu entre ces deux extrêmes. La composition marcherait ainsi par bonds, et ressemblerait aux yeux du lecteur à ces routes inégales, qui sont tracées en montées et descentes, et dont l'aspect seul est une véritable fatigue pour le piéton. Pour suivre cette comparaison, qui est frappante pour les jeunes gens, il n'est pas un élève qui n'ait éprouvé, en s'en allant en vacances, combien il est pénible de suivre ces chemins en vaux et collines, qui laissent voir et dérobent aux yeux tour-à-tour, le clocher d'un village qu'on désespère ainsi de pouvoir atteindre. Ces chemins désagréables sont l'image d'une composition sans gradation, qui paraît traînante et pénible, fatigue l'attention et rebute l'esprit.

Combien il est plus agréable de gravir la pente douce d'une haute montagne ! A sa base, l'odeur des fleurs de la prairie, le plan incliné du gazon, le bruit du ruisseau qui fuit sous le feuillage, le chant du rossignol, etc., tout délasse et récrée. Plus haut, la chute d'une cascade, la forêt de sapins, un précipice, le vol de l'aigle, etc., présentent des beautés sévères et déjà grandioses. Mais, quand arrivé au sommet, vous pouvez contempler les neiges éternelles, l'avalanche menaçante, l'hospice protecteur, et surtout ce vaste horizon, où les villes et les bourgs vous apparaissent comme des points imperceptibles dans l'espace, votre imagination est au comble de l'étonnement et de la satisfaction. Voilà la gradation ascendante ; vous passez du doux au sévère, et du sévère au majestueux, vous êtes attendri et subjugué par les charmes de la composition.

En descendant vous retrouvez les mêmes beautés dans un ordre différent. Vous passez de l'enthousiasme à l'admiration et de l'admiration à cette quiétude de l'âme qui vous laisse les plus douces impressions. C'est le propre de la gradation descendante.

3. *L'harmonie*, la troisième qualité de la disposition, est cet accord exact des parties par lequel elles forment un tout parfait et concourent au même but. Cette qualité est si indispensable que je devrais m'abstenir de la commenter. Sans elle la composition devient défectueuse et désagréable, les parties détachées de l'ensem-

ble s'isolent et annulent la majesté de l'effet général. Elle se lie tellement à l'unité d'action, qu'on dit généralement *que l'unité c'est l'harmonie.* C'est elle qui constitue invariablement la beauté, la supériorité, la perfection ; c'est en un mot l'absence de tout élément qui ne semblerait point faire partie d'un bel ensemble.

Si dans une *narration* vous mêlez une seule réflexion contraire au but de votre récit, vous péchez contre l'harmonie.

Si dans une *description riche*, vous placez un détail trivial ; vous choquez l'harmonie.

Si dans le *portrait* d'un homme bon par excellence vous parlez de la méfiance, variété de caractère qui modifie la bonté, vous détruisez l'harmonie. Ce trait seul défigurera votre portrait.

Si, dans un *discours*, vous vous faites une objection que vous ne puissiez pas radicalement détruire, vous introduisez dans votre œuvre un élément de destruction, vous violez la loi de l'harmonie.

L'art de disposer les moyens de l'invention est dépendant de la nature des causes, des circonstances locales, de l'à-propos des compositions, en un mot, du but de l'écrivain.

Les deux grands genres de composition, la narration et le discours, ont leurs préceptes spéciaux en fait de disposition. Nous allons les exposer.

§ 1. Disposition Narrative.

La disposition d'une narration veut que le fait choisi ait une *exposition*, un *nœud* et un *dénouement*.

On nomme *exposition* cette partie de la narration qui a pour but de préparer l'esprit au fait qu'on va raconter. Elle détermine le lieu de la scène, fait connaître les personnages et explique tous les antécédents nécessaires à la clarté du récit.

L'exposition sera *simple* et *claire*. Simple : il faut promettre peu, et tâcher de tenir beaucoup. Claire : on ne la chargera pas de détails inutiles, et on la tirera du fond même des choses, car, dit Cicéron, *elle doit sortir du sujet comme une fleur de sa tige.*

Le *nœud* est la partie intermédiaire de la narration où l'on voit les personnages à l'œuvre, où l'action se complique et rencontre des difficultés qui éloignent la prévision du dénouement. C'est là où l'intérêt commence, où il est nécessaire, pour le faire croître jusqu'à la fin, de bien rassembler en un seul faisceau les faits partiels qui concourent au but du récit.

Enfin, le *dénouement* est le point où se tranche le nœud, où l'action finit. Il exige deux précautions. 1° Il faut préparer l'esprit à l'accueillir ; car s'il est trop brusque, il surprend, déconcerte et laisse le lecteur peu satisfait ; mais le préparer n'est pas l'annoncer : en ce dernier cas, on détruirait l'intérêt ; 2° il faut savoir s'arrêter à temps ; après un dénouement annoncé, il faut laisser l'esprit réfléchir sur les suites du fait, et se contenter, si l'on veut, d'une courte réflexion.

Le dénouement doit soutenir l'intérêt de l'exposition et du nœud, c'est-à-dire que, s'il s'agit d'un fait sérieux, ce serait une faute, après avoir fait quelque chose de grave, d'amener un dénouement puéril ; de même qu'en matière légère, on serait répréhensible, après avoir préparé le lecteur à rire, de lui présenter un dénouement tragique. Il faut pourtant excepter le cas où l'action se terminerait d'une manière plaisante et agréable. On dédommage alors par la gaîté une âme dont on a remué vivement la sensibilité. Pour cela, il faut avoir le don de bien narrer, et si l'on ne se sent pas assuré de son fait, il vaut mieux se conformer aux règles et finir du même ton que l'on a commencé.

La première des fables de Lafontaine va nous servir d'exemple de la disposition régulière d'une narration.

EXPOSITION.

La cigale ayant chanté
Tout l'été,
Se trouva fort dépourvue
Quand la bise fut venue,
Pas un seul petit morceau
De mouche ou de vermisseau !
Elle alla crier famine
Chez la fourmi, sa voisine,

La simplicité et la clarté de cette exposition sont remarquables. Un pauvre animal, ne trouvant rien pour se nourrir, va demander des secours à sa voisine. Comment rédigera-t-il sa supplique ? S'agira-t-il d'une aumône ou d'un prêt ? Le nœud commence.

NOEUD.

La priant de lui prêter
Quelque grain pour subsister,
Jusqu'à la saison nouvelle.
Je vous paierai, lui dit-elle,
Avant l'Oût, foi d'animal,
Intérêt et principal.

La fourmi n'est pas prêteuse,
C'est là son moindre défaut,
Que faisiez-vous au temps chaud?
Dit-elle à cette emprunteuse.
Nuit et jour, à tout venant,
Je chantais, ne vous déplaise.
Vous chantiez! j'en suis fort aise;

La cigale veut emprunter et s'engage à rembourser exactement et avec intérêt au terme dont on conviendra. Bon! sa démarche sans doute aura du succès. Mais *la fourmi n'est pas prêteuse*, et voici une difficulté à vaincre; le nœud se complique. Le poète nous fait espérer que la fourmi s'attendrira : car, au lieu de congédier brusquement *l'emprunteuse*, la voici qui la questionne. Avez-vous eu des malheurs? Etiez-vous malade? Les voleurs ont-ils pillé vos greniers? s'il en était ainsi, on pourrait vous prêter. Voyons; et d'abord : *Que faisiez-vous au temps chaud?* On sent croître l'intérêt. — *Je chantais*, dit la cigale, un peu confuse et peu rassurée par cet aveu, car elle se dépêche d'ajouter un correctif, *ne vous déplaise.* Elle avait bien raison de craindre; la fourmi est mécontente de cet emploi futile du temps. Elle devine de suite que jamais l'animal qui s'amuse à chanter au lieu d'amasser des provisions, ne sera en état de rembourser les avances qu'elle pourrait lui faire. Quoi! s'écrie-t-elle, *vous chantiez!* Ces deux mots, quoique sans interjection, ont un caractère admirable d'indignation et d'ironie. *Vous chantiez* résume toute sa pensée, nous voilà préparés au dénouement qui ne se fait guères attendre.

DÉNOUEMENT.

Eh bien! dansez maintenant.

La fourmi envoie *danser* la cigale. Le fait est accompli; nous pouvons ajouter sans le secours du poète que la fourmi ferme sa porte et que la cigale s'éloigne, accablée du cruel refus qu'elle a mérité par sa folle conduite. C'est ainsi que l'on doit s'arrêter à temps. Ce dénouement sévère est, comme on le voit, digne de l'exposition, qui est grave elle-même.

Résumons en quelques lignes les règles de la disposition de la narration.

L'Exposition est claire et simple; elle présente les personnages. Le *Nœud* les met en action; il fait naître et accroît l'intérêt. Le *Dénouement* termine le fait, et doit être 1° préparé; 2° coupé à temps; 3° d'un ton conforme à celui de l'exposition.

Après avoir choisi son fait, après l'avoir disposé avec art suivant les règles qui précèdent, il faut l'orner. A cet effet, on peut recourir : 1° à *de courts épisodes*, qui, loin de partager l'intérêt, puissent le fortifier; quand le sujet est fort intéressant par lui-même, il serait mieux de négliger l'épisode; 2° à *quelques réflexions* vives que l'on jette, comme en passant, dans le récit. Telle est celle-ci : *la fourmi n'est pas prêteuse*; 3° *aux petites circonstances* habilement mises en évidence, c'est-à-dire à ces incidents divers, qui viennent, plus ou moins nombreux, se ranger autour d'un fait, lui donner une physionomie particulière, et dont aucun cependant, à le prendre isolément, n'est nécessaire à l'existence du fait principal. *Dans ce moment Turenne expire;* voilà un fait réduit à sa plus grande simplicité. Recourez, comme Madame de Sévigné, aux petites circonstances et vous lui donnerez un vif éclat, une physionomie propre qui le distinguera de la mort de tel ou tel personnage. « *Dans ce mo-* » *ment le cheval s'arrête, le héros tombe entre* » *les bras de ses gens, il ouvre deux fois de* » *grands yeux, et demeure tranquille pour* » *jamais.* » Vous voyez quelle différence il y a entre ce récit embelli de petites circonstances, et ces mots trop simples : *Turenne expire.* Il semble, grâce à l'image produite par les détails, qu'on voit mourir le héros.

Il faut prendre garde, en s'emparant des petites circonstances, de mettre la main sur des détails bas et communs, ceux par exemple que personne n'ignore. Nous en parlerons en traitant du style.

§ 2. Disposition Oratoire.

La disposition oratoire a pour but l'arrangement des moyens fournis par l'invention, et embrasse tout le plan du discours.

Le plan élaboré par l'invention n'est autre chose que l'ordre, la gradation et l'harmonie sommairement exposées ; c'est le fond du discours réduit aux idées fondamentales : ses qualités sont la justesse, la netteté, la simplicité, la fécondité, l'unité et la proportion, comme on peut s'en convaincre en relisant les premiers préceptes de l'invention, extraits de Buffon.

L'orateur, après avoir conçu son plan à l'aide

de ses moyens d'invention, le coordonne d'après les règles de la disposition. Ces règles ont pour objets : *L'exorde*, *la proposition*, *la narration*, *la confirmation*, *la réfutation*, *et la péroraison.*

EXORDE. L'orateur doit d'abord s'assurer des dispositions de son auditoire, s'attirer la bienveillance générale, et repousser les préventions défavorables qui pourraient exister contre sa personne. C'est l'office de l'exorde. Il fait usage des *mœurs* proprement dites et des bienséances oratoires. L'exorde a donc un double but : de se concilier la bienveillance des auditeurs et de captiver l'attention.

1° C'est surtout au début que l'orateur a besoin de paraître modeste, probe, confiant dans les lumières et dévoué aux intérêts de ceux qui l'écoutent : les premières impressions sont les plus vives, et s'il choque les esprits par des manières hautaines et présomptueuses, il amassera contre lui tout un orage de préventions difficiles à dissiper plus tard. 2° L'attention se commande par la haute idée que l'on donne de sa capacité et de son sujet. Il faut, pour cela, faire envisager ce dernier sous le point de vue le plus intéressant et ne point paraître embarrassé pour s'expliquer et rendre sa pensée.

L'exorde doit être tiré du fond même du sujet, à moins qu'une circonstance locale n'offre à l'orateur l'occasion d'entrer plus convenablement en matière.

Il y a quatre espèces d'exorde.

1. L'exorde est *simple*, quand l'orateur, n'ayant pas de préventions à détruire, parle à

un auditoire favorablement disposé à recevoir ses avis. Tels sont les exordes de la plupart des discours politiques et sacrés.

2. L'exorde doit être *insinuant* quand de fortes préventions existent, quelqu'en soit l'objet. On s'aide des précautions oratoires. D'abord on ose à peine se défendre, on dissimule ses raisons ; mais peu à peu on présente des motifs adroits, et bientôt on se découvre et on attaque de front. Cet exorde permet la finesse, mais non pas le mensonge. On peut citer comme modèles de genre l'exorde du plaidoyer de M. De Sèze pour Louis XVI (1), et celui du discours de Cicéron pour Milon (2).

3. L'exorde est *véhément* lorsqu'il s'agit d'un sujet qui préoccupe vivement les esprits. On se met dès l'abord au niveau des passions des auditeurs pour en accroître la force et le mouvement. Tel est l'exorde de la première Catilinaire (3).

3. L'exorde *pompeux* doit être préféré par l'orateur, quand une circonstance solennelle rassemble autour de lui une foule d'hommes accourus pour entendre sa parole. Les oraisons funèbres, les conférences des grands prédicateurs, les solennités académiques prêtent à merveille à l'exorde pompeux. On peut admirer un modèle accompli du genre dans l'oraison funèbre de la Reine d'Angleterre, par Bossuet (4).

On doit prendre garde dans l'exorde 1° de se

(1) Voyez Canevas, n° 291.
(2) Voyez Canevas, n° 292.
(3) Voyez Canevas, n° 293.
(4) Voyez Canevas, n° 294.

servir de pensées peu saillantes et dépourvues de mœurs; 2° de dire des choses inutiles qui font perdre le temps; 3° de parler de choses étrangères au sujet ou à la situation. Tout cela empêche l'attention de l'auditeur de se fixer sur le sujet ou sur l'orateur.

PROPOSITION. Elle énonce clairement la vérité qu'on veut prouver, et se place immédiatement après l'exorde.

La proposition est simple, si l'on n'a qu'une seule vérité à prouver. Elle est composée, quand elle offre plusieurs points distincts qu'il faut traiter séparément; en ce cas, il y a *division*, c'est-à-dire partage du discours en deux ou plusieurs parties. La division n'est pas absolument nécessaire; elle est un peu froide; il est bon cependant de l'établir, afin de soulager la mémoire de l'auditeur. Il en est de même de la *subdivision*, c'est-à-dire du partage en plusieurs points d'une partie de la division générale.

NARRATION. La narration oratoire est l'exposé des faits nécessaires à l'intelligence de la cause; elle se place après la proposition.

La narration oratoire aura en général toutes les qualités du genre narratif (1). En particulier l'orateur ne devra jamais perdre de vue les intérêts de sa cause. Tout en restant vrai, il lui sera permis de ne point être impartial; il racontera les faits de la manière la plus avantageuse à son but. Il appuiera sur les circonstances favorables beaucoup plus que sur celles

(1) Voyez plus haut page 47.

qui pourraient lui nuire, si même il ne passe pas sous silence entièrement ces dernières. La narration oratoire veut de la passion et de l'entraînement ; il faut que l'auditeur soit captivé et échauffé par la simple exposition du fait, qu'il croie voir les choses au lieu de les entendre. Ce genre de narration par ses mouvements d'éloquence, mérite plutôt d'être défini : *une action en récit*, que *récit d'une action*.

La narration oratoire n'est d'usage que dans le plaidoyer, l'oraison funèbre et le panégyrique.

CONFIRMATION. Lorsque l'exposition du fait est terminée, l'orateur présente ses preuves. C'est l'objet de la confirmation, partie la plus essentielle du discours ; car les mœurs et les passions ne sont souvent que des accessoires.

Il faut choisir ses preuves avec discernement, les arranger dans l'ordre qu'on jugera le meilleur, suivant les principes de gradation précédemment exposés, et enfin leur donner le développement nécessaire.

Rejeter les preuves faibles est un travail préliminaire auquel il faut se soumettre. Il ne faut pas toutefois, en le faisant, confondre les preuves faibles avec les probabilités. Celles-ci servent beaucoup aux causes criminelles ; elles inspirent les questions du juge, de sorte que l'accusé, s'en trouvant accablé, est forcé de faire des aveux. On peut s'emparer de ces probabilités comme moyen d'arriver à la connaissance de la vérité. Quintilien les compare à la grêle qui ne renverse pas comme la foudre, mais qui frappe vivement et à coups redoublés.

Les preuves faibles sont la plupart étrangères

au sujet ; s'en servir, ce serait faire soupçonner que l'on manque de preuves fortes et concluantes.

C'est dans le développement de ces dernières, comme dans la manière de corroborer les preuves médiocres, que se montre le talent de l'orateur habile dans la confirmation. Il les présente de façon à produire une vive impression, il entre dans des détails intéressants, il sait joindre à chaque idée générale toutes les idées accessoires qu'elle fait naître. Il rend par ce moyen une preuve palpable, sans recourir aux mots inutiles. D'un autre côté chaque preuve est traitée séparément, afin que l'esprit saisisse distinctement toutes les faces du sujet, et c'est ainsi que l'orateur produit la conviction. Cette adresse à manier la preuve est un art à part que les rhéteurs nomment *amplification oratoire.*

Comme défauts dans la confirmation on peut recommander d'éviter : 1° le soin de prouver ce qui est évident ; 2° le souci d'épuiser une preuve suffisamment saisie par l'auditeur ; 3° la précaution de relever des détails futiles ou surabondants.

RÉFUTATION. Après avoir solidement appuyé sa cause, l'orateur doit s'occuper de détruire les preuves de ses adversaires. Il y parvient par la Réfutation.

En général cette partie se confond avec la confirmation. Lorsqu'on a établi une preuve, on cherche à détruire les objections qu'on peut y faire, ou les preuves contraires que l'adversaire a exposées. La réfutation est plus facile alors, parce qu'on suit pas à pas son compétiteur et qu'on se place sur le même terrain.

Si la réfutation est isolée, elle demande toute la pénétration de l'orateur. Tantôt il devra faire usage de la logique, en montrant, s'il y a lieu, ou que les principes sont faux et qu'on ne peut en tirer des conséquences vraies, ou que les principes étant vrais, on en a tiré de fausses conséquences. Il aura soin à cet effet de réduire à quelques syllogismes toute l'argumentation qu'on lui a opposée. Tantôt il devra employer *l'analyse*, pour découvrir, en jetant à bas toute la pompe des ornements, si les pensées sont vraies, si on n'a point donné pour certain ce qui était douteux, ou pour avoué ce qui était contesté. L'artifice du discours n'étant plus alors caché par l'élocution, il lui sera facile d'en voir l'arrangement, ou de le renverser, s'il n'est pas solide.

Mais s'il a eu affaire à un adversaire qui a logiquement raisonné, que devra faire l'orateur ? Il n'ira pas sans doute avouer ses torts, quoiqu'il soit coupable de s'être chargé d'une mauvaise cause? Non, sans doute. Il cherchera à affaiblir les preuves, il les séparera pour détruire la force de leur réunion ; il affectera peut-être de ne pas répondre, ou il répondra ironiquement, mais décemment. Malgré toutes ces précautions, sa cause est bien près d'être perdue si son adversaire a le même talent que lui.

Il ne faut réfuter que ce qui est digne de réfutation. Abandonnez les minuties à la justice de l'auditeur.

L'on doit encore répéter dans toute sa force l'objection qu'on va réfuter, et y répondre complètement. Sans cela l'auditeur renforce dans son esprit le raisonnement attaqué, qui lui paraît dès lors invincible.

PÉRORAISON. Après la réfutation, il n'y a plus qu'à conclure. Or, la fin d'un discours est un moment critique, et l'orateur doit ici achever son triomphe, soit en résumant ses moyens pour convaincre l'esprit, soit en recourant au pathétique pour toucher le cœur. De là deux espèces de péroraison.

1° La péroraison n'est qu'une *récapitulation*, lorsque l'orateur assuré d'avoir convaincu ses auditeurs de la vérité qu'il a développée, se contente, pour soulager leur mémoire, de leur rappeler sommairement ses moyens. Il le fait en peu de mots et sans se répéter, et la conclusion est le triomphe de la proposition de son discours.

2° La péroraison proprement dite doit toujours être pathétique. L'esprit peut être convaincu ; mais les passions contrarient son élan, il s'agit de les vaincre. L'orateur s'adresse à elles, il les émeut, il parvient à leur communiquer ce feu qui le dévore lui-même. *Son imagination* leur présente les côtés touchants des objets ; sa *sensibilité* provoque l'expression des plus doux sentiments. Les larmes coulent, et tous les cœurs approuvent l'opinion de l'orateur quand il descend de la tribune.

Ces courtes notions sur la disposition oratoire font voir clairement qu'un discours n'est qu'un syllogisme développé, dont la confirmation contient les prémisses et dont la proposition est la conséquence.

—

Ce n'est point dans l'adolescence, lorsqu'on étudie la rhétorique, qu'il faut songer à bien *inventer* et à bien *disposer*. Il faut que l'âge ait mûri le jugement, que les bonnes lectures aient développé le goût, et que l'analyse littéraire ait révélé une partie du secret des grands maîtres.

Nous laisserons faire l'âge ; c'est un précepteur habile.

Les professeurs choisiront eux-mêmes les livres le plus convenables à mettre entre les mains des jeunes gens. Quintilien pense qu'un élève doit toujours commencer par lire les meilleurs auteurs, continuer par eux et finir par eux ; ce n'est que lorsque son goût sera formé qu'il pourra lire les auteurs moins parfaits. Ainsi, pour m'expliquer par un exemple, le jeune poète qui aura de l'attrait pour la tragédie devra lire et relire Racine, qui est à peu près parfait ; et ce n'est que plus tard qu'il pourra lire Pierre Corneille, qui a mêlé à d'admirables beautés des défauts tels, qu'ils sont inconcevables dans ce grand homme.

Quant à l'analyse, les rhéteurs l'ayant totalement négligée, nous devons l'enseigner à l'élève. Elle fera partie de nos canevas ; et si c'est le côté le plus ingrat du travail, ce sera le plus utile.

Pour achever de faire voir aux élèves ce que c'est que l'ensemble d'une composition, je vais, à l'exemple de Quintilien, comparer un auteur à un architecte qui veut construire un palais. Que fait cet architecte?

1° Il choisit un vaste emplacement sur une colline entourée de bois, de prairies, d'eaux vives, etc., d'où la vue puisse s'étendre sur un vaste horizon. — *C'est l'invention d'un sujet fécond, heureux.*

2° Il fait un dessin général de son œuvre. — *C'est le plan de la composition.*

3° Il se procure des matériaux de toutes sortes, pierres, marbres, fers, bois, bronzes, etc. — *Ce sont les accessoires de l'invention, les pensées premières.*

4° Parmi ces matériaux, il choisit les plus beaux qu'il fait travailler avec soin, et rejette ceux qui sont calcinés ou de mauvaise qualité. — *C'est le choix des pensées et le travail préliminaire qui doit décider de leur admission dans la composition.*

5° Il pose ses fondements, élève ses murs, distribue ses appartements avec intelligence, et pour que les habitants du palais soient commodément logés. — *C'est la disposition.*

6° Il met chacun à sa place les matériaux qui doivent servir à chaque partie du palais. — *C'est l'ordre de la disposition.*

7° Il arrange ses vestibules, ses salles d'attente et ses salons, soit en augmentant graduellement la majesté des proportions de ces trois pièces, soit en la diminuant et toutefois en compensant cette diminution par la richesse et l'agrément des détails, mais toujours de manière à ce que le visiteur soit dans l'admiration.

— *C'est la gradation de la disposition tantôt ascendante, tantôt descendante.*

8° Il veille à ce qu'il n'y ait rien de disparate dans tous ses arrangements, à ce que tout concoure à la beauté, à la perfection de son palais. — *C'est l'harmonie de la disposition.*

9° Enfin, il pose ses ornements, taille avec élégance ses colonnes, sculpte ses statues et ses vases, il couvre les murs intérieurs de riches tentures, de peintures agréables ; l'œil s'y repose satisfait sur des tableaux magnifiques et sur des couleurs séduisantes. — *C'est le style, ce sont les figures, c'est, en un mot, l'élocution* dont nous allons parler avec étendue, parce que c'est, à proprement parler, toute la rhétorique de la jeunesse.

CHAPITRE TROISIÈME.

DE L'ÉLOCUTION.

Cicéron et Quintilien regardent l'élocution comme la partie la plus difficile de la composition. Cela est vrai ; mais depuis leur temps nous avons eu de grands maîtres, et grâces à tous, aux anciens comme aux modernes, nous possédons sur ce point un recueil complet de règles avouées par le bon goût.

L'élocution est la partie de la composition qui a pour objet le choix, l'arrangement et l'ornement des mots. C'est le vêtement de la pensée, si je puis m'exprimer ainsi. La définition donnée plus haut de l'élocution est faite évidemment par extension. Car, en parlant rigoureusement, l'élocution est l'énonciation de la pensée par la parole. Voilà pour l'orateur; pour l'écrivain, l'élocution, c'est le style.

Le style, c'est l'homme, a dit Buffon, d'où l'on peut conclure que chaque homme pensant et s'exprimant d'une manière différente, il y a à peu près autant de genres de style qu'il y a d'écrivains au monde. Le style est donc, suivant l'auteur, simple, naturel, naïf, délicat, gracieux, fin, élégant, facile, riche, éclatant, pompeux, fort, énergique, véhément, sublime, élevé, soutenu, pur, brillant, clair, châtié, correct, plein, nourri, périodique, nombreux, mâle, nerveux, fleuri, serré, concis, laconique, égal, pathétique, badin. Mais je m'arrête, car je vois qu'il me faudrait épuiser tout le vocabulaire (1).

(1) On divise le style en style simple, style tempéré et style sublime. Le style simple convient aux sujets ordinaires; le style tempéré aux sujets qui prêtent le mieux aux ornements; le style sublime est réservé aux grands sujets.

« Il est bien facile d'observer, dit La Harpe, que cette division-là n'a pas d'objet bien distinct, et qu'elle ne conduit à aucun résultat essentiel. Dans l'application, il s'en suivrait qu'un genre de discours pût être tellement simple, qu'il ne pût comporter ni sublime ni même aucun ornement; et alors serait-il oratoire? De même le genre suceptible d'ornement peut-il l'être au point d'exclure la simplicité, qui, en tout genre, a son prix? A l'égard du

Je ne puis suivre le style dans ses transformations infinies. Tel auteur brillera par sa simplicité, tel autre par son élégance ; l'un aura de la pompe, l'autre de la naïveté, celui-ci de l'énergie, celui-là de la douceur ; on trouvera même des écrivains qui, en l'absence de toute qualité distinctive, n'auront pour mérite que leur originalité, et qui plairont infiniment. Je ne m'occuperai donc pas de ce *style individuel* donné par la nature. Chacun est libre de le suivre en se conformant aux préceptes de goût qui régissent d'une part le style en général, et d'autre part *le style de genre*, c'est-à-dire celui qui convient exclusivement à un genre particulier de composition. J'indiquerai ce dernier dans le deuxième livre de cet ouvrage. Ne parlons d'abord que du style en général.

Le style a trois qualités principales qui sont la Clarté, la Correction et l'Ornement.

genre sublime, il n'y a point de sujet qui exige, qui vous permette même d'être continuellement sublime. L'homme qui voudrait être toujours sublime, ne serait que ridicule et insensé.

» Cette espèce de définition est donc vague et même futile, et il faut en revenir à ce grand principe qu'il n'y a à considérer dans l'éloquence que la convenance, que ce que Quintilien appelait *apte dicere*, parler convenablement : ce mot renferme tout. Le point capital est de bien saisir le rapport naturel qui se trouve entre le sujet et le style qui lui convient, entre tel ordre d'idées et tel genre de distinction : le principe est vaste et fécond ; les détails sont infinis. »

§ 1. De la Clarté du Style.

Dans la langue parlée et dans la langue écrite
La clarté du discours est le premier mérite.
(F. De Neufchateau.)

De même que la lumière du soleil frappe les yeux, la clarté de l'élocution doit frapper l'esprit. L'on écrit pour être compris ; et c'est par la clarté que ce but est atteint à la satisfaction du lecteur.

La clarté doit, s'il est possible, être si lumineuse qu'elle laisse constamment voir la pensée avec ses nuances ; mais cette règle n'est point absolue, car dans les sciences abstraites, dans les ouvrages didactiques écrits pour des hommes faits, il serait déraisonnable d'exiger une clarté aussi vive. Le style deviendrait diffus par sa clarté même, et le lecteur serait fâché de voir que vous le soupçonnez de paresse d'esprit ou de défaut d'intelligence. Il y a de l'art en ce cas à voiler un peu la clarté, et l'écrivain doit laisser quelque place à la réflexion.

Il n'en est pas de même des ouvrages faits pour les jeunes gens, ou pour des lecteurs ou des auditeurs peu instruits ou prévenus contre votre sujet ; il faut être clair dans la rigoureuse acception du mot et ne pas forcer à réfléchir un esprit déjà mal disposé, ou une intelligence qui n'a point acquis tout son développement.

Si le sens de vos vers tarde à se faire entendre
Mon esprit aussitôt commence à se détendre ;
Et de vos vains discours prompt à se détacher
Ne suit point un auteur qu'il faut toujours chercher.
(Boileau.)

MOYENS POUR ÊTRE CLAIR.

Ces moyens sont la *perception intellectuelle*, la *perspicacité*, le *naturel*, la *facilité*, la *propriété*, la *simplicité*, la *justesse*, la *précision* et la *concision*.

1° La *perception intellectuelle* consiste à voir sans nuages dans son esprit l'idée qu'on veut rendre. Cette idée se présente alors sans efforts, elle coule sous la plume.

> Ce que l'on conçoit bien s'énonce clairement
> Et les mots pour le dire arrivent aisément. (BOIL.)

2° La *perspicacité* est une qualité de l'esprit par laquelle on démêle les choses embrouillées, par elle on écarte les tours amphibologiques, les expressions louches et les phrases équivoques.

> Selon que notre idée est plus ou moins obscure
> L'expression la suit, ou moins nette ou plus pure. (*Id.*)

3° Le *naturel* consiste à rendre une idée sans efforts comme si elle se présentait d'elle-même. C'est l'effet de la perception intellectuelle. En ce cas la pensée est si bien amenée, que le lecteur l'a pressentie, et qu'il est charmé de la voir arriver. Un auteur contemporain met dans la bouche d'une jeune orpheline cette touchante exhortation à un frère qui se conduit mal :

« C'est aujourd'hui le jour des morts. Vois-tu cette foule qui passe triste et recueillie ? Ils vont déposer des couronnes sur les croix du cimetière. Et nous, serions-nous des enfants ingrats ! Notre mère qui nous aimait tant, morte depuis deux ans seulement, attendrait-elle en vain notre visite ! Que nous dirait-elle quand nous la reverrons ? Allons, Alfred, bravons le froid et la pluie, *allons prier sur sa tombe.* » M.

Dès les premiers mots, le lecteur attend cette phrase ; il est si *naturel* d'aller le jour des morts prier sur la tombe d'une mère !

4° La *facilité* donne au style cette touche légère qui voile les efforts du travail.

« C'est une retraite où je me plais ; j'y suis à mon aise, assis, seul avec Racine et Fénélon, je médite mes deux auteurs favoris, je les relis avec le plus grand plaisir. » T. M.

Voilà un style qui sent l'effort et le travail. Il fallait dire :

Je me plais en cette retraite : assis à mon aise et seul avec Racine et Fénélon, mes deux auteurs favoris, je les médite et les relis sans cesse avec un plaisir extrême.

5° La *propriété* des expressions est une des qualités éminentes de la clarté, c'est de la propriété du mot surtout que dépend la clarté du discours.

La *propriété* consiste à rendre une pensée par le terme qui convient seul à cette pensée. Cela n'est pas facile ; il faut connaître à fond sa langue, il n'est peut-être pas un écrivain qui n'ait péché contre la loi de la propriété. Aussi, et je laisse ici parler *La Harpe*, « il ne faut pas prendre ce mot dans un sens trop littéral ; car il n'y a point de langue qui ait précisément un mot propre pour chaque idée, et qui ne soit souvent obligée de se servir du même terme pour exprimer des choses différentes. La plus riche est celle qui a le moins besoin de ces sortes d'emprunts qui sont toujours des preuves d'indigence. Quintilien fait remarquer aussi que la propriété des termes est si essentielle au discours, qu'elle est plutôt un devoir qu'un mérite. Je ne sais ce qui en était de son temps ; on peut croire que les premières études étant généralement plus soignées, l'habitude de s'énoncer en termes convenables, et d'avoir, en écrivant, l'expression propre, n'était pas très rare. Aujourd'hui, si c'est un devoir, comme il le dit, ce devoir est si rarement rempli qu'on peut sans scrupule en faire un mérite. Nous nous sommes tellement accoutumés à croire que tout se devine et que rien ne s'apprend ; il y a si peu de gens qui aient cru devoir étudier leur langue, qu'il ne faut pas s'étonner si, parmi ceux qui écrivent, il en est tant à qui la propriété des termes est une science à peu près étrangère. Il n'y a que nos bons écrivains à qui l'usage du mot propre soit familier. Il n'y a point d'écrivain qui ne fasse quelques fautes de langage, et celui même qui se mettrait dans la tête de n'en jamais faire, y perdrait beaucoup plus de temps que n'en mérite un si minutieux travail. Mais il y a loin de quelques légères inexactitudes, de quelques négligences, à la multitude de solécismes et de locutions vicieuses que l'on rencontre de tous côtés. Parmi les maux qu'a faits aux lettres ce déluge d'écrits périodiques, qui depuis vingt-cinq ans inonde toute la France, il faut compter cette corruption épidémique du langage, qui en a été une suite nécessaire. Pour peu qu'on réfléchisse un moment, il est aisé de s'en convaincre. Mais je me réserve de développer cette vérité lorsque je traiterai en particulier des journaux, depuis leur naissance jusqu'à nos jours. Avouons-le :

ce qu'on lit le plus, c'est les journaux. Ils contiennent, en quelque genre que se soit, la nouvelle du jour, et c'est en conséquence la lecture la plus pressée pour le plus grand nombre, et assez souvent la seule. Or, par qui sont faits ces journaux (je laisse à part les exceptions que chacun fera aussi bien que moi, et je parle en général)? — Par des hommes qui certainement n'ont choisi ce métier facile et vulgaire que parce qu'ils ne sauraient faire mieux; par des hommes qui savent fort peu, et qui n'ont ni la volonté ni même le temps d'en apprendre davantage. De plus, comment les lit-on? Aussi légèrement qu'ils sont faits. Chacun y cherche d'un coup-d'œil ce qui lui convient, et personne ne pense à examiner comme ils sont écrits: ce n'est pas là ce dont il s'agit. Qu'arrive-t-il? Ces feuilles éphémères, redigées avec une précipitation qui serait dangereuse même pour le talent, à plus forte raison pour ceux qui n'en ont point, fourmillent de fautes de toutes espèce : il est impossible à un homme de lettres d'en lire vingt lignes sans y trouver presque à chaque mot l'ignorance ou le ridicule. Mais ceux qui sont moins instruits s'accoutument à ce mauvais style et le portent dans leurs écrits ou dans leur conversation; car rien n'est si naturellement contagieux que les vices du style et du langage, et nous sommes disposés à imiter, sans y penser, ce que nous lisons et ce que nous entendons tous les jours. »

Ne dirait-on pas que La Harpe écrivait hier?

6° La *simplicité* dans le langage est ce qui fait le plus aimer le style d'un écrivain. Celui qui la possède ne se doute pas de son mérite, il ne se compare avec personne, et abandonne à ses lecteurs le soin d'apprécier son talent. C'est par là qu'a excellé Lafontaine, et cette simplicité de style lui a valu l'épithète de *Bonhomme*, épithète qui en vaut bien une autre. Bossuet en parlant de la gloire du Prince de Condé dit que la *seule simplicité d'un récit fidèle pourrait la soutenir*. C'est donner en peu de mots une grande idée de la simplicité.

Dans le style simple, aucune expression n'est plus prétentieuse que l'autre ; il y a peu ou point d'épithètes, l'affectation est mise à l'écart, tout coule de source. Tel est le passage d'un écrivain de nos jours.

« Heureux l'homme qui vit loin des villes ; il ne fréquente point les méchants et ne craint pas la contagion du vice. Il se nourrit de fruits et de laitage et sa santé est robuste. La culture des champs au-dehors, le soin de ses récoltes à la maison, voilà ses travaux. Le sourire de ses enfants, les bonds de ses agneaux, voilà ses plaisirs. »

O. B.

7° La *justesse* est à la pensée ce que la propriété est à l'expression. Il ne suffit pas pour être clair de parler en termes propres, il faut encore que la pensée à exprimer ne puisse être contredite, en d'autres termes, qu'elle soit d'une vérité frappante. La *mort est inexorable, elle frappe le pauvre et le riche*. Voilà une pensée juste que Malherbe a développée dans ses beaux vers :

La mort a des rigueurs à nulle autre pareilles
On a beau la prier,
La cruelle qu'elle est, se bouche les oreilles
Et nous laisse crier.

Le pauvre, en sa cabane, où le chaume le couvre
Est sujet à ses lois
Et la garde qui veille aux barrières du Louvre
N'en défend pas nos rois.

8° La *précision* consiste à exprimer une idée d'une manière si exacte qu'on ne dise rien de superflu.

On n'aime pas à lire un auteur qui entre dans trop de détails et ne laisse rien à deviner. Rien n'est même plus fatigant que d'écouter une narration où, comme on le dit vulgairement, *les points sont mis sur tous les* i. Il n'est personne qui ne l'ait éprouvé : si pour me dire que *vous vous êtes empressé de faire une visite de bon matin*, vous me racontez *que vous vous êtes levé, que vous avez pris vos vêtements, que vous avez descendu l'escalier à la hâte, franchi en courant le vestibule, la porte, la cour, traversé la place et la rue*, etc., je vous crie : Eh ! je sais tout cela, ce n'est pas en restant chez vous que vous avez fait votre visite, je me perds dans vos détails ; *soyez précis*.

On a blâmé, comme contraires à la précision, ces deux vers de Corneille :

Trois sceptres à son trône attachés par mon bras,
Parleront au lieu d'elle, et ne se tairont pas.

Certains rhéteurs qui se sont copiés l'un l'autre, voient une expression superflue dans : *et ne se tairont pas*. « Il est clair, dit malicieusement le plus hardi, que si les sceptres parlent ils ne se tairont pas. » C'est se moquer peu spirituellement d'un grand homme. Qu'il me soit permis de défendre Corneille.

Quand on a *parlé* pendant un certain temps, on

finit par se taire, soit parce qu'on n'a plus rien à dire, soit parce qu'on est interrompu. Dans Corneille, ces sceptres qui *parlent* auront toujours quelque chose à dire, et rien ne pourra les forcer à *se taire.* Ce langage muet d'une chose inanimée, qui reproche perpétuellement l'ingratitude, est vif comme le remords, éloquent et profond comme le souvenir. On peut dire de cette chose ce qu'on ne peut pas dire des faibles organes de l'homme, qu'elle parle et ne se tait pas, en d'autres termes, quelle parle sans cesse. Cette idée est grande, fort au-dessus d'un indécent persiflage, et l'expression de Corneille est noble et énergique. Loin d'être une faute, c'est une beauté.

9° La *concision* va plus loin que la précision. La *concision* veut que l'on emploie le moins de mots possibles pour exprimer une idée; il faut alors en peu de mots faire entendre beaucoup de choses.

« L'éclair brille, la foudre est tombée; et le toit embrâsé de la chaumière projette au loin une lueur sinistre. »

Ce style est concis; le narrateur supprime d'abord l'idée intermédiaire entre la lumière de l'éclair et l'incendie, c'est-à-dire le fracas du tonnerre. Personne n'ignore ce détail, il eût rendu la narration moins rapide. On remarque ce changement brusque de temps, du présent au passé (l'éclair *brille*, la foudre *est tombée*). C'est qu'en effet la foudre arrive avant l'éclair à l'objet frappé; mais pour se conformer aux impressions extérieures, l'éclair est mis avant la foudre; enfin, la communication du feu au toit de la chaumière n'est point indiquée; on voit la flamme en même temps que le choc de la foudre. C'est un effet de concision, puis cette épithète (*sinistre*) placée heureusement à la fin de la phrase, est un appel pressant aux secours des habitants de la contrée. Chacun se dit en lisant ces deux lignes qu'il les aurait faites ; mais c'est là le secret du style individuel. Il est plus facile de le sentir dans les autres que de le découvrir pour son propre compte.

DÉFAUTS OPPOSÉS A LA CLARTÉ.

1° L'obscurité dans la pensée empêche un écrivain de s'exprimer clairement. Il faut avoir une perception claire de son idée avant de la rendre ; il vaudrait mieux se taire que d'écrire sans se comprendre. C'est le conseil de Maynard.

Mon ami chasse bien loin
Cette noire réthorique,
Tes écrits auraient besoin
D'un devin qui les explique ;
Si ton esprit veut cacher
Les belles choses qu'il pense,
Dis-moi, qui peut t'empêcher
De te servir du silence ?

« La naïveté est une grande ressemblance de l'imitation avec la chose, c'est de l'eau prise dans le ruisseau et jetée sur la toile. (DID.)

» L'éloquence d'un orateur médiocre près de celle d'un orateur habile, est un grand chemin qui côtoie un torrent. » V. H.

Ces définitions sont obscures par défaut de pensée lucide dans leurs auteurs. Toutes deux sont du *galimatias* ; mais la première est du galimatias *double*, c'est-à-dire une chose que n'entend ni le lecteur ni l'auteur. La seconde est du galimatias *simple*, c'est-à-dire une chose que le lecteur n'entend point, mais que l'auteur entend seul.

L'origine du mot *galimatias* est assez piquante pour être racontée. Un avocat plaidait en latin pour un nommé Mathias à qui l'on avait volé un coq. Il prononça si souvent *gallus Mathiæ* (le coq de Mathias) qu'il finit par confondre les cas des deux substantifs en disant *galli Mathias.* Ce mot est resté pour désigner un discours vide, confus, obscur, inintelligible.

L'obscurité de la pensée ne peut être évitée que par la méditation profonde du sujet.

2° *L'obscurité dans l'expression* se produit de diverses manières.

Les mots impropres font réfléchir le lecteur. Il se demande si l'auteur a pensé ce qu'il écrit. Un accusé, disait de la réprimande d'un magistrat :

« Un tel discours était bien fait pour *m'en imposer.* » (C. O.) *M'en imposer* veut dire *tromper*, séduire par de fausses apparences. Il suffit de songer au caractère du magistrat pour s'apercevoir que l'accusé voulait dire *m'imposer* c'est-à-dire m'inspirer du respect, de la crainte.

Les *mots vieillis*, tombés en désuétude, sont une cause d'obscurité.

Un poète, en parlant des pécheurs qui se percent le sein avec leur propre épée, ajoute :

> Je vois jaillir leur sang *aduste.* (Rip.)

Pourquoi *aduste*, vieille épithète dont les médecins eux-mêmes ne se servent plus. Pourquoi ? Pour rimer avec *monarque auguste* qui suit ; mais cela ne suffit pas pour être clair.

L'extrême concision est voisine de l'obscurité, témoin ce vers de Racine :

Je t'aimais inconstant, qu'aurais-je fait fidèle ?

On cite ce vers comme modèle d'ellipse ; Racine seul a pu le faire passer. Il faut y regarder de près pour voir qu'il signifie :

Qu'aurais-je fait si tu eusses été fidèle ?

La longueur des phrases fait oublier à la fin ce qu'on a dit au commencement. Il est facile d'éviter ce défaut en coupant une phrase en trois ou quatre parties.

L'embarras des constructions résultant de l'emploi multiplié des pronoms : *il*, *le*, *lui*, *son*, *sa*, *ses*, *qui*, *que*, etc., contribue beaucoup aussi à l'obscurité. Il est facile de construire d'une manière aisée, en remplaçant le pronom par une épithète juste.

Les *équivoques* sont des expressions qui produisent plusieurs sens.

.....En chancelant je le vis s'éloigner. (RÉG.)

Quel est celui qui chancèle ? Est-ce celui qui voit ou celui qui s'éloigne ? On ne le sait pas.

Quand tous les rapports des mots sont bien déterminés et réguliers, toute équivoque disparaît.

3° *La diffusion* du style est un des plus grands obstacles à la clarté. C'est un défaut commun aux jeunes gens qui veulent donner trop de développements à leurs pensées.

Lucain met les paroles suivantes dans la bouche de César parlant à un pilote effrayé par la tempête.

« Ne crains point le courroux des flots ; abandonne la voile aux vents furieux : si les astres te défendent de voguer vers l'Italie, vogue sous mes auspices. Tu n'aurais aucun effroi si tu connaissais celui que tu portes. Sache que les dieux ne m'abandonnent jamais, et que la fortune me sert mal lorsqu'elle ne va pas au-devant de mes vœux. Avance au milieu des tempêtes, et ne crains rien sous ma sauve-garde. Cette tempête qui menace les cieux et les mers ne menace point la barque où je suis; elle porte César, et César la garantit de tous les périls, etc. »

Voilà de la diffusion insupportable. Qu'avait dit César, selon le témoignage de l'histoire?

« Que crains-tu? Tu portes César et sa fortune. »

Lucain a défiguré ce mot sublime.

4° *L'affectation* est l'opposé du *naturel*. Elle existe dans les pensées quand on va chercher au loin des idées qui sont étrangères au sujet.

Elle existe dans le style, quand on se sert de périphrases pour exprimer des choses fort simples.

Un jeune avocat plaidant pour un meunier, s'écria tout-à-coup : « Le vieux Priam, voulant sortir des murs de Troie avec ses dieux lares et sa famille, etc. » — Affectation de pensée. Eh! laissez là Priam, et parlez-nous de votre meunier.

« L'image bronzée de Turenne debout. » Th.

« Le réservoir de cristal où je puise mon style. » D.

Affectation de mots. Dites tout bonnement *la statue de Turenne*, *mon écritoire*.

L'affectation dans les mots se nomme encore *précieux ridicule*.

L'affectation de pensées est contraire à la clarté du récit; l'affectation de mots à la clarté du style.

5° Le *pathos* est l'affectation de la chaleur

dans le style. — « Les larmes des princes pourraient-elles *laver les campagnes teintes du sang de tant d'innocents ?* » (J.).

M. J.... veut dire *réparer les maux de la guerre.* Mais le dit-il? Cette emphase est affectée.

« C'est la vengeance de Dieu trompé qui a pris l'ironie de l'homme pour instrument de colère. » (Ed. Q.)

Que veut dire M. Ed. Q.... ? Pour découvrir sa pensée, on est obligé de faire ce long commentaire. — « Dieu a été trompé il veut se venger, comment? Il emprunte un langage ironique à l'homme et se sert de ce langage pour exprimer sa colère. Quelle affectation de chaleur! L'écrivain a du suer, pour écrire cette phrase.

6° Le *phébus* caractérise un style, orné d'un brillant qui semble signifier quelque chose, mais qui en réalité ne dit rien du tout.

« Les rayons du soleil, formés d'une substance limpide et transparente, sont des émanations splendides de l'immense foyer de flamme vive et pure qui éclaire l'univers. » (C. D.)

En d'autres termes : les rayons du soleil sont les rayons du soleil. La belle découverte !

7° Le *marivaudage* est un style prétentieux et fatigant par les mots recherchés. Il comprend aussi l'affectation dans les sujets. C'est Marivaux qui l'a créé, et lui a donné son nom. On a dit de lui *qu'il pesait des œufs de mouche dans des balances de toile d'arraignée.*

« Vos yeux vous condamnent à vivre en compagnie. »
« Vous avez *le cœur bien frugal.* »
« Je veux que mon visage n'appartienne qu'à moi,

que personne n'ait à voir ce que j'en ferai, qu'il ne relève que de moi seul. » (MARIVAUX.)

Comprendra ces énigmes qui pourra.

§ 2. DE LA CORRECTION DU STYLE.

La correction du style est un devoir plutôt qu'une qualité. Avant de composer, il faut avoir fait un bon cours de grammaire. Le rhéteur n'a pas à s'en occuper à fond, il doit seulement diriger l'attention des élèves sur la coupe des phrases, des périodes et sur le choix des synonymes.

1° *La phrase* est l'assemblage régulier des mots par lesquels on énonce sa pensée.

Elle est *simple* quand elle est absolue par elle-même et qu'elle n'a besoin, pour être claire, d'aucune idée accessoire ;

Exemple : *Dieu est éternel.*

Elle est *composée* quand elle contient des termes qui modifient l'expression absolue, ou sans lesquels l'idée exprimée pourrait quelquefois être fausse.

Ex. : *Le crime, qui est commis pour l'amour de la patrie, est excusable.*

Le crime est excusable, est une proposition monstrueuse. Les mots *qui est commis pour l'amour de la patrie*, rendent la proposition admissible en certains cas.

Dans les phrases *composées*, les expressions qui rendent l'idée première se nomment *phrase principale*, et les termes modificatifs prennent la dénomination de *phrase incidente.*

L'incidence de la phrase peut être *déterminative* ou *explicative*. Elle est *déterminative*, quand sa suppression dénaturerait la pensée. Ex. : « *La gloire qui vient de la vertu a un éclat immortel.* »

Phrase principale : *La gloire a un éclat immortel.* Phrase incidente déterminative : *qui vient de la vertu.* Il est clair qu'en supprimant l'incidente déterminative, la phrase entière n'aurait plus le même sens.

L'incidence est explicative quand on pourrait la retrancher sans altérer le sens général d'une proposition. Ex. : « Les savants, qui sont plus instruits que le commun des hommes, devraient aussi les surpasser en sagesse. » Phrase principale : *Les savants devraient surpasser en sagesse le commun des hommes.* Phrase incidente explicative : *qui sont plus instruits que le commun des hommes.* On pourrait supprimer l'incidence, et la proposition n'en serait ni moins claire ni moins juste.

Pour bien composer ses phrases, il faut faire une extrême attention aux rapports des mots entr'eux et suivre un ordre naturel, à moins que l'on ait quelque motif pour renverser cet ordre, sans nuire à la correction bien entendu.

2° La *période* est une phrase composée de plusieurs membres, dont la réunion forme un sens complet et un ensemble harmonieux.

La première règle pour composer une bonne période est de faire rapporter ses divers membres à une seule et même idée. En introduisant deux idées dans la même période, on commettrait une faute grave qui détruirait toute harmonie. Il faut faire attention en second lieu à ce que les membres d'une période aient une longueur à peu près égale. Un assemblage de membres longs et courts produirait un ensemble difforme.

Enfin, la chûte de la période doit être très soignée, pour satisfaire à la fois l'esprit du lecteur et les principes de l'harmonie.

Chaque membre d'une période peut former un sens partiel concourant au développement du sens général ; ces petites phrases sont des *incises*. L'*incise* n'est qu'un accident de la période, car celle-ci peut se passer de l'incise, tandis que le membre est nécessaire.

On dit période à deux, trois, cinq, etc., membres de la période qui contient deux, trois, cinq, etc., rapports d'idées accessoires à l'idée principale.

La période est *carrée*, quand elle a quatre membres ou quelle est nombreuse et soignée. Elle est ronde quand les membres sont tellement joints que l'on voit difficilement où ils s'unissent. Elle est croisée lorsque les membres sont opposés les uns aux autres pour faire antithèse. Quelques exemples vont faire comprendre aisément ces explications.

PÉRIODE CARRÉE.

1er *Membre*. — Celui qui règne dans les cieux, et de qui relèvent tous les empires.
2e — à qui seul appartient la gloire, la majesté, l'indépendance,
3e — est aussi le seul qui se glorifie de faire la loi aux Rois,
4e — et de leur donner, quand il lui plaît, de grandes et terribles leçons. (BOSSUET.)

S'il est difficile de faire une période semblable, il est aisé du moins de l'admirer dans sa grandeur, ses détails et son harmonie.

Le premier membre ne contient qu'une *incise: et de qui relèvent tous les empires;* le second en contient deux, *la majesté, l'indépendance;* la troisième n'en a pas, la quatrième en a une : *quand il lui plaît.*

PÉRIODE A 5 MEMBRES.

1er — Roi de ses passions il a ce qu'il désire,
2e — Son fertile domaine est son petit empire,
3e — Sa cabane est son Louvre et son Fontainebleau
4e — Ses champs et ses jardins sont autant de pro- [vinces,
Incise — Et sans porter envie à la pompe des princes,
du 5e — Il est content chez lui de les voir en tableau.

(BACON.)

PÉRIODE RONDE A 3 MEMBRES.

1er — Il est arrivé ce moment où,
2e — entouré des conseils
Incise — que l'humanité et la loi lui ont donnés,
3e — il peut présenter à la nation une défense
Incise — *que son cœur avoue.* (DESÈZE.)

PÉRIODE CROISÉE A 5 MEMBRES.

1er — Soit qu'il élève les trônes,
2e — soit qu'il les abaisse,
3e — soit qu'il communique sa puissance aux princes,
4e — soit qu'il la retire à lui-même
Incise — et ne leur laisse que leur propre faiblesse,
5e — il leur apprend leur devoir d'une manière souveraine et digne de lui. (BOSSUET.)

Il faut s'exercer à faire de belles périodes. Quand elles sont pures et harmonieuses, elles semblent mettre notre langue en musique, et charment ainsi l'oreille en même temps que la pensée.

3° Le *choix des synonymes* contribue beaucoup à la correction du style.

Il n'y a pas de synonymes parfaits dans les langues, a dit Lamotte. Cela est vrai : car dès qu'on veut se servir de termes précis, on ne peut pas choisir ; il faut prendre celui qui rend l'idée avec toutes ses nuances. Ainsi, les mots *abominable*, *exécrable*, *détestable*, signifient en général ce qui est mauvais au suprême degré, et sous ce rapport on peut dire qu'ils sont synonymes. Mais si l'on examine le sens précis de chaque terme en particulier, on verra la synonymie disparaître. En effet, *détestable* se rapporte aux sensations, aux goûts : *cette musique est détestable* ; *abominable*, aux mœurs et aux sentiments : *cette conduite est abominable* ; *exécrable* se dit tout à la fois du moral et du physique : ces actions et ces principes sont *exécrables*. Il y a même dans ces mots une gradation marquée que l'exemple suivant fera sentir.

Une femme très-âgée dit un jour à Denis-le-Tyran :

> « Dans mon enfance, j'ai vu régner un prince *détestable*, je souhaitai sa mort, il périt. Mais un tyran *abominable*, pire que lui, lui succéda. Je fis contre celui-ci les mêmes vœux et ils furent remplis ; mais nous eûmes un tyran pire que lui encore : ce monstre *exécrable*, c'est toi. »

Malgré cette remarque, il convient quelquefois de se servir d'un synonyme, soit pour ne pas se répéter, soit pour ne pas choquer l'oreille ; le choix doit alors se porter sur le mot, qui, par son sens précis, se rapproche le plus de l'idée qu'on veut exprimer. C'est là ce qui contribue à une correction sage et suffisante ; si l'on voulait toujours se servir de termes ayant une précision extrême, on tomberait dans l'affectation.

4° La *pureté* est à la correction du style, ce que l'ordre et l'harmonie sont à la disposition des idées. C'est la pureté qui préside à l'arrangement des phrases et des périodes pour produire l'harmonie. C'est une qualité rare, même parmi les bons auteurs.

De même qu'en architecture on dit un *style pur*, pour exprimer un genre où tout est harmonieux, où rien de disparate et d'étranger au genre ne frappe la vue; de même en rhétorique on nomme *style* pur celui qui ne présente que des phrases bien construites, des périodes bien disposées et frappantes d'harmonie. On peut être *correct* sans arranger parfaitement ses mots, sans rechercher la place où ils feront le meilleur effet pour l'oreille, sans faire des périodes bien proportionnées sous tous les rapports; mais on n'est *pur* qu'à ces conditions. La pureté est l'excellence de la correction. Il ne faut donc pas confondre la correction avec la pureté. On est correct quand on écrit bien, on est pur quand on écrit très bien. Le rhéteur exige la correction dans le style; il ne peut avoir la prétention d'exiger la pureté.

En un mot, la correction est la pureté du langage, tandis que la pureté est le génie de la langue.

DÉFAUTS OPPOSÉS A LA CORRECTION.

1° Le *Purisme* est l'ennemi secret de la correction et son plus proche voisin. On est *puriste* quand on affecte d'être en toute occasion excessivement pur, ou par trop correct. Je laisse la Bruyère définir le puriste.

« Ces sortes de gens ont une fade attention à ce qu'ils disent, et l'on souffre avec eux dans la conversation de tout le travail de leur esprit ; ils sont comme pétris de phrases et de petits tours d'expression ; concertés dans leurs gestes et dans tout leur maintien, ils ne hasardent pas le moindre mot, quand il devrait faire le plus bel effet du monde ; rien d'heureux ne leur échappe, rien chez eux ne coule de source et avec liberté, ils parlent proprement et ennuyeusement, *ils sont puristes.* »

Ce petit portrait tracé de main de maître ne donne pas envie d'être *puriste*, surtout si l'on y ajoute ce quatrain de *Lainet* :

Je sens que je deviens *puriste*
Je plante au cordeau chaque mot,
Je suis les Dangeaux à la piste,
Je pourrais bien n'être qu'un sot.

C'est dans la conversation, qui veut de l'aisance et de l'abandon, qu'on a bien vite reconnu un puriste. Dans la langue écrite, qui exige une certaine sévérité, il est plus difficile de remarquer le défaut et de l'éviter.

Où finit la correction ? où commence le purisme ? Quintilien nous l'apprend : « Le style, dit-il, doit *être tel que les gens éclairés l'approuvent, et que les ignorants l'entendent.* »

Ce précepte admirable, me semble fait pour tous les cas. Ainsi, d'une part, il ne suffit pas que les hommes instruits vous comprennent ; il faut que le commun des hommes vous entende aussi ; et d'autre part, il ne suffit pas qu'un homme du peuple comprenne ce que vous voulez dire, il faut encore qu'un grammairien approuve votre diction. La grammaire et le bon sens unis, tels sont vos maîtres; hors de là, vous serez *puriste*, c'est-à-dire.... (Voyez Lainet.)

2° Le *Barbarisme* est une expression étrangère à la langue.

Il y a barbarisme :

1° Quand on se sert de mots forgés. Un visage *rébarbaratif* pour rébarbatif.

2° Quand le mot n'a pas une acception reçue. Il a *recouvert* la vue, pour recouvré.

3° Quand on emploie des tournures empruntées aux langues étrangères. Je *suis froid* (tournure allemande), pour : J'ai froid.

3° Le *Néologisme*. C'est la manie de se servir de termes nouveaux, d'arranger son style d'une manière bizarre, de transporter un mot étranger dans notre langue, enfin, de détourner une expression de sa signification ordinaire.

Tout cela est contraire à la correction.

Par *néologisme* on entend aussi le mot nouveau lui-même, soit dans sa création, soit dans son acception. Le premier qui crée un mot nouveau fait un barbarisme, mais il peut se faire que ce mot soit adopté plus tard. *Algérie*, *Accordéon*, eussent été des barbarismes il y a quelques années.

A toutes chose nouvelle, il faut un mot nouveau sans doute. Mais dans l'âge où l'on étudie, on a assez à faire à songer aux choses connues, et l'on ne doit rien se permettre de nouveau ni de forcé; il faut suivre le bon goût, et s'autoriser toujours de l'exemple d'un bon auteur pour se permettre la nouveauté.

Il est facile d'éviter le néologisme, c'est de n'y pas songer.

4° Le *solécisme* est, comme le dit Delille, le scandale du grammairien. C'est une faute contre la syntaxe.

Boileau en disant :

Mon esprit n'admet point un pompeux barbarisme
Ni d'un vers ampoulé l'orgueilleux solécisme ;
Sans la langue, en un mot, l'auteur *le plus divin*
Est toujours quoiqu'il fasse un méchant écrivain.

a fait lui-même un *orgueilleux solécisme*, car *divin* n'admettant aucun degré de supériorité ou d'infériorité, ne pouvait se joindre au superlatif *le plus*.

Je n'accuse Boileau que sous toutes réserves : car je crains que cet auteur immortel n'ait voulu donner ici, comme il l'a fait en cent endroits, le précepte et l'exemple.

§ 3. Ornements du Style.

Je vois dans les ornements du style trois choses bien distinctes : d'abord les *figures de rhétorique* qui rendent le style pittoresque et agréable, et que tout le monde peut employer sans y prendre garde ; en second lieu certaines tournures hardies, vives, majestueuses, etc., qui marchent tantôt avec les figures, tantôt sans elles et que j'appellerai volontiers *splendeurs du style* ; enfin, diverses formes connues seulement des bons écrivains et qu'on ne peut mieux désigner que par le titre de *secrets du style*. Ce paragraphe se divise donc en trois sections.

SECTION PREMIÈRE.

Des figures de rhétorique.

La nomenclature des figures de rhétorique est longue, et leurs termes mêmes, empruntés la plupart à la langue grecque, sont peu harmonieux pour nous. Mais il faut que les jeunes gens triomphent de la répugnance que leur inspirent ces consonnances étrangères, et qu'ils s'accoutument à voir dans les figures la chose et non l'expression.

Rien n'est plus commun dans le langage ordinaire que les figures, nous ne pouvons ouvrir la bouche sans en faire, tant leur usage est vulgaire et général : « J'ai pris souvent plaisir, dit de Bretlew, à entendre des paysans s'entretenir avec des figures de discours si variées, si vives, si éloignées du vulgaire, que j'avais honte d'avoir étudié si long-temps l'éloquence, voyant en eux une certaine rhétorique de naturel, beaucoup plus persuasive et plus éloquente que toutes nos rhétoriques artificielles. » « Je suis persuadé, dit aussi Dumarsais, qu'il se fait plus de figures un jour de marché à la halle, qu'il ne s'en fait en plusieurs jours d'assemblée académique. »

Ainsi, les figures sont, je le répète, d'un usage universel : nous les mettons dans nos paroles dès que nous pouvons parler. Courage donc ! nous allons apprendre ce que nous savons déjà, des choses fort simples.

Les figures sont des tours particuliers donnés aux mots et aux pensées.

Pour être bonnes, elles doivent être l'effet du sentiment et des mouvements naturels. Une figure forcée dépare le style au lieu de l'embellir.

Pourquoi ce mot *figures* a-t-il été donné plutôt qu'un autre à ces tours particuliers des mots et des pensées? Condillac l'a dit. « C'est que ces tours semblent donner des *figures* aux idées mêmes qui s'éloignent le plus des sens, et c'est là peut-être ce qui les a fait appeler figures, ou expressions *figurées*, » c'est-à-dire ayant une forme extérieure. Il ajoute que « les figures ne sont jamais plus belles que lorsqu'elles rapprochent des idées plus éloignées. » Mais cette dernière pensée n'est vraie qu'autant que l'esprit peut facilement saisir l'analogie existante entre le mot propre et l'expression figurée; si l'analogie est difficile à saisir, la figure paraît abusive et forcée. Généralement parlant, il faut au contraire que dans toute expression figurée, l'imagination aperçoive un rapport clair et peu éloigné avec l'expression propre. En disant que l'on ne peut défricher un pays qu'au moyen *du labourage*, et en assurer la conquête que par la *guerre*, je parle sans figures; mais si je dis qu'on ne peut soumettre l'Algérie que par *la charrue et l'épée*, je fais une figure hardie, énergique et que tout le monde comprend, parce qu'on aperçoit de suite un rapport sensible et naturel, existant d'une part entre le labourage en général et la charrue qui est le principal instrument de culture; et d'autre part entre la guerre considérée comme moyen de conquête, et l'épée dont on se sert le plus souvent pour combattre.

Les figures existent dans les mots ou dans les pensées. Dans le premier cas, le mot seul forme la figure; elle disparaît si l'on change le mot. Dans le second cas, la figure est indépendante des expressions, elle subsiste malgré le changement des mots si le sens est conservé.

Voyons les figures en détail (1).

FIGURES GRAMMATICALES.

I. ELLIPSE. — Omission.

1. L'*Ellipse* d'un mot grec qui signifie *omission*, est une figure par laquelle on supprime un ou plusieurs mots, dans une phrase, pour augmenter la précision sans nuire à la clarté. Exemple : *Dieu est bon, l'homme méchant.* Il fau-

(1) Division de l'école.

I. — Figures de mots proprement dites :

1re Espèce. — *Figures grammaticales.* — 1. Ellipse. — 2. Pléonasme. — 3. Syllepse. — 4. Hyperbate.

2e Espèce. — *Figures oratoires.* — 1. Répétition. — 2. Disjonction. — 3. Apposition.

II. — Figures de mots nommées *Tropes* :

1. — Métaphore. — 2. Allégorie. — 3. Catachrèse. — 4. Métonymie. — 5. Synecdoque. — 6. Antonomase.

III. — Figures de pensées :

1re Espèce. — *Figures par développement.* — 1. Exposition. — 2. Accumulation ou énumération. — 3. Description. — 4. Définition. — 5. Périphrase ou circonlocution.

2e Espèce. — *Figure par raisonnement.* — 1. Exténuation. — 2. Exagération. — 3. Hyperbole. — 4. Ironie. — 5. Litote. — 6. Concession. — 7. Prolepse.

drait rigoureusement *l'homme* est *méchant* ; mais l'esprit saisit à l'instant l'analogie qu'il y a entre les deux membres de phrase; en supprimant l'ellipse, on serait maladroit.

L'ellipse doit son introduction dans la langue au besoin d'exprimer promptement sa pensée. Elle donne au style un tour plus concis, qui ne manque même pas de grâce.

Notre langue est pleine d'ellipses, parce que nous sommes vifs et passionnés. La conversation en fourmille; dans le style, l'ellipse se rencontre plus rarement, parce que l'écrivain sent la nécessité de bien dire plutôt que le besoin de dire vite.

Ne recherchez pas l'ellipse : quand elle se présente naturellement, saisissez-la; et en ce cas ne consultez pas votre grammaire. Pourvu que votre lecteur vous entende bien clairement,

— 8. Subjection. — 9. Epiphonème. — 10. Permission.

3ᵉ Espèce. — *Figures par combinaison.* — 1. Comparaison. — 2. Contraste. — 3. Antithèse. — 4. Pointe ou jeux de mots. — 5. Allusion. — 6. Gradation.

4ᵉ Espèce. — *Figures par fiction.* — 1. Interrogation. — 2. Dubitation. — 3. Prétérition. Prétermission. — 4. Réticence. — 5. Correction. — 6. Suspension.

5ᵉ Espèce. — *Figures par mouvement.* — 1. Commination. — 2. Obsécration ou déprécation. — 3. Optation. — 4. Imprécation. — 5. Serment. — 6. Apostrophe. — 7. Exclamation. — 8. Prosopopée.

C'est bien dommage que les auteurs de ces distinctions subtiles n'aient pas mis au nombre des figures de rhétorique, le développement, le raisonnement, la combinaison, la fiction et le mouvement !

cela suffit. « Vous pouvez, dit Condillac, vous permettre cette figure toutes les fois que les mots sous-entendus se suppléeront facilement. Ne demandez pas si l'expression est usitée, mais considérez si l'analogie autorise à s'en servir. »

L'affaire est d'*importance*. (Corn.) Ellipse d'un substantif déjà exprimé. On serait puriste et affecté en disant : L'affaire est *une affaire d'importance.*

« Je suis homme à m'intéresser aux jeunes gens. » (Mol.) — Ellipse d'un pronom et d'un adjectif sous-entendus. En disant : « Je suis *un* homme *disposé* à m'intéresser aux jeunes gens, » ma proposition serait traînante.

Les bontés de la nature nous attestent l'existence d'un Dieu, *et les misères de l'homme les vérités de la religion.* (B. de St.-P.) Ellipse d'un verbe et de son régime indirect. *Nous attestent*, répétés après *misères de l'homme*, ne serait qu'une redite. Cette sorte d'ellipse est très belle et d'un usage fréquent.

La vie nous paraît courte et les *heures longues.* (Adiss.) Ellipse d'un verbe en le sous-entendant au pluriel après l'avoir mis au singulier. La figure est hardie ; condamnée d'abord par les grammairiens, elle a été ensuite adoptée par l'usage : suivez ce dernier maître.

Les ellipses abondent dans les demandes et les réponses.

Me donnerez-vous à diner ? Ellipse de *si je vais vous voir.*

Quand partez-vous ? Demain, pour *je pars demain.*

Heureux qui aime Dieu ! Pour heureux *est* celui qui aime Dieu.

> Si tu n'avais servi qu'un meunier *comme moi*
> Tu ne serais pas *si malade*. (LAFONTAINE.)

Double ellipse. Quelle grâce auriez-vous à mettre *comme moi qui en ai servi un, et si malade que tu l'es?*

> Vous Seigneur, imposteur ! (RACINE.)

Belle ellipse ! C'est ainsi que le style acquiert de la concision. Au lieu de :

> Vous Seigneur, vous seriez imposteur!

Le poète fait une proposition sans verbe, et chacun le comprend.

Dans tous ces cas, l'esprit n'éprouve aucun embarras, et n'a pas besoin d'appeler à son aide la réflexion pour saisir les rapports des mots entre eux. C'est là le mérite de l'ellipse, et c'est la règle que doivent suivre les jeunes gens dans l'emploi de cette figure lorsqu'ils ne pourront pas se prévaloir de l'autorité de l'usage ou de l'exemple d'un bon auteur. Mais il faut être clair avant tout ; si de l'ellipse naît une certaine obscurité, rejetez-la.

II. PLÉONASME. — ABONDANCE.

2. Le *Pléonasme* (plein d'abondance) est une figure qui consiste à se servir de mots qui sont inutiles pour le sens, mais qui peuvent donner à l'expression une plus grande force.

> Je l'ai vu, de mes propres yeux vu,
> Ce qui s'appelle vu. (MOL.)

Sans doute il suffirait de dire *je l'ai vu*, mais

il était nécessaire de faire ce long *pléonasme*, pour faire entendre raison à une personne incrédule. L'on sent combien ce tour de phrase donne de force à l'affirmation.

Iriez-vous, vous? — Moi! j'irais.

Dans tous les cas semblables à cet exemple, le mot qui fait pléonasme contient une idée qui n'est pas exprimée, mais que la figure rend énergiquement. C'est comme si l'on disait :

Iriez-vous *tel que vous êtes? — Tel que je suis j'irais.* L'esprit découvre facilement ce rapport secret qu'il y a entre l'expression figurée, et l'idée qu'elle représente. Ainsi, que des écoliers connaissent un de leurs condisciples peureux, timide, faible et sans énergie; si le cas se présente de braver un danger, et que celui-ci fasse le fanfaron, chacun lui dira :

Tu ferais cela, toi!

et sentira la force immense du pléonasme *toi*. Ce sera dans l'esprit des écoliers une comparaison entre le danger existant et la timidité de leur camarade. Ce sera en même temps un reproche vif et une ironie mordante à propos de ses bravades et de son défaut de courage. Tel est l'effet des figures quand elles sont bonnes. C'est de découvrir de suite l'analogie des idées avec l'expression.

Le *pléonasme* est *vicieux* s'il n'ajoute rien à l'idée principale, comme dans cette phrase :

Cela *suffit, assez.*

III. SYLLEPSE. — DEUX IDÉES RÉUNIES.

3. *La syllepse*, qu'on nomme aussi *compréhension*, *synthèse*, signifie, suivant son étymo-

logie grecque, l'action de comprendre une idée sans le secours du mot. C'est une figure par laquelle on fait accorder un mot avec celui auquel il correspond dans la pensée, et non avec celui auquel il s'accorde dans la phrase.

C'est ici qu'il est nécessaire que l'analogie soit juste et frappante, autrement l'on serait obscur.

Un seul *être* du moins me restait sous les cieux.
Ce malheur *la* frappa. (I.)

Syllepse de genre. — *Être*, au masculin; *la* au féminin. L'article *la* se rapporte dans la pensée à la personne frappée par le malheur.

2° Il y a syllepse de nombre, quand les mots qui se rapportent à la pensée ne sont en rapport de nombres avec aucun des mots précédents.

Tout le *peuple* au devant court en foule avec joie
Ils bénissent le chef que Madrid leur envoie. (V.)

Le *peuple* est au singulier; *ils*, au pluriel, se rapporte dans la pensée aux *gens* qui vont en foule.

3° Vois-tu *cette foule* qui passe triste et recueillie? *Ils* vont déposer des couronnes sur les croix du cimetière.

Syllepse de genre et de nombre. — *Cette foule* est au féminin et au singulier, *ils* au pluriel masculin ne se rapporte à aucun mot précédent; mais on l'allie très bien à la pensée des *hommes pieux* qui vont prier.

4° Allons dans les combats porter *mon* désespoir,
Et *mourons-y* du moins, fidèle à *mon* devoir.

Syllepse de personne. — *Allons*, *mourons*, sont à la 1re personne du pluriel; *mon*, pronom possessif au singulier, a dans la pensée l'analogie intime existante entre celui qui parle et son propre désespoir, son devoir particulier.

Il y a une autre espèce de *syllepse* qu'on nomme *oratoire* par laquelle un mot est pris dans la même phrase en deux sens différents. C'est un vrai jeu de mots, que l'on doit bannir du style sérieux. Ce vers de Racine

Brûlé de plus de *feux* que je *n'en allumai.*

contient une syllepse oratoire. *Brûlé de plus de feux*, signifie les mouvements violents occasionnés dans le cœur par les passions; *que je n'en allumai* se rapporte aux feux qui détruisirent la ville de Troie. L'ordre moral et l'ordre physique sont ainsi confondus par les mots. Ce vers est indigne de Racine qui n'aimait d'ailleurs ni les *quolibets*, ni les *quolibetiers.*

IV. HYPERBATE. — Inversion de mots.

4. *L'hyperbate* est une figure par laquelle on renverse l'ordre naturel des mots. Elle est familière à la poésie; la prose s'en accommode beaucoup moins. Mal employée, elle nuit à la clarté; on ne doit s'en servir pour cette raison qu'avec beaucoup de circonspection.

Il faut dans l'hyperbate que les rapports des mots et des pensées soient tellement unis, que l'esprit n'ait point à redouter de confusion de l'emploi de la figure. Si cette confusion se produit, l'hyperbate est mauvaise.

Elle est surtout employée pour donner au récit de la rapidité, de la grâce, comme dans l'exemple suivant :

« Tout-à-coup au jour vif et brillant de la zône

torride succède une nuit universelle et profonde, à la parure d'un printemps éternel, la nudité des plus tristes hivers. » (RAYN.)

Mettez cette phrase dans l'ordre rigoureusement grammatical, vous aurez encore, grâce à l'antithèse, un tableau frappant, mais la rapidité du style et la grâce de l'image auront disparu :

L'hyperbate diffère de l'*inversion.* La première dépend uniquement de la construction grammaticale et le renversement des mots est brusque et imprévu. Ce n'est ordinairement qu'un trait :

Et les hautes vertus que *de vous il hérite.*

pour : qu'il hérite de vous.

L'inversion au contraire renverse les idées ainsi que les mots; et c'est un des secrets du style, dont nous parlerons plus tard.

V. CONJONCTION.

5. La *Conjonction* est une figure qui tire son nom du mot même qui la forme.

Elle consiste dans la répétition de la conjonction qui lie tous les membres d'une phrase. Elle donne au style plus de rapidité, et semble multiplier les parties d'une action.

On égorge à la fois les enfants, les vieillards,
Et la sœur *et* le frère,
Et la fille *et* la mère. (RAC.)

On dirait que la conjonction *et* répétée ainsi rend plus nombreux les meurtres.

VI. RÉPÉTITION.

6. La *répétition* est, comme le nom l'indi-

que, une figure par laquelle on répète les mots ou les tours de phrase, qui rendent une idée plus énergiquement. Elle sert au langage des passions violentes, qui veulent opiniâtrément faire passer leurs mouvements dans l'âme des indifférents.

Rompez, *rompez* tout pacte avec l'impiété. (RAC.)
Ton Dieu que tu trahis, *ton Dieu que tu* blasphèmes,
Pour toi *pour* l'univers est mort *en ces lieux* mêmes;
En ces lieux où mon bras le servit tant de fois
En ces lieux où son sang te parle par ma voix. (V.)

La répétition donne quelquefois beaucoup de grâce à la pensée.

Mais elle était du monde, où les plus belles choses
Ont le pire destin,
Et *rose* elle a vécu ce que vivent les *roses*,
L'espace d'un matin. (MALH.)

VII. DISJONCTION.

7. La *disjonction* est l'opposé de la *conjonction*. Par la première, loin de répéter les particules on les rejette totalement, ainsi que les transitions servant au dialogue : comme *dit-il*, *reprit-il*, etc., on obtient ainsi un récit animé, concis, rapide.

Regardez bien, ma sœur,
Est-ce assez? dites-moi; n'y suis-je point encore?
Nenni. — M'y voici donc? — Point du tout. — M'y voilà?
Vous n'en approchez point. (LAFONTAINE.)

VIII. APPOSITION.

8. L'*apposition* consiste à mettre ensemble sans conjonction deux noms dont l'un est un nom commun, en sorte que ce dernier sert de qualificatif.

Attila, fléau de Dieu.

Ici il y a une espèce d'ellipse, on sous-entend *surnommé le* ou *qui se faisait appeler le.*

Il y a encore *apposition* quand un substantif quelconque sert d'adjectif à un autre :

C'est dans un faible objet, *imperceptible ouvrage*
Que l'art de l'ouvrier se montre davantage. (L. Rac.)

IX. ONOMATOPÉE. — Imitation des sons.

9. L'*onomatopée* consiste dans la formation d'un mot, dont le son est imitatif de la chose qu'il signifie.

Il n'est pas un élève qui ne connaisse un oiseau qui, au printemps, remplit les bois et les bosquets d'un cri uniforme, séparé en deux parties, comme les syllabes d'un mot. Ce cri est : *coucou*, et ce nom a été formé par *onomatopée.*

C'est à cette figure qu'ont recours les écrivains qui veulent exprimer un bruit quelconque qu'il leur est impossible de faire entendre en termes propres. Ils disent alors,

Le *glou-glou* de la bouteille.

Le *cri-cri* du grillon.

Cric-crac, pour le choc de deux corps l'un contre l'autre.

Patara-patara pour le galop d'un cheval.

Lorsque le champagne fait en s'échappant
Pan! Pan! (Des.)

« L'*onomatopée*, dit Ch. Nodier, est l'écho de la nature, elle est le type des langues prononcées » ; mais il faut l'employer sobrement parce qu'elle ne contribue en rien à la beauté du style, qu'on n'a pas d'ailleurs souvent à peindre les objets par les sons, et qu'enfin la langue n'offrirait bientôt plus qu'une suite de cacophonies intolérables.

Les figures que nous venons de voir appartiennent plutôt à la grammaire qu'à la Rhétorique. On devrait les nommer *figures grammaticales,* pour les distinguer des *Tropes*, qui sont une deuxième espèce de figures de mots.

TROPES.

Le mot *Tropes* signifie roue, qui tourne. Le trope, en effet, prend un mot propre pour en faire un mot figuré; il *tourne* le sens de ce mot, en le faisant dévier de sa signification naturelle.

« La nature des *Tropes*, dit Condillac, est de faire image en donnant du corps et du mouvement aux idées. »

A la ville, à la Cour, dans les champs à la halle,
L'éloquence du cœur par des Tropes s'exhale. (Fr. de N.)

Les tropes tiennent donc la place des expressions propres, et cette réflexion est essentielle à retenir pour distinguer un trope des autres figures ou purement grammaticales ou purement oratoires.

I. MÉTAPHORE. — Comparaison abrégée.

10. La *métaphore* (qui transporte le sens d'un mot), est la plus générale, la plus variée et la plus belle des figures de mots. « Le nom » même en est devenu, dit La Harpe, telle-

» ment usuel, qu'il a perdu sa gravité scholas-
» tique. Cependant la définition en est un peu
» abstraite ; mais, comme toutes les définitions,
» elle s'éclaircit bientôt par les exemples. On
» peut définir la métaphore, une figure par
» laquelle on change la signification propre
» d'un mot en une autre signification qui ne
» convient à ce mot qu'en vertu d'une compa-
» raison qui se fait dans l'esprit. Ainsi, quand
» on dit que *le mensonge prend les couleurs*
» *de la vérité*, le mot *couleurs* n'est plus dans
» son sens propre ; car le mensonge n'a pas
» plus de couleurs que la vérité : *couleurs* veut
» donc dire ici *apparences*, mais l'esprit saisit
» sur-le-champ le rapport qui existe entre les
» couleurs et les apparences, et la figure est
» claire. La métaphore a cet avantage, dit très
» bien Quintilien, que grâces à elle, il n'y a
» rien que l'on ne puisse exprimer. Mais ni lui,
» ni Dumarsais, ni aucun rhéteur, que je
» sache, n'a songé à remonter à la véritable
» origine de la métaphore, qui pourtant me
» paraît assez facile à reconnaître. La méta-
» phore passe presque toujours du moral au
» physique, parce que toutes nos idées venant
» ordinairement des sens, nous sommes por-
» tés à rendre nos perceptions intellectuelles
» plus sensibles par leurs rapports avec les
» objets physiques : de là vient que presque
» toutes les métaphores sont des images, et des
» espèces de similitudes et de comparaisons.
» Quand je dis d'un homme en colère, *il est*
» *comme un lion*, c'est une similitude : j'expri-
» me la ressemblance générale entre un homme

» irrité et un lion. Si je vais plus loin et que je » dise : *tel qu'un lion qui, les yeux étincelants* » *et se battant les flancs de sa queue, s'élance* » *avec un rugissement terrible*; tel, etc., je » détaille les circonstances de la similitude et » je fais une comparaison. Si je dis simplement : » *Quand cet homme est en fureur, c'est un* » *lion*, je fais une métaphore, et la métaphore, » comme on voit, n'est au fond qu'une com- » paraison abrégée qu'achève l'imagination.

» Cette figure est donc née de notre dispo- » sition habituelle à comparer nos affections » morales avec nos sensations, et à nous servir » des unes pour exprimer plus fortement les » autres. On a dit qu'un homme était *bouillant* » *de colère*, parce qu'on a senti que cette pas- » sion donnait au sang un mouvement et une agi- » tation extraordinaire, semblable au bouillon- » nement de l'eau sur le feu. C'est de la même » manière que nous sommes *énivrés*, *consumés*, » *glacés*, *embrâsés*, *noircis*, *flétris*, etc. Une » seule de ces métaphores expliquée suffit pour » faire connaître la nature de toutes les autres. » Mais il y en a aussi où les objets matériels » sont comparés entre eux. On a dit *la fleur de* » *l'âge*, parce que l'éclat et la fraîcheur de la » première jeunesse a rappelé les végétaux » quand ils fleurissent. On a dit *les glaces de* » *la vieillesse*, parce qu'on a vu qu'elle enchaî- » nait les articulations et arrêtait les mouve- » ments à peu près comme la glace, en se for- » mant, ôte à l'eau sa fluidité. »

D'après ces paroles de La Harpe, toute mé- taphore a un rapport de comparaison. Si ce rapport apparaît de suite à l'esprit juste et régulier, la métaphore sera bonne ; elle sera mauvaise si la comparaison est trop recherchée, et que le rapport soit si peu frappant qu'on s'étudie à le découvrir.

Aucune langue n'a autant de mots que nous avons d'idées, et c'est cette disette de mots qui a créé les figures. Pourquoi Racine a-t-il dit que le Seigneur fait luire aux yeux mortels un *rayon de sa gloire?* C'est qu'il cherchait à rendre le mieux possible un trait de lumière isolé partant d'un centre radieux. La langue ne lui fournissait pas un mot propre aux émanations de la gloire divine. L'imagination du poète est venue à son secours ; par le mot *rayon*, il a transporté dans l'ordre physique une chose intellectuelle, à laquelle il a donné par ce moyen une forme, une *figure*. La gloire de Dieu ressemble alors au soleil, qui projette les rayons les plus purs et qui souvent n'en laisse percer qu'un seul, dans un ciel couvert de nuages. Le lecteur surpris agréablement s'occupe de cette image ; pour lui la *chose* intellectuelle est sensible, il la voit, l'admire, la compare à la *chose physique*, et la métaphore, qui a peut-être donné beaucoup de travail à l'écrivain, lui paraît la chose la plus simple du monde. La métaphore n'est la plus belle des figures qu'autant qu'elle réunit deux idées dans un même mot, et que ces idées deviennent plus frappantes par leur réunion. Si je dis avec Fénélon que le visage de Télémaque se *flétrit*, je rapproche la *beauté et la fleur*, et cet assemblage si naturel, si gracieux plaît à l'imagination.

« La métaphore n'est faite, dit ingénieusement Quintilien, que pour remplir une place vacante, et quand elle chasse le terme simple, elle est obligée de valoir mieux. » Il suit de là qu'on ne doit employer l'expression métaphorique que quand le mot propre ne suffit pas à rendre la pensée.

Plus la métaphore est belle, quand elle est employée à propos, plus elle rebute l'esprit quand les termes de comparaison sont faux, emphatiques, triviaux, ignobles, ridicules, etc.

Un auteur a dit que le *déluge universel fut la lessive de la nature.* — Métaphore triviale. Un autre a dit en parlant aussi du déluge. *Dieu lava bien la tête à son image.* — Métaphore grotesque et inhumaine.

Les soldats de Pompée offraient, dit un poète, une indigne curée aux vautours de Pharsale. — Métaphore ignoble.

Prends ta foudre, Louis, et va comme un lion. Fausse métaphore. Un lion n'a pas de foudre. Je ne puis établir un rapport de comparaison juste; si le poète s'était arrêté à Louis, j'aurais achevé la comparaison dans mon esprit, en pensant au maître du tonnerre, et en lui opposant Louis; mais le *lion* gâte tout. Il m'arrête dans mon rapprochement qui se trouve entièrement détruit.

Je baignerais mes mains dans les ondes de tes cheveux. (Th.) — Métaphore emphatique et forcée. Je sais bien qu'une chevelure peut être ondoyante, car je vois un rapport clair entre les petites vagues formées par l'eau, et ces lignes courbées tantôt en haut, tantôt en bas, que forme une longue chevelure. Je ne blâmerais donc pas la métaphore dans *les ondes de tes cheveux*, mais en voulant la continuer et transformer les cheveux en bain où l'on peut tremper les mains, je n'ai plus de rapport de comparaison, et je ne vois qu'un mauvais jeu de mots sur l'expression *ondes*, déjà détournée de son sens naturel. Le bon sens est choqué et la figure ne se produit pas.

Ce petit commentaire me conduit à dire que la métaphore ne doit point être prodiguée, parce qu'on tombe alors dans l'affectation.

La métaphore a un autre genre de mérite, c'est de personnifier les passions, et de prêter du sentiment aux choses inanimées. Considérée sous ce rapport, on la trouve à chaque page non-seulement dans les poètes, mais encore dans les prosateurs.

Le chagrin *monte en croupe* et *galope avec* lui.
(BOIL.)

Comment le chagrin peut-il aller à cheval? — Où est le rapport de comparaison, base de la métaphore? — Ce rapport n'est point dans l'action qu'on prête à la chose inanimée; mais il existe dans la situation de la personne qui parle ou de laquelle on parle. Dans le vers de Boileau, *le chagrin* est dans l'âme de celui qui est à cheval, et ce rapport est facile à saisir.

Il en est de même de ce vers de Racine :

Le flot qui l'apporta recule *épouvanté*.

Ce n'est point le flot qui est épouvanté; c'est le narrateur de la mort d'Hyppolite, Téramène, qui donne au flot l'effroi dont il a été saisi lui-même à la vue d'un monstre marin.

Quelquefois le rapport de comparaison est tout entier dans l'esprit du lecteur, et nullement dans le mot qui forme la figure. Il faut en ce cas que la métaphore soit heureuse et juste.

Un contemporain, après avoir dépeint un festin public, où avait régné un pêle-mêle divertissant, finit ainsi :

« Adieu, je vais cacheter ma lettre à la lueur d'une bougie et d'une chandelle, *étonnées* de se trouver réunies sur ma table. »

La bougie et la chandelle ne sont point *étonnées* ; mais ce simple mot amène de suite dans l'esprit un rapport de comparaison entre le riche qui se sert de bougies et le pauvre qui ne connaît que la chandelle ; c'est un dernier trait qui exprime très-bien la confusion des rangs. La figure est bien faite.

C'est ainsi, au moyen d'une perception plus ou moins rapide et claire du rapport de comparaison, qu'on découvre la beauté ou le défaut de la métaphore dont on veut se servir.

II. MÉTONYMIE. — Changement de Nom.

11. La *Métonymie* (changement de nom) est un trope qui supprime le mot propre et en met un autre à la place.

Il y a plusieurs espèces de métonymies.

1° Métonymie de la cause pour l'effet :

J'ai lu *Cicéron,* pour les ouvrages de Cicéron.

Il y a à Anvers de beaux *Rubens*, pour de beaux tableaux de Rubens.

Cet écrivain a une *belle main*, pour dire que son écriture est belle.

5*

Dans ces exemples et dans tous les cas analogues, la pensée de l'écrivain se porte plutôt sur la cause qui produit de belles choses, que sur les effets mêmes. Elle fait passer avec raison l'intelligence et l'habileté en général avant les résultats qu'elles obtiennent en particulier. Le contraire a lieu quand

2° La métonymie prend l'effet pour la cause :

On dit les *pâles maladies.* — *Les canons vomissent la mort ;* et l'on entend par ces expressions : *les maladies qui rendent pâles. Les canons vomissent la mitraille qui donne la mort.*

Il est plus naturel de considérer ici les effets que la cause. Ce qui frappe le plus dans un malade c'est la pâleur, signe extérieur des souffrances. Ce qui frappe le plus dans une bataille, c'est moins la mitraille, que l'on ne voit point, que la mort qui est l'effet du choc de la mitraille. On voit combien, dans ces deux premiers cas de métonymie qui paraissent opposés, les impressions qui tombent les premières sous les sens ont eu de part à la formation des tropes, et c'est toujours ainsi qu'il faut procéder pour créer des figures vraies et naturelles.

3° Métonymie du contenant pour le contenu :

Il aime la *bouteille*, pour il aime le vin.

Terre et cieux, admirez ; pour habitants de la terre et des cieux.

C'est toujours l'impression extérieure qui guide. On voit plutôt la bouteille que le vin ; la terre et les cieux que leurs habitants.

4° *Métonymie du lieu.* — On fait cette métonymie quand on prend pour la chose même le nom du lieu où cette chose se fait :

C'est du bordeaux, *du volnay*, pour c'est du vin récolté à Bordeaux, à Volnay.

Une malines, *une valenciennes*; pour une dentelle fabriquée à Malines, à Valenciennes.

Cette métonymie est une sorte d'ellipse, et chacun voit clairement l'analogie dont j'ai parlé en traitant de cette dernière figure.

5° *Métonymie du signe.* — Par elle on prend le signe pour la chose signifiée :

L'*épée*, pour la profession militaire ;

La *robe*, pour la magistrature ;

La *tiare*, pour la papauté ;

La *couronne*, pour la royauté.

C'est encore la suite du même principe. Ce qui frappe les yeux forme la figure.

6° *Métonymie des organes.*

Les parties du corps qui sont regardées comme le siége des passions et des sentimens, se prennent pour les sentiments mêmes.

Le cœur, pour le courage.

La cervelle, pour le jugement.

La langue, pour le don de la parole.

Cet homme a *du cœur*, mais il n'a point de *cervelle*, et c'est *une mauvaise langue.*

C'est encore par métonymie qu'on dit : *un Napoléon*, *un Louis*, pour *une pièce* d'or de 20 fr. et de 24 fr.

III. SYNECDOQUE. — Sens étendu.

12. La *synecdoque* ou *synecdoche* est un trope qui fait concevoir à l'esprit plus ou moins que le mot dont on se sert ne signifie dans le sens propre.

Il y a cette différence entre la métonymie et la synecdoque, que le premier trope prend un nom pour un autre, tandis que le second ajoute à ce changement de signification une idée plus ou moins grande, en prenant tantôt *le plus pour le moins*, tantôt *le moins pour le plus.*

On emploie la synecdoque de diverses manières.

1° *Synecdoque de genre.* — Les *mortels*, pour les hommes. La *créature*, pour l'homme.

« Tous les animaux pourtant sont sujets à la mort et ont été créés comme l'homme. » C'est prendre *le plus* pour *le moins ;* c'est attribuer à l'homme seul, chef-d'œuvre de la création, l'honneur d'être *créature* et le destin rigoureux qui le condamne à la mort, suite du péché originel. Rien n'est plus naturel, et l'imagination voit avant tout dans ces *tropes* la perfection de la créature et le malheur de l'homme déchu.

2° *Synecdoque de l'espèce.*

L'*homme*, pour l'homme et la femme.

C'est le *moins* pour *le plus.* L'attention se porte sur l'espèce la plus noble du genre.

3° La *Synecdoque dans le nombre* a lieu lorsqu'on met 1° le singulier pour le pluriel. — L'*homme*, le *pauvre*, c'est-à-dire les *hommes*, les *pauvres.*

2° Le pluriel pour le singulier. — Il est écrit dans les *prophètes*, au lieu de dans le livre de tel prophète.

3° Un nombre certain pour un nombre incertain. — *J'ai été cent fois à Paris*, c'est-à-dire un grand nombre de fois.

4° *Synecdoque du tout pour la partie.*

Nous avons mangé un chevreuil entier à dîner, c'est-à-dire toute la chair d'un chevreuil.

Garçon, servez un bœuf, pour un *morceau de bœuf*.

5° *Synecdoque de la partie pour le tout.*

Cent voiles, — cent vaisseaux.

Vingt mille âmes, — vingt mille habitants.

6° *Synecdoque de la matière.*

La synecdoque nomme souvent la matière dont une chose est faite, pour la chose même.

Le fer, — l'épée.

De l'or, — des pièces d'or.

L'airain, — la cloche.

Le bronze, — le canon.

7° *Synecdoque d'abstraction :*

La vieillesse, pour les vieillards.

Dans tous ces exemples, c'est toujours le *plus* employé pour le *moins*, ou bien le *moins* employé pour le *plus*, et c'est un point important à noter pour distinguer la synecdoque de la métonymie, avec laquelle on la confond souvent. Dans la métonymie, la pensée de l'objet dont on change le nom existe indépendante de l'objet qui fournit un autre nom. Dans la synecdoque, les deux pensées sont liées de manière à former un tout. Ainsi, quand je dis : il aime la *bouteille*, j'ai dans l'esprit deux idées très-nettes et indépendantes : celle de la bouteille et celle du vin, qui peuvent exister séparément.

Quand je dis, au contraire : *Cent voiles*, les deux idées, voiles et vaisseaux, se lient intimement, de manière à ce que je ne peux pas me figurer un vaisseau naviguant sans *voiles*.

Il faut dans l'emploi de la synecdoque se conformer à l'usage, autrement on court le risque de ne pas se faire comprendre, et même de dire des choses ridicules. Quelle grâce aurait-on à écrire :

Cent estomacs pour cent hommes?

Serait-on intelligible en disant :

Une pierre pour une statue?

IV. CATACHRÈSE. — Abus. — Extension.

13. *Catachrèse*, signifie *abus*. Dans ce trope en effet on abuse d'un mot, soit en l'appliquant à une idée qui lui est totalement étrangère, soit en l'étendant par imitation aux objets qui ressemblent à ceux exprimés par le mot propre, et en ce sens c'est une sorte de métaphore.

Il y a catachrèse par abus dans : *aller à cheval sur un bâton*. — *Ferrer d'argent une cassette*, c'est-à-dire la garnir de coins et d'ornements d'argent. C'est en effet abuser des mots *aller à cheval*, *ferrer*, que de les détourner à ce point de leur signification propre. Mais, il n'y a pas d'expressions meilleures dans la langue et il faut bien s'en servir.

Il y a *catachrèse* par extension ou imitation, quand on dit : *Une feuille de papier. La glace d'un miroir*. Pour faire cette figure, on a comparé le papier aux feuilles des arbres, et l'on a vu qu'elles étaient plates, minces, légères ; les couches du papier sortant de fabrique présentant ces apparences, on les a nommés feuilles ; de même la glace est polie, brillante, unie, et les miroirs lui ressemblent, on a nommé *glace* la surface d'un miroir.

On voit que dans la catachrèse par imitation on fait, comme dans la métaphore, une comparaison abrégée; mais il y a une différence notable dans ces deux figures. La métaphore unit très souvent l'ordre physique à l'ordre moral:

Rayons (ordre physique) *de la gloire de Dieu* (ordre moral).

La catachrèse ne sort pas ordinairement du même ordre de choses. Elle ne va point du physique au moral, elle est plus restreinte, moins hardie.

Voilà une première remarque. Une seconde non moins essentielle, pour le cas où la métaphore prend ses termes de rapport dans un ordre unique, c'est que la métaphore *compare*, et que la *catachrèse imite*.

Ces deux nuances bien tranchées feront toujours distinguer facilement une catachrèse d'une métaphore.

V. ALLÉGORIE. — Pensée cachée.

14. *L'allégorie* est une métaphore continuée pendant quelque temps; avec une allégorie on peut même faire un ouvrage entier.

Considérée comme changeant le sens des mots, l'allégorie est un trope, mais elle mérite un développement particulier comme genre de composition; j'en parlerai avec détails dans le second livre de ce traité.

VI. ANTONOMASE. — Nom remplacé.

15. *L'antonomase* est une espèce de synec-

doque ; mais les rhéteurs en ont fait un trope spécial.

L'antonomase se borne a deux applications.

1° Ou elle fait un nom commun d'un nom propre :

L'Orateur romain, pour Cicéron,
L'Aigle de Meaux, pour Bossuet,
Le Cygne de Cambrai, pour Fénélon,
Le Père du peuple, pour Louis XII.

2° Ou bien elle fait un nom propre d'un nom commun.

Un Crésus, pour un homme très riche,
Un Caton, pour un homme sage et austère,
Un Néron, pour un tyran,
Un Achille, pour un homme courageux,
Un Benjamin, pour un enfant chéri.

Dans le premier cas, l'antonomase fait entendre que celui dont on parle éclipse en son genre tous ses rivaux. Dans le second cas, on compare ceux dont on parle aux modèles que nous trace l'histoire.

Ce trope fait un très bon effet dans l'élocution, c'est un appel adroit aux connaissances historiques des lecteurs, qui se trouvent ainsi flattés et satisfaits.

VII. MÉTALEPSE. — MARQUE DE CHANGEMENT.

16. La *métalepse* est une espèce de métonymie par laquelle on explique ce qui précède pour faire entendre ce qui suit, ou ce qui suit pour faire comprendre ce qui précède.

Elle ouvre pour ainsi dire la porte, dit Quintilien, afin que vous passiez d'une idée à une autre.

La métalepse prend donc l'antécédent pour le conséquent ou le conséquent pour l'antécédent : c'est un jeu d'idées corrélatives dont l'une réveille l'autre.

1° La métalepse met l'antécédent pour le conséquent dans les exemples suivants :

Notre ami a vécu.

Vivre est l'antécédent, *mourir* le conséquent. *A vécu* veut donc dire est mort.

Vous voulez me donner ce tableau ; vos instances me touchent, je me rends.

On se rend aux instances avant d'accepter le présent, c'est l'antécédent ; on n'accepte que lorsqu'on reçoit le don, c'est le conséquent. *Je me rends* veut dire *j'accepte.*

Une mère dit à son enfant : *commence par te taire.* On finit par se taire, quand on a parlé, c'est le conséquent ; *commence*, qui est l'antécédent, est mis pour *finis.*

2° Voici des cas au contraire où le conséquent est, par métalepse, mis pour l'antécédent :

Direz-vous, après cela, que je ne suis pas de vos amis? Avant de *dire*, on croit ce qu'on veut dire. *Direz-vous* qui est le conséquent, est mis pour *croiriez-vous*, qui est l'antécédent.

Virgile a dit : *après quelques épis*, pour après quelques années. Les épis réveillent l'idée de la moisson : la moisson suppose l'été, et l'été rend présente la révolution de l'année.

Madame de Grignan devant faire un voyage au printemps, a dit pour engager quelqu'un à venir la voir :

« *Venez profiter d'un bien qui vous sera enlevé à la première hirondelle.* »

Il y a peu de métalepses plus gracieuses.

Comme on le voit, la métalepse a lieu quand on passe d'une idée à une autre, comme par degrés. Lorsque les rapports sont naturels et bien ménagés, cette figure est charmante.

VII. HYPERBOLE. — Excès.

17. L'*hyperbole* est un trope qui consiste à dire des choses plus fortes et plus étendues que les choses réelles.

On dira d'un cheval qui va très vite, *qu'il court plus vite que le vent.*

Tantôt l'hyperbole augmente les objets, comme dans cet exemple qui est une métaphore hyperbolique !

Des torrents de pleurs.

Tantôt elle les diminue, comme lorsqu'on dit d'un petit bateau à vapeur :

C'est une coquille de noix.

Dans les deux cas la vérité est outrée, mais ceux qui nous lisent savent réduire nos expressions à la justesse nécessaire.

L'hyperbole plaît aux jeunes gens, qui en font souvent usage, parce que leur imagination vive aime à augmenter les objets ou à les rendre plus mignons. Mais ils doivent se modérer en écrivant, parce que le talent peut très bien se passer de pensées exagérées. A force d'outrer une expression, on peut rendre fausse une pensée, et c'est un grand défaut dans le style. L'Arioste, en parlant d'un de ses héros, dit que dans *la chaleur du combat, ne s'étant pas aperçu qu'on l'avait tué, il combattit toujours vaillamment.*

Ce trait est absurde et choquant; il rappelle les paroles de ce soldat français qui, voyant un de ses camarades blessé d'un coup de feu à la jambe, le chargea sur ses épaules pour le porter à l'ambulance. Chemin faisant, un boulet emporte la tête du blessé, sans que le porteur s'en aperçoive. Arrivé près du chirurgien, il dépose le corps de son camarade et voit qu'il est tué. *Tiens*, s'écrie-t-il, *il n'a plus de tête, et il ne me l'a pas dit.* L'expression du soldat est naïve, celle de l'Arioste n'est que ridicule.

VIII. LITOTE. — Modestie. — Diminution.

18. La *litote* est l'opposé de l'hyperbole. C'est un trope modeste qui paraît affaiblir par l'expression ce qu'on veut laisser entendre dans toute sa force.

Iphigénie, destinée à être sacrifiée, et paraissant obéir aux ordres de son père, lui dit :

> Si pourtant ce respect, si cette obéissance
> Paraît digne à vos yeux d'une autre récompense;
> Si d'une mère en pleurs vous plaignez les ennuis,
> J'ose dire Seigneur qu'en l'état où je suis
> Peut-être assez d'honneurs environnaient ma vie,
> Pour *ne pas souhaiter* qu'elle me fût ravie.

« *Ne pas souhaiter!* L'expression est bien faible; mais comme cette retenue même, après ces protestations d'obéissance, on laisse entendre au cœur d'un père plus qu'elle n'en dit. » (La H.)

Le renard de Lafontaine, désespérant d'atteindre des raisins vermeils hors de sa portée semble les mépriser ; il dit *qu'ils sont trop verts*, et cache ainsi par une litote son dépit et sa gourmandise.

Ces façons de parler : *il n'est pas sot*, il *n'est pas maladroit*, sont des litotes et signifient *que tel homme est spirituel*, *qu'il est adroit*.

L'artifice de la litote enchante l'esprit, et rend cette figure très remarquable.

IX. HYPOTYPOSE. — Image. — Tableau.

19. L'*hypotypose* n'est un trope que parce qu'il met au présent un verbe qui devrait être au passé. Par cet artifice de diction il semble qu'une action se passe sous nos yeux. C'est par la réunion de belles hypotyposes qu'on fait une description rapide.

Le récit de la mort d'Hyppolite offre une longue suite d'hypotyposes.

> Cependant sur le dos de la plaine liquide
> *S'élève* à gros bouillons une montagne humide,
> L'onde *approche*, *se brise* et *vomit* à nos yeux,
> Parmi les flots d'écume un monstre furieux.
> Son front large *est armé* de cornes menaçantes,
> Tout son corps *est couvert* d'écailles jaunissantes;
> Indomptable taureau, dragon impétueux,
> Sa croupe *se recourbe* en replis tortueux.
> Ses longs mugissements *font* trembler le rivage,
> Le ciel avec horreur *voit* ce monstre sauvage,
> La terre *s'en émeut*, l'air *en est infecté*,
> Le flot qui l'apporta *recule* épouvanté.
> Etc., etc.

Quand on lit ce tableau, on ne songe guère à l'hypotypose ; c'est cependant ce trope qui le rend frappant et animé. Au lieu du présent mettez le passé et l'imparfait, et vous verrez l'image disparaître, de plus, le récit sera affecté et languissant.

Virgile a dit : « O Ménalque, si nous vous perdions, *qui émaillerait* la terre de fleurs? Qui *ferait couler* les fontaines sous une ombre verdoyante. » C'est une sorte d'hypotypose, le poète veut dire : Qui chanterait les beautés de la terre émaillée de fleurs? Qui nous peindrait le charme de ces ruisseaux qui coulent sous des ombrages verts. — En transportant à Ménalque le don *d'émailler la terre de fleurs* et de *faire couler des fontaines*, il raproche les idées des yeux; ils les rend présentes en même temps qu'il offre à l'esprit une image gracieuse.

Il est inutile de remarquer que l'hypotypose se présente à chaque instant dans la narration comme dans le discours. On l'emploie d'instinct pour ainsi dire.

X. IRONIE. — Dissimulation.

20. Le nom de ce trope a perdu sa gravité grecque. Il n'est personne qui ne sache que par l'ironie on dit le contraire de ce qu'on veut faire entendre, et que c'est la figure qui sert à railler.

Quand on entend parler, le ton de la voix indique clairement l'ironie, mais quand on lit, il est plus difficile de remarquer la figure; il faut avoir connaissance des sentiments de celui qui parle et du mérite de la chose ou de la personne qu'on tourne en raillerie.

L'ironie fine et légère appartient à la gaîté,

à l'amitié, il faut quelle soit si douce que l'amour-propre n'en soit point blessé.

Quand on dit familièrement à quelqu'un qui arrive dans une réunion après l'heure fixée : *Vous êtes d'une exactitude charmante. Vous arrivez à l'heure militaire*, la douceur de l'ironie fait passer l'amertume du reproche et provoque le sourire.

L'ironie sert à la réprimande, elle est en ce cas assez incisive. Ainsi, pour reprocher à quelqu'un une faute, au lieu de s'exprimer ainsi : Qu'avez-vous fait? Voyez les conséquences de votre démarche; il est ordinaire de lui dire : *Vous voilà bien avancé!* L'ironie est piquante, mais polie et reçue par l'usage.

Pour témoigner le mépris, on se sert encore de l'ironie : ici il n'y a plus de ménagements gardés. Le trait frappe et fait blessure. Quand Boileau dit :

Pradon, comme un soleil, en nos ans a paru.

Il traite Pradon avec mépris, et le fait regarder comme un médiocre auteur.

La colère appelle aussi souvent l'ironie à son aide. Un supérieur après avoir donné à son inférieur de bons conseils que celui-ci n'écoute point, finit par lui dire d'un ton courroucé :

« Eh! bien, allez, agissez à votre gré, *cette conduite vous mènera loin.* »

C'est l'ironie sévère de l'autorité.

« L'ironie, dit La Harpe, est quelquefois la dernière ressource de l'indignation et du désespoir, quand l'expression sérieuse leur paraît faible, à peu près comme dans ces grandes douleurs qui égarent un moment la raison, un rire effrayant prend la place des larmes qui ne peuvent couler. »

Dans Andromaque, Oreste se voit frappé des plus grands malheurs; poursuivi par ses crimes, et trompé par ses passions, au comble de la fureur et du désespoir, il s'écrie :

Eh bien ! je suis content.

Cette ironie est effrayante. C'est, ajoute La Harpe, le sublime de la rage.

Il y a encore une autre figure qu'on nomme antiphrase et qui consiste à employer une locution, une phrase dans un sens contraire à sa signification ordinaire, afin de nier ou de démentir avec plus de force et un certain mélange de moquerie. La Mer Noire, célèbre par ses tempêtes, était nommée par les Grecs *Mer hospitalière*, et les furies : *Euménides* ou bienveillantes. Cette figure a été abandonnée par les rhéteurs modernes, parce que ce n'est tantôt qu'une ironie tantôt qu'un Euphémisme.

XI. EUPHÉMISME. — PAROLE BIENVEILLANTE.

21. *L'euphémisme* est un trope par lequel on déguise des idées désagréables, tristes, odieuses, déshonnêtes, sous des termes qui présentent des idées plus décentes, plus aimables, plus gaies, etc., etc., et qui laissent deviner les premières.

L'euphémisme supprime donc l'expression naturelle et en met une autre à la place.

Expression naturelle.	*Euphémisme.*
Je ne puis rien vous donner.	Dieu vous assiste.
Allez-vous en.	C'est bien, je vous remercie.
Payez-moi.	N'avez-vous plus rien à me commander?
Je vous quitte.	Conservez-vous. Portez-vous bien. Adieu.

On dit familièrement : *Si vous ne faites point telle chose, ce sera une autre paire de manches.* Dans ce cas, et d'autres semblables, l'euphémisme renferme une figure oratoire, *la réticence*, en ce sens que la menace n'énonce point ce qu'on a l'intention de faire pour punir ou se venger.

Comme on le voit, l'euphémisme est une espèce de litote, et suppose dans celui qui sait habilement s'en servir un tour d'esprit fin et délicat.

XII. PÉRIPHRASE. — CIRCONLOCUTION.

22. La *périphrase* ou circonlocution est une figure par laquelle on substitue à l'expression simple d'une idée une expression plus développée. Elle dit en plusieurs paroles ce qu'on pourrait dire en moins, et souvent en un seul mot. Par exemple.

L'astre du jour, pour le soleil.

Quand on a recours à la périphrase pour exprimer une idée *désagréable*, on fait un euphémisme comme nous venons de le voir, et ce n'est point en ce cas qu'on doit donner à la figure le nom de périphrase. La phériphrase n'a lieu que lorsqu'on allonge une expression naturelle qui ne rebute en rien l'esprit.

Par la périphrase, on éclaircit quelquefois ce qui pourrait être obscur. On développe son expression par égard pour les lecteurs. En parlant des Parques, par exemple, on ajoute : *les trois déesses infernales qui selon la fable filent la trame de nos jours.*

Mais c'est surtout lorsqu'il s'agit de donner de l'agrément à l'élocution, qu'un écrivain se sert de la périphrase. C'est une des ressources de la poésie. En voici quelques exemples :

Les ombres cependant sur la ville épandues
Du faîte des maisons descendent dans les rues. (BOIL.)

Cette image fait plaisir, elle disparaîtrait si l'on disait simplement : *La nuit vient.*

Celui qui met un frein à la fureur des flots. (RAC.)

Grande image! belle périphrase du mot *Dieu !*

La *gent trotte menu.*

a dit Lafontaine, pour les souris.

Dans ces exemples et dans tous ceux que fournissent les bons auteurs, la périphrase fait ordinairement *image*, c'est-à-dire qu'elle est une description courte et vive qui présente les objets aux yeux autant qu'à l'esprit. Quand cet effet sera obtenu on pourra être assuré que la périphrase est bonne.

La périphrase employée sans nécessité, au lieu du mot propre, peut produire un effet tout contraire au but que l'on se propose. En voici un exemple divertissant :

Au moment d'aborder sa péroraison, un prédicateur Lyonnais apercevant un chien qui rôdait dans l'église en cherchant son maître, et détournait visiblement l'attention de l'auditoire, s'interrompit pour dire au Suisse : *héros de l'Helvétie, chassez ce symbole de la fidélité.* Je ne dis rien de la seconde périphrase ; quant à la première, elle était bien malheureuse, car l'honnête artisan français qui faisait les fonctions de *Suisse*, n'était rien moins qu'un héros de l'Helvétie. Cette double figure dut peu disposer l'auditoire au pathétique de la péroraison.

XIII. ALLUSION.

23. L'allusion est un jeu de l'esprit ; au moyen de cette figure les mots dont on se sert pour exprimer une idée réveillent le souvenir d'une idée analogue existant dans les coutumes, les mœurs, le goût, le langage, les faits, etc., etc. Soit que l'analogie soit puisée dans l'histoire ou dans la fable, soit qu'elle rappelle des choses récentes ou personnelles, l'allusion n'est pas moins bonne si les idées réveillées dans l'esprit sont connues, ou trouvées sans efforts. Ce n'est qu'à cette dernière condition que la figure est acceptable et produit son effet.

Malherbe, dans ses stances à M. du Perrier, sur la mort de sa fille, parle d'Archemore. Cet Archemore est-il bien connu ? Quelques lecteurs seulement savent que c'est un enfant des temps fabuleux qui ne vécut que quelques jours, comme la fille de M. du Perrier ; mais qui verra cette allusion ? Il faut recourir à un dictionnaire de la fable, et l'effet de la figure est manqué, parce qu'il dépend surtout de la satisfaction qu'éprouve l'esprit à saisir l'analogie du sort des deux enfants.

Un propriétaire, menacé d'être dépossédé d'une petite île par Louis XIV, lui présenta un placet où l'on remarque les vers suivants :

Qu'est-ce en effet pour toi, grand monarque des Gaules
Qu'un peu de sable et de gravier !
Que faire de mon île? Il n'y croit que des saules
Et tu n'aimes que le laurier.

L'allusion est ingénieuse, et rappelle délicatement les victoires du grand Roi.

Certain renard *gascon*, d'autres disent *normand.*
(LAFONTAINE.)

Double allusion 1° au *caractère* des gascons, qui passent pour vaniteux et hableurs, 2° au goût prononcé des *normands* pour la chicane.

Une meute rencontre les pas d'un lièvre,

Miraud sur leur odeur ayant *philosophé*

Fait songer aux philosophes qui raisonnent pour trouver la vérité, et cette allusion piquante fait un très bel effet.

Il est facile d'apercevoir par ce peu d'exemples en quoi consiste le mérite de l'allusion, et quelles précautions l'on doit prendre pour la rendre sensible et agréable.

XIV. COMMUNICATION DANS LES PAROLES.

24. La communication dans les paroles est un trope par lequel on fait tomber sur soi-même une partie de ce qu'on dit aux autres. Elle a lieu 1° dans les reproches, comme lorsqu'un maître veut réprimander ses élèves :

Qu'avons-nous fait? Nous n'avons pas été studieux. La figure adoucit le blâme.

2° Dans les louanges, lorsqu'il est dangereux de blesser l'amour-propre des auditeurs en parlant de soi exclusivement. Un général modeste n'oserait pas s'attribuer seul la gloire d'avoir remporté une bataille, quoique le succès dût être attribué tout entier à l'exellence de ses dispositions stratégiques, et il dira par communication : *nous avons vaincu l'ennemi.*

L'usage de ce trope est assez restreint; il diffère de la *communication oratoire*, dont il sera question plus tard.

XV. HYPALLAGE. — Renversement.

25. Voici une figure bien malheureuse. Les grammairiens n'en veulent pas, les rhéteurs la repoussent. Je ne jugerai pas ce grand procès, et j'admettrai volontiers l'hypallage dans la famille des tropes.

L'hypallage est une figure par laquelle on paraît attribuer à certains mots d'une phrase une signification qui appartient à d'autres mots de cette même phrase, sans qu'il soit possible cependant de se méprendre sur le sens.

Cette définition est un peu abstraite, mais quelques exemples l'éclairciront.

Il a son chapeau dans sa tête,
Il a ses souliers dans ses pieds.
sont des façons de parler assez ordinaires.

Elles forment des hypallages; il serait plus naturel de dire : *Il a la tête dans son chapeau*, *il a les pieds dans ses souliers.*

Madame de Sévigné a dit :

« La bise de Grignan me fait mal à votre poitrine, » ce qui signifie clairement : la bise de Grignan fait mal à votre poitrine, à moi (ou ainsi qu'à moi).

Ce vers de Racine,

> Et de David éteint rallumer le flambeau

offre une hypallage très belle et très remarquable.

Il serait plus naturel de dire *le flambeau éteint de David*, que *le flambeau de David éteint*.

C'est encore à cette figure que les poètes sont redevables de pouvoir changer un adverbe en adjectif, ce qui leur arrive très souvent.

> Accours, vole *rapide*, et revient triomphant. (Ch.)

Il serait plus naturel et grammatical de dire *rapidement*.

Ces hypallages sont très communes dans la langue latine, où elles font très bon effet. Mais dans notre langue il faut en être sobre, parce que cette figure peut apporter de l'obscurité dans l'expression.

Nota. — On a pu remarquer que j'ai eu soin de donner après les noms de figures tirés de la langue grecque, des noms équivalents en français. Mais cela ne me semble pas suffire pour fixer dans l'esprit des élèves la définition des figures. Pour les aider à se familiariser avec ces consonnances étrangères et à retenir leur signification, je les ai toutes réunies dans les vers suivants que je ne donne point comme des modèles, mais qui appris par cœur peuvent rappeler facilement à l'esprit l'usage de toutes ces figures.

FIGURES GRAMMATICALES.

L'Ellipse ôte les mots sans nuire à la clarté,
Et sème en vos écrits grâce et vivacité;
Honteux de n'être point cru sur parole, Erasme
Dit : *j'ai vu de mes yeux*, et fait un *Pléonasme*.
La Syllepse aime mieux le rapport idéal
Que le rapport du terme, et méprise Chapsal.
L'Hyperbate à l'esprit présente renversée
La phrase naturelle et plaît à la pensée.
Le son qu'en se vidant rend un verre au long cou,
Dans *l'Onomatopée* est dépeint par *glou glou*.

TROPES.

La Métaphore veut des formes décidées,
Elle unit et compare ensemble deux idées.
Par la *Métonymie* on peut changer un nom,
Et mettre en ses discours l'airain pour le canon.
La Synecdoque étend ou restreint la parole,
Dit le plus ou le moins sans aucune hyperbole.
La Catachrèse imite, étend ou fait abus,
Par elle les mots sont détournés de leurs buts.
L'Allégorie habite un palais diaphane (1),
C'est un corps transparent dont on voit chaque organe.
L'*Antonomase* change un despote en Néron,
Par l'orateur romain elle entend Cicéron.
La Métalepse parle à demi, mais découvre
Par un mot le secret d'aller de Rome à Douvre.
L'Hyperbole effrontée en mer change un ruisseau,
Ou le vautour cruel en doux et faible oiseau.
La Litote craintive agit d'une autre sorte,
Elle affaiblit mais rend l'expression plus forte.
L'Hypotypose agit et parle au temps présent.
On pourrait la nommer : trope du mouvement.
Prends ta place en mes vers, ô piquante *Ironie*,
La Grèce est ton berceau, la France est ta patrie.
L'Euphémisme modeste est paré de velours
Pour cacher à l'esprit l'apprêté du discours.
Par un circuit adroit la *Périphrase* heureuse
Embellit la pensée, ou la rend moins hideuse.
L'Hypallage aide un mot à voler son voisin
Le rhéteur le permet, si l'on voit le larcin.

FIGURES ORATOIRES.

La Prolepse prévient un subtile adversaire
Qui, demeurant confus, est forcé de se taire.

(1) Lemercier.

Par la *Prosopopée* on découvre un tombeau,
Le mort parle, et sa voix rend le discours plus beau.
Dans l'*Antithèse* on fait, en phrases opposées
Ressortir le mérite et l'éclat des pensées.
L'Apostrophe affermit et rend plus véhément
Le langage qu'emploie un rhéteur éloquent.
L'Epiphonème fait le sage moraliste
Et de tous ces mots grecs, termine enfin la liste.

FIGURES ORATOIRES.

Les figures oratoires, nommées par les rhéteurs figures de pensées, se montrent sous diverses formes qui aident l'orateur à produire des effets remarquables. Elles sont, comme je l'ai déjà dit, indépendantes des mots, et subsistent, malgré leur changement. Elles consistent à donner à la phrase une tournure plus propre à l'expression des passions que les tournures simples et naturelles.

La plupart des figures oratoires sont d'un usage aussi ordinaire que les tropes et les figures grammaticales.

On leur a donné de grands noms, quoique elles appartiennent aux procédés les plus simples de l'élocution. Ici il faut encore retenir surtout la chose, et ne faire du mot que le cas qu'il mérite, afin de pouvoir distinguer seulement telle forme de telle autre.

Je ne reconnais point pour figures oratoires, malgré la division des rhéteurs, la description, la définition et l'amplification. Je les regarde plutôt comme des espèces particulières de composition, dont je parlerai quand il en sera temps.

I. EXPOLITION.

26. L'expolition consiste à répéter plusieurs fois la même chose en termes équivalents. Pour l'employer convenablement l'écrivain considère une idée sous ses divers aspects et les présente tour à tour à l'auditeur. Au lieu de dire simplement : *tout passe*, Massillon s'écrie :

« Les âges se renouvellent, la figure du monde change sans cesse, les morts et les vivants se succèdent et se remplacent continuellement. Rien ne demeure, tout change, tout s'use, tout s'éteint. »

L'expolition sert à graver, pour ainsi dire, dans l'esprit une pensée frappante, en décomposant toutes ses nuances. Le lecteur arrêté malgré lui sur cette pensée, la retient plus sûrement.

II. ACCUMULATION. — OU — ÉNUMÉRATION.

27. L'accumulation est moins minutieuse et plus oratoire que l'expolition. Celle-ci tâche de ne rien omettre, celle-là ne saisit que les aspects les plus saillants d'une pensée. L'expolition peut renfermer ses détails dans plusieurs phrases ou périodes ; l'accumulation les rassemble dans une même période, sous la même forme et dans le même mouvement. Fléchier fait une belle accumulation en disant du vicomte de Turenne :

« Conduites d'armée, siéges de places, prises de villes, passages de rivières, attaques hardies, retraites honorables, campements bien ordonnés, combats soutenus, batailles gagnées, ennemis vaincus par la force, dispersés par l'adresse, lassés par une sage et noble patience ; où peut-on trouver tant et de si puissants exemples que dans les actions d'un tel homme ? »

Chaque mot indique une opération différente, et toutes ces pensées accessoires réunies autour de la pensée générale : *habileté dans l'art militaire*, seraient susceptibles d'un grand développement. C'est là le principal mérite de l'accumulation.

Il faut bien se garder, dans l'accumulation, d'introduire un trait qui pourrait défigurer le tableau, c'est-à-dire modifier l'idée principale, au lieu de la fortifier. Si Fléchier eut ajouté dans le passage précédent : *défaites habilement réparées*, il eut fait une faute parce qu'un grand général doit prévoir une défaite, et plutôt que de s'y exposer *battre en retraite honorablement*, comme l'a dit l'orateur.

III. INTERROGATION.

28. L'interrogation est une des figures les plus naturelles à l'homme. Il est impossible de ne pas l'employer quand on se sent agité par l'étonnement, la colère et les grands mouvements de l'âme.

Par l'interrogation, on avance une chose en forme de question, mais c'est bien moins pour exprimer un doute que pour rendre sensible une vérité. C'est une espèce de défi de nier ce qu'on dit ; il n'y a rien qui imite mieux la passion que cette manière vive de se proposer des questions.

Quoi ! Rome et l'Italie en cendres
Me feront honorer Sylla ?

J'adorerai dans Alexandre,
Ce que j'abhorre en Attila?

L'indignation contre la manie des conquêtes et les horreurs de la guerre est très bien exprimée par ces vers.

L'interrogation est le tour le plus propre aux reproches et contribue plus que tout autre moyen à l'expression énergique du sentiment. On peut en juger par ces admirables vers que Racine met dans la bouche de Joad s'adressant à Josabeth.

Où suis-je? de Baal ne vois-je pas le prêtre?
Quoi! fille de David, vous parlez à ce traître,
Vous souffrez qu'il vous parle et vous ne craignez pas
Que du fond de l'abîme entr'ouvert sous vos pas
Il ne sorte à l'instant des feux qui vous embrâsent,
Ou qu'en tombant sur lui ces murs ne vous écrasent?
Que veut-il? De quel front cet ennemi de Dieu
Vient-il infecter l'air qu'on respire en ce lieu?

La surprise, la colère, l'indignation, les reproches percent à chaque mot.

IV. APOSTROPHE.

29. *L'apostrophe* est une figure éloquente, hardie par laquelle on détourne son discours de l'objet auquel il paraît être consacré pour s'adresser tout à coup à une personne absente ou à une chose inanimée, soit pour les invoquer en quelques manières, soit pour les prendre en témoignage.

L'apostrophe doit être le mouvement d'une imagination fortement ébranlée, ou d'une âme puissamment affectée.

Non, nous n'espérons plus de vous revoir encore
Murs sacrés, que n'a pu conserver mon Hector !

dit Andromaque en pleurs, et cette apostrophe touchante aux murs de Troie est l'accent naturel de la douleur et des regrets.

Bossuet emploie souvent des apostrophes d'une énergie admirable. Il s'interrompt tout à coup et s'écrie :

Glaive du Seigneur ! quel coup vous venez de frapper ! O Eternel ! veillez sur elle. — Anges saints ! rangez à l'entour vos escadrons. — O Dieu terrible, vous disposez des vainqueurs et des victoires, etc., etc.

V. EXCLAMATION.

30. L'exclamation se fait dans les mêmes circonstances que l'apostrophe et l'interrogation, quand l'âme de l'orateur parvenue au comble de l'étonnement, de la douleur, de la joie et de l'indignation, etc., se livre à des mouvements passionnés, et par des interjections appelle à son aide des objets absents.

« O nuit désastreuse ! ô nuit effroyable ! où retentit tout à coup comme un éclat de tonnerre cette étonnante nouvelle : *Madame se meurt, madame est morte ?* (Bossuet.) » A cette exclamation, les sanglots des auditeurs éclatèrent de toutes parts.

L'exclamation se prête au style badin :

O temps ! ô mœurs ! j'ai beau crier
Tout le monde se fait payer. (Lafont.)

Ainsi qu'au style tragique :

O rage ! ô désespoir ! ô vieillesse ennemie
N'ai-je donc tant vécu que pour cette infamie !
(Corn.)

Il est facile d'employer l'interrogation, l'apostrophe et l'exclamation. Mais il faut que ces figures soient préparées, autrement on tombe dans le *pathos*, en affectant un style chaleureux.

VI. COMMUNICATION.

31. La *communication* est une figure par laquelle l'orateur semble interroger ses auditeurs, les prendre eux-mêmes pour juges, s'en rapporter à leur décision, comme dans ces phrases : *Répondez-moi, qu'auriez-vous fait en telle position ? Pouvait-on agir autrement. En quoi vous a-t-on donné lieu de vous plaindre ?*

Cette figure, habilement employée dans les circonstances difficiles, peut servir au triomphe de l'orateur ; car l'auditeur sait apprécier cette confiance qu'on lui témoigne et il est rare qu'il ne prenne pas parti pour celui qui flatte ainsi son amour-propre.

VII. GRADATION.

32. La gradation est une figure qui présente les idées dans un ordre tellement naturel, que l'esprit passe aisément de l'une à l'autre et presque sans s'en apercevoir. La gradation lie les pensées dans l'esprit et les expressions dans le discours.

Elle va du moins au plus et du plus au moins, en d'autres termes, elle est ascendante ou descendante, selon le caractère de l'idée qu'on a dans l'esprit ou la manière dont on veut l'exprimer. S'il s'agit d'images ou de sentiments elle unit leurs commencements, leurs progrès et leur force.

Gradation ascendante :

Je deviens *sacrilège*, *assassin*, *parricide*.

Gradation descendante :

Vous ignorez ma *misère*, mes *chagrins*, mes *peines*.

VIII. DUBITATION.

33. La dubitation consiste à exposer plusieurs idées et à se montrer embarrassé sur le choix de celle sur laquelle on veut insister. L'orateur a soin d'élaguer en peu de mots celles qu'il juge étrangères à son but ; il donne les motifs de sa détermination et prévient ainsi les objections qu'on pourrait lui faire de ne pas tirer de sa cause tout le parti possible. Les bons auteurs sacrés offrent de très beaux exemples de cette figure.

IX. PROLEPSE. — ANTÉOCCUPATION.

34. La prolepse ou antéoccupation est une figure par laquelle on se pose une objection pour la détruire. On prévient ainsi les chicanes de l'esprit qui ne manquerait pas de la faire, et qui croirait voir dans le silence de l'orateur un indice de la faiblesse de ses moyens.

Cette adresse désarme l'adversaire qui se voit arracher une à une toutes ses armes et qui se trouve bientôt réduit à se taire.

X. CONCESSION.

35. La concession est employée par l'orateur quand il est sûr de la bonté de sa cause. Il semble accorder quelque chose, mais pour en tirer avantage aussitôt, et écarte ainsi les incidents inutiles par lesquels on essaierait d'arrêter la marche de son argumentation.

XI. PERMISSION.

36. Par la *permission* on se remet entre les mains d'un autre; on lui permet tout, afin de le toucher s'il est possible, ou de le rendre plus odieux :

> Assouvis la fureur dont ton cœur est épris,
> Joins un malheureux père à son malheureux fils.
> (CRÉ.)

Dit Thyeste à son frère, et cette *permission* est bien faite pour porter le remords dans l'âme d'un scélérat.

Quelquefois par la *permission* on accorde quelque chose que l'on pourrait nier, afin d'obtenir ce que l'on demande. La figure prend alors le nom d'*Epitrope*.

XII. SUBJECTION.

37. La *subjection* est une espèce de prolepse. Dans cette figure on interroge son adversaire, on suppose qu'il répond, et on fournit incontinent la réplique.

Souvent la subjection n'est qu'une réunion

de propositions dont chacune est suivie d'une autre proposition, qui sert à la précédente de réponse ou de modification. Sous cette forme, l'art est plus caché, et il faut une certaine habitude pour découvrir la figure.

XIII. EPIPHONÊME.

38. *L'Epiphonême* est une phrase sentencieuse qui termine ordinairement une composition. C'est la morale du sujet qu'on vient de traiter, et qui pour être un épiphonême doit être exprimée ou par une exclamation ou par une réflexion vive et courte.

XIV. PRÉTERMISSION. — OU — PRÉTÉRITION.

39. La prétermission contient un artifice de langage par lequel on semble vouloir passer une chose sous silence, tout en l'énonçant avec force. Elle s'annonce par *je ne vous dirai point*, *je pourrais vous dire*, *je ne vous rappellerai point*, et sous le prétexte de ne rien dire, on dit tout.

> *Je pourrais alléguer*, pour affaiblir mon crime,
> De mon père sur moi le pouvoir légitime,
> L'erreur où nous étions, mes regrets, mes combats,
> Les pleurs que j'ai trois ans donnés à ton trépas ;
> Mais je ne cherche point, je ne veux point d'excuse.
> (V.)

La prétermission atteint son plus haut degré de beauté quand, après avoir exposé avec feu les choses qu'on a l'air d'écarter, on peint plus vivement encore celles qui suivent.

XV. RÉTICENCE.

39. La réticence est aussi une figure très adroite. Par elle l'orateur ou le poète ne poursuit pas le propos qu'il a commencé; il passe subitement à un autre, mais de manière que l'auditeur puisse facilement suppléer ce que son silence laisse sous-entendu.

Racine met dans la bouche d'Aricée cette belle réticence :

> Prenez garde, Seigneur, vos invincibles mains
> Ont de monstres sans nombre affranchi les humains;
> Mais tout n'est pas détruit et vous en laissez vivre
> Un.... votre fils, Seigneur, me défend de poursuivre.

Cette interruption subite est bien faite pour épouvanter Thésée.

Voici une autre réticence qui n'est pas moins remarquable :

> Et Biron jeune encore, ardent, impétueux,
> Qui depuis.... mais alors il était vertueux.

C'est laisser entendre que Biron après sa jeunesse a souillé sa vie de crimes.

Il y a toutefois un grand défaut à éviter dans l'emploi de la réticence, car l'imagination trompée peut aller au-delà du but que l'on se propose, et croire les choses plus vraies qu'elles ne le sont. L'esprit de l'homme n'est que trop disposé à la malignité, et il ne faut pas lui permettre de franchir les bornes de la vérité. Rien n'est si aisé que de calomnier à demi mot, et la combinaison la plus profonde de la méchanceté est de savoir retenir ses coups pour les rendre plus dangereux.

XVI. CORRECTION.

40. La correction sert à l'orateur à se reprendre quand il a prononcé un mot qui ne rend point du tout sa pensée, ou qui ne la rend qu'imparfaitement.

L'artifice de la correction consiste à faire remarquer l'expression nouvelle qu'on emploie, sans rien faire perdre à l'expression précédente de sa force et de son à-propos. On s'en sert surtout quand deux idées réunies par une simple conjonction ne sembleraient pas en harmonie parfaite.

La *correction* s'exprime par : *Que dis-je? Où vais-je chercher mes preuves? — Mais non*, etc., et toute autre phrase de ce genre.

Je le méprise, *que dis-je?* je le haïs.
C'est la fortune, *ou plutôt* la vertu qui l'élève à un si haut degré.

Peut-être serait-il touché de mes misères?
Mais non, jamais son cœur n'a connu la pitié.
(RAC.)

XVII. SUSPENSION.

41. La *suspension* est une figure très originale qui plaît infiniment dans le discours. Par elle, l'orateur excite l'attention; on croit deviner ce qu'il va dire et l'on est très surpris de voir arriver toute autre chose. En voici un exemple très piquant :

Après le malheur effroyable
Qui vient d'arriver à mes yeux,
Je croirai désormais, grand Dieu!
Qu'il n'est rien d'incroyable :
J'ai vu, sans mourir de douleur,

J'ai vu.... siècles futurs, vous ne pourrez le croire,
Ah ! j'en frémis encore de dépit et d'horreur,

A en juger par ces mots, une grande infortune a sans doute frappé celui qui parle. On attend une description tragique ; le cœur s'émeut d'avance, et l'imagination est au comble de l'anxiété. Comment en cet état ne point éclater de rire quand le poète s'écrie :

J'ai vu mon verre plein et je n'ai pu le boire.

La suspension sert à tous les tons ; si la précédente excite l'hilarité, la suivante porte la tristesse dans l'âme.

Combien de fois a-t-elle remercié Dieu de deux grandes grâces : l'une de l'avoir faite chrétienne, l'autre.... Messieurs, qu'attendez-vous ? Peut-être d'avoir rétabli les affaires du Roi son fils ? Non, c'est de l'avoir faite Reine malheureuse. » (Boss.)

XVIII COMPARAISON.

42. La comparaison rapproche deux idées qui se ressemblent soit par plusieurs côtés soit par un seul. Le triple but de cette figure est de donner plus de grâce au discours, plus de force au raisonnement ou plus de clarté à l'élocution.

La comparaison est surtout du domaine de la poésie ; mais l'éloquence ne se l'interdit point. Bossuet dans *l'oraison funèbre de la Reine d'Angleterre* voulant la peindre seule debout au milieu d'une révolution qui avait renversé le monarque et le trône, exprime sa pensée par cette belle comparaison qui fait image.

« Comme une colonne dont la masse solide paraît le plus ferme appui d'un temple ruineux, lorsque ce grand édifice qu'elle soutenait fond sur elle sans l'abattre, ainsi la Reine se montre le plus ferme soutien de l'état, lorsqu'après en avoir porté le faix, elle n'est pas même courbée sous sa chûte. »

La comparaison, dit E. Héreau, est une des figures les plus riches de l'éloquence et de la poésie; ses qualités sont la clarté, la netteté, la justesse et une judicieuse étendue, car il faut choisir les analogies et non les épuiser.

Les comparaisons doivent être employées à propos et avec discrétion. Prodiguées, elles blessent et importunent.

Il n'est pas nécessaire qu'elles relèvent les objets; si elles les peignent vivement, justement, cela suffit.

Il faut prendre garde d'employer celles qui sont vieillies ou trop communes, et les choisir neuves, autant que possible.

La comparaison prend le nom de *contraste*, quand pour fortifier une idée, on met en opposition une seconde idée, tout-a-fait différente, mais qui a des analogies frappantes avec la première, comme dans cette phrase de M. de Bonald :

La vérité, dans les ouvrages de raisonnement, est un Roi à la tête de son armée un jour de combat. Dans les ouvrages d'imagination, elle est comme une Reine le jour de son couronnement.

XIX. ANTITHÈSE.

43. L'antithèse est le contraire de la comparaison. C'est, a dit Labruyère, l'opposition de deux vérités qui se donnent du jour l'une à

l'autre. Cette définition concise a besoin d'être expliquée par des réflexions et des exemples.

Par l'antithèse, on fait ressortir les différences qui existent entre deux choses, en opposant l'une à l'autre.

Il y a trois sortes d'antithèses : 1° celle qui n'est que dans les mots ; 2° celle qui est toute dans la pensée ; 3° celle qui est tout à la fois dans les mots et dans les pensées.

L'antithèse est dans les mots, lorsqu'en les changeant elle n'existe plus.

La licence a vaincu la pudeur, l'audace la crainte, la démence la raison. (Cic.)

Elle est dans les pensées lorsqu'elle subsiste malgré le changement des mots.

Elévation et bassesse, force et faiblesse, grandeur et néant ; voilà tout l'homme.

Enfin, elle est dans les pensées et dans les mots, lorsque les deux oppositions peuvent exister séparément.

Jeunes gens, écoutez un vieillard que les vieillards écoutaient lorsqu'il était jeune.

Les antithèses plaisent dans les ouvrages d'esprit ; elles y font à-peu-près le même effet que dans la peinture les ombres et les jours qu'un artiste habile a l'art de placer à propos ; mais l'emploi de cette figure exige du goût, l'étude des situations et le sentiment des convenances. Les passions s'en accomodent peu, et les sentiments vifs encore moins. Quand ces derniers sont en jeu, il faut être sobre d'antithèses, car on est à deux pas de l'affectation et du ridicule. Voici un cas toutefois où l'antithèse habilement employée par le grand Corneille donne à la douleur une expression attendrissante. Deux guerriers, amis et beaux-frères, sont en présence et prêts à s'entretuer. Ils ont été choisis, chacun par leur pays, pour terminer la guerre par la mort de l'un d'eux. Horace, farouche Romain, ne voit que l'honneur de sa patrie; Curiace, sensible Albain, déplore la guerre qui sépare deux familles. Ecoutons la fin de cette scène immortelle :

HORACE.

Si vous n'êtes Romain, soyez digne de l'être !
. . . .
Contre qui que ce soit que mon pays m'emploie,
J'accepte aveuglément cette gloire avec joie.
Ce droit saint et sacré rompt tout autre lien;
Rome a choisi mon bras, je n'examine rien.
Avec une allégresse aussi pleine et sincère
Que j'épousai la sœur, je combattrai le frère.
Et pour trancher enfin des discours superflus,
Albe vous a nommé : *je ne vous connais plus !*

CURIACE.

Je vous connais encore, et c'est ce qui me tue;
Mais cette âpre vertu ne m'était point connue,
Comme notre malheur elle est au plus haut point,
Souffrez que je l'admire et ne l'imite point.

Un commentateur de Corneille raconte qu'à ces mots : *je ne vous connais plus... je vous connais encore*, tout le monde se récria d'admiration. Et pourtant ce beau passage est dû à une simple antithèse de mots, tant est puissant le jeu des figures dans le discours !

L'antithèse est une des ressources les plus puissantes pour l'écrivain; mais elle doit être ménagée, et comme toutes les figures à grand effet ne paraître qu'à propos.

Je ne parle point des jeux de mots ou pointes qui naissent de l'antithèse des mots. Quoique le jeu de mot puisse être toléré dans le style badin, où il peut faire quelquefois bon effet, on doit dire qu'en règle générale il est indigne d'un écrivain sérieux.

XX. COMMINATION.

44. La commination a pour objet d'intimider ceux à qui l'on parle par la peinture des maux qu'ils auraient à souffrir. Elle est d'un effet d'autant plus sûr que les maux sont plus prochains ou plus infaillibles.

Joad dit à Mathan :

De toutes tes horreurs, va, comble la mesure;
Dieu s'apprête à te joindre à ta race parjure,
Abiron et Dathan, Doëg, Achitophel;
Les chiens à qui son bras a livré Jézabel,
Attendant que sur toi sa fureur se déploie
Déjà sont à ta porte et demandent leur proie. (RAC.)

XXI, XXII, XXIII. OBSÉCRATION, DÉPRÉCATION, IMPRÉCATION.

45. Par l'*obsécration*, on implore l'assistance de Dieu ou de quelque puissance supérieure, pour obtenir ce que l'on désire par d'instantes prières.

46. Par la *déprécation*, on souhaite du bien à quelqu'un et souvent à soi-même.

47. Par l'*imprécation*, on fait tout le contraire en appelant sur soi ou sur les autres les maux les plus cruels. Les vers suivants offrent un exemple de ces trois figures :

IMPRÉCATION.

Grand Dieu ! si tu prévois qu'indigne de sa race,
Il doive de David abandonner la trace,
Qu'il soit comme le fruit en naissant arraché,
Ou qu'un souffle ennemi dans sa fleur a séché.

DÉPRÉCATION.

Mais si ce même enfant à tes ordres docile
Doit être à tes desseins un instrument utile,
Fais qu'au juste héritier le sceptre soit remis.

IMPRÉCATION.

Livre en mes faibles mains ses puissants ennemis,
Confonds dans ses conseils une reine cruelle,
Daigne, daigne, mon Dieu, sur Nathan et sur elle
Répandre cet esprit d'imprudence et d'erreur,
De la chûte des Rois funeste avant-coureur. (RAC.)

Il y a deux *imprécations* dans ce passage, et une seule *déprécation*. Le passage entier est une *obsécration*.

XXIV. OPTATION.

48. L'*optation* exprime un désir violent d'obtenir quelque chose. Elle se sert d'exclamations et s'annonce par :

Plut à Dieu ! Fasse le ciel ! etc.

Qui viendra terminer les tourments que j'endure ! (C.)

XXV. SERMENT.

49. Le *serment* est une figure qui consiste à ajouter à son affirmation des circonstances extraordinaires qui en établissent la sincérité d'une manière solennelle.

Tantôt on fait un détail de choses impossibles

qui arriveraient avant qu'on ne violât l'engagement que l'on prend.

Le cerf d'un vol hardi traversera les airs,
Les habitants des eaux fuiront dans les déserts,
La Saône ira se joindre aux rives de l'Euphrate
Avant qu'un lâche oubli me fasse une âme ingrate.

Tantôt l'on déclare que les plus grands dangers ne pourront ébranler une résolution.

Dût le ciel irrité nous rouvrir les enfers,
Dût la foudre à mes yeux ébranler l'univers,
Je n'immolerai point une tête innocente. (CRÉ.)

Souvent le serment est sous forme d'imprécation.

Si je viens à t'oublier, dit le Psalmiste, ô Jérusalem, que ma main se dessèche.

Quelquefois enfin le serment prend une forme religieuse par l'invocation de Dieu ou des saints.

O vierge sainte, plutôt mourir que de perdre l'innocence.
(H. H.)

XXVI. PROSOPOPÉE.

50. La *Prosopopée* est la plus hardie et la plus belle de toutes les figures. Elle consiste à faire agir ou parler une personne absente ou morte, ou même une chose inanimée.

Il y a donc deux sortes de prosopopées.

1° La prosopopée de langage. Fléchier dans l'oraison funèbre de Montausier le fait sortir du tombeau, et comme si l'orateur avait tort de donner des éloges à son héros, celui-ci s'écrie :

« Laisse-moi reposer dans le sein de la vérité, et ne viens pas troubler ma paix par la flatterie que j'ai haïe. Ne dissimule pas mes défauts, et ne m'attribue pas mes vertus : loue seulement la miséricorde de Dieu qui a voulu m'humilier par les uns et me sanctifier par les autres. »

Peut-on louer plus éloquemment la modestie, l'humilité et la franchise d'un homme célèbre ?

2° La prosopopée d'action : un poète contemporain après avoir reproché aux philosophes du dernier siècle leurs erreurs et leurs maximes, les convie à venir contempler les fruits qu'elles ont produits de nos jours. Il les met en scène, en leur disant :

> Eh bien ! le temps sur vos poussières
> A peine encore a fait un pas
> Sortez, ô manes de nos pères,
> Sortez de la nuit du trépas,
> Venez contempler votre ouvrage,
> Venez partager de cet âge
> La gloire et la félicité.
> O race en promesses féconde !
> Paraissez ; bienfaiteurs du monde
> Voilà votre postérité !
>
> Que vois-je ? Ils détournent la vue,
> Et se cachant sous leurs lambeaux
> Leur foule de honte éperdue
> Fuit et rentre dans les tombeaux.
> Non, non, restez, ombres coupables,
> Auteurs de nos jours déplorables
> Restez ; ce supplice est trop doux,
> Le ciel trop lent à vous poursuivre
> Devait vous condamner à vivre
> Dans le siècle enfanté par vous.

L'éloquence et la poésie ont seules le privilége d'employer la prosopopée ; encore ne peuvent-elles y recourir que dans des circonstances particulières et rares : car si la prosopopée n'est pas de nature à produire un grand effet, elle devient ridicule et glace les auditeurs au lieu de les électriser.

Quelques rhéteurs mettent encore au nombre des figures de pensées *l'exténuation* et *l'exagération*. La première est la litote et la seconde l'hyperbole, mais employées toutes deux oratoirement, c'est-à-dire avec les développements propres à l'éloquence.

Après toute cette nomenclature, plusieurs remarques importantes doivent être présentées aux jeunes gens.

1° Toutes les figures contribuent, chacune pour sa part, à l'ornement du style, et lorsqu'elle se présentent justes et naturelles, on doit s'en servir avec empressement.

2° Mais c'est l'à-propos de leur emploi qui fait surtout leur beauté, et pour cette raison on ne doit pas leur courir après et les placer sans une sévère attention. Faute de précautions, une composition ressemblerait à un amas confus de fleurs qui n'aurait rien d'agréable et qui attendrait, pour plaire, que la main d'un artiste habile les arrangeât dans un ordre parfait.

3° On ne peut mieux comparer une bonne composition qu'à ces parterres disposés symétriquement et avec goût. Les bouquets de fleurs sont séparés entr'eux par un tendre gazon dont la fraîcheur est entretenue par une source vive. Les plus beaux ornements ne sont pas tous ensemble, ils sont placés dans les endroits où ils font le meilleur effet pour l'œil : souvent au détour d'une allée on est surpris de rencontrer un brillant jet-d'eau, une petite grotte, une belle statue ; quelquefois l'œil est charmé par la vue d'arbres majestueux qui élancent leurs cimes vers les nues. Enfin, en avançant, on finit par découvrir dans le lointain un bosquet qui vous attend pour protéger votre repos, où vous arrivez sans fatigue et charmé de tout ce que vous avez vu.

Cette allégorie est facile à saisir : chacun voit dans la source vive, l'imagination ; dans le gazon frais, le style ; dans les bosquets de fleurs, les ornements ; dans les arbres majestueux, les splendeurs de l'élocution ; dans les surprises cachées par les détours des allées, les secrets du langage ; enfin, dans le bosquet de repos, le but du discours. Que l'on compare ce magnifique parterre à une prairie émaillée de fleurs si l'on veut, mais où tout est jeté pêle-mêle, où l'on ne peut avancer sans une fatigue extrême, et l'on sentira combien il est important de bien distribuer ses ornements.

4° Il faut le répéter à satiété : ménagez les figures, n'en rassasiez pas l'esprit. Quelqu'un a dit que leur emploi multiplié était un signe de la dégénérescence du goût. Cette pensée quoique exagérée contient un sens profond, et pour ne pas la rendre vraie, le seul moyen est de ne point faire abus des figures et de les réserver pour les occasions indiquées par la nature et le goût.

5° Les figures doivent naître du sujet, dont elles sont presque inséparables. Si votre sujet, est pauvre, vous aurez beau l'habiller richement, on découvrira votre artifice ; s'il est riche au contraire, laissez faire votre imagination et ne réprimez que ses écarts ; elle saura bien trouver des vêtements splendides qui lui conviendront à merveille. En vain vous chercherez des phrases brillantes et des tours ingénieux, si la matière que vous traitez est repoussante et mal choisie, vous tomberez dans la déclamation. En un mot, si vous paraissez chercher une figure ailleurs que dans votre sujet et que vous vous obstiniez à vouloir l'y coudre comme un galon sur un habit, vous ferez un effet pitoyable.

6° Les figures grammaticales et les tropes sont d'un usage très-fréquent, comme je l'ai déjà dit. Aussi je n'ai point eu en vue d'en restreindre trop l'emploi en exposant les réflexions précédentes. Le goût sera le premier guide, il les placera à propos ; le second sera, pour les figures de mots proprement dites, la grammaire, et pour les tropes, l'usage. Mais les figures oratoires exigent une toute autre circonspection. Il faut les préparer et les amener avec art, pour ne pas choquer brusquement l'esprit. Il en est de même des figures de mots qu'on veut employer d'une manière oratoire.

7° Le génie de l'écrivain contribue beaucoup à la perfection des figures ; si nous ne sommes point naturellement portés à nous servir du style figuré, il ne faut point tenter de le faire, car nous paraissons bien vite affectés : on peut produire beaucoup d'effet en écrivant simplement. Avant que d'écrire il est donc nécessaire d'étudier et de connaître d'abord son propre génie, ensuite d'écouter les inspirations de la nature, en l'embellissant, s'il est possible, quelquefois, mais en ne la forçant jamais.

8° Il ne faut rien faire pour l'amour des mots qui n'ont été inventés que pour les choses.

Comme l'a dit Fénélon, la parole ne doit servir que pour la pensée, et la pensée que pour la vérité et la vertu. Peu importerait donc que la pensée fût exprimée plus ou moins figurément si elle servait à la vertu et à la vérité ; mais n'oublions pas que les figures plaisent, instruisent et touchent, et sachons les faire servir comme la simple parole au triomphe de ces deux choses, les seules qui soient grandes et dignes de l'homme.

9° Enfin, souvenons-nous que les figures sont un artifice, et « comme il est naturel à l'homme » de se défier de toute espèce d'artifice, la » meilleure figure est celle qui est si bien ca- » chée qu'on ne l'aperçoit pas. Il faut donc » que la force de la pensée et du sentiment soit » telle, qu'elle couvre la figure et ne permette » pas d'y songer. » (Longin.)

SECTION DEUXIÈME.

Des splendeurs du Style.

J'entends par *splendeurs du style* certaines formes majestueuses qui peuvent accompagner les figures, mais qui se produisent souvent sans elles. Elles dominent le style comme les grands arbres les arbrisseaux.

A la tête de ces grandes formes exceptionnelles du style est le sublime.

I. SUBLIME (1).

Le sublime en tout genre est le don le plus rare. (V.)

Je ne veux point parler ici de ce qu'on appelle le *style sublime* et fort improprement : car il n'est donné à aucun génie d'écrire en style constamment sublime. C'est comme si l'on voulait regarder fixément le soleil, ou ne voir qu'à la lueur d'éclairs non interrompus. Le sublime est si près du pathos et même du ridicule qu'il faudrait une vertu divine pour éviter ces deux écueils. Ce n'est pas qu'il n'y ait un style sublime ; mais il est inséparable de la pensée sublime, sans laquelle il ne pourrait exister, et bientôt nous en verrons des exemples.

Le sublime *est la plus grande force de l'expression réunie à la plus grande hauteur de la pensée.*

Je prends sur moi cette définition qui n'est peut-être pas meilleure que toutes celles données jusqu'à présent par les rhéteurs. Le sublime est une chose si belle que personne n'a pu encore expliquer ce que c'est en peu de mots. On le sent, mais on est embarrassé pour dire ce que l'on sent.

(1) Les rhéteurs distinguent plusieurs espèces de sublime : — le sublime de style. — Le sublime de pensée. — Le sublime d'expression ou de trait. — Le sublime d'image. — Le sublime de sentiment. — Le sublime de passion. — Le sublime des idées. — Le sublime de caractère, etc., etc.

C'est étrangement abuser du sublime. Il est vrai qu'il naît de différentes sources, mais il est toujours le même, c'est-à-dire la plus grande hauteur de la pensée humaine.

« Le sublime, dit Longin, exerce sur nous » une puissance irrésistible. Il nous commande » comme un maître, il nous terrasse comme la » foudre, notre âme s'élève quand elle entend » le sublime. Elle est comme transportée au-» dessus d'elle-même, et se remplit d'une espèce » de joie orgueilleuse, comme si elle avait pro-» duit ce qu'elle vient d'entendre. »

C'est là parler dignement du sublime. Oui, lorsque nous entendons le sublime, notre âme s'élève; elle suit l'instinct de son immortalité; elle aspire vers le Dieu qui lui a donné les grandes pensées et les sentiments généreux. Elle le remercie malgré nous par un élan de l'avoir faite si noble, puis se repliant sur elle-même, elle garde du mot quelle a entendu un souvenir profond que rien n'effacera désormais.

C'est peut-être là le secret de cette impression extraordinaire que l'homme éprouve en entendant le sublime; car cette impression est si immatérielle qu'il ne peut en rendre compte, et c'est ce qui lui arrive toutes les fois qu'il veut analyser les éléments du monde intellectuel, demeure éternelle des esprits, séjour de toute beauté et de toute perfection, parce que Dieu y est seul le maître. Demandez en effet à quelqu'un qui vient d'entendre un mot sublime, pourquoi il trouve cela beau; votre question lui semblera déplacée et il ne pourra vous donner ses raisons. Il vous répondra : *cela est beau parce que je suis ravi, transporté, hors de moi.* Il est hors de lui réellement, car son âme l'a quitté peut-être un moment pour aller embrasser celle de ses sœurs qui a fait entendre un son divin, et l'a laissé seul avec la parole humaine qui est impuissante à vous satisfaire.

Je m'éloigne du sublime en parlant de ses étonnants effets. Je vais tâcher de le rendre sensible aux jeunes gens.

Le sublime a deux parties bien distinctes, la pensée et l'expression. La pensée peut être sublime sans que l'expression le soit, mais l'expression n'est jamais sublime sans la pensée; l'expression sera grande, majestueuse, noble, riche, etc., mais pour être sublime, il lui faut une pensée sublime. D'un autre côté il faut, pour qu'il y ait sublime, que l'expression soit tellement forte qu'on ne puisse lui en substituer une plus forte.

La pensée sublime se sent et ne se définit point; l'expression sublime est à toute la hauteur possible du langage de l'homme. Quand ces deux choses sont réunies, le sublime est trouvé. Voyons un exemple :

C'est Dieu qui du chaos a fait tomber les voiles,
Sa puissance affermit les cieux
Son souffle sema les étoiles
Que la nuit étale à nos yeux.
L'onde entra dans son lit, à ses ordres sublimes
Et le vaste Océan dans ses profonds abîmes
Enferma ses flots orgueilleux. (RIPPERT.)

Cette strophe est digne de Racine : Elle offre d'un bout à l'autre un modèle de style sublime, parce que la pensée sublime l'accompagne partout. Mais le sublime parfait ne s'y montre qu'une fois. Analysons :

C'est Dieu qui du chaos a fait tomber les voiles

Voiles du chaos offre une métaphore hardie, peu usitée, mais frappante de justesse. L'esprit rapproche promptement l'idée du chaos avec celle des choses cachées et couvertes de voiles. — La pensée est sublime, car il faut une puissance surhumaine pour produire l'effet exprimé; mais le sublime, ennemi de toute périphrase, n'est point dans l'expression; car on pourrait dire plus fortement : *Dieu dissipa le chaos.* Aussi le sublime se trouve-t-il *presque* dans ce vers d'un autre poète :

Dieu parle, et le chaos se dissipe à sa voix. (V.)

A sa voix est de trop, et suffit pour empêcher le sublime parfait.

Sa puissance affermit les cieux.

Pensée sublime encore. L'expression *affermit* n'est point assez forte : car le poète, sans rompre la mesure du vers, eut pu mettre *créa*, et rencontrer le sublime.

Son souffle sema les étoiles.

Voilà le vrai sublime! Quelle puissance que celle qui d'un souffle envoie chaque étoile à sa place, en les *semant* dans l'étendue des cieux! Et quel autre mot plus fort pourrait-on mettre à la place de sema... La pensée sublime et l'expression sublime sont jointes, et le sublime naît de cette union.

Que la nuit étale à nos yeux

serait un remplissage sans la métaphore gracieuse qui prête à la nuit une sorte d'orgueil. On aime à la voir *étaler* ses richesses, présents du créateur, et montrer à nos yeux ces étoiles qui font son ornement. C'est ainsi que souvent un mot qui fait image demande et obtient grâce pour un détail superflu. Remplacez ce vers par les étoiles *qu'on voit pendant la nuit*, et vous serez diffus, car chacun sait que ce n'est point pendant le jour qu'on voit les étoiles.

L'onde entra dans son lit, à ses ordres sublimés
Et le vaste Océan dans ses profonds abîmes
Enferma ses flots orgueilleux.

La pensée ne cesse pas d'être sublime, mais l'expression qui se développe en périphrase, rejette loin le sublime. Néanmoins cette périphrase même ne manque pas de mérite, car en faisant agir l'Océan, elle fait une prosopopée mignonne qui plaît et récrée par l'image, en même temps qu'elle étonne par le sublime de la pensée.

Si l'on veut maintenant examiner le fond de cette strophe on reconnaîtra que mise en prose très simple elle offrirait un exemple admirable du sublime :

« Dieu parle ; le chaos se dissipe, les cieux sont créés ; d'un souffle il sème les étoiles ; il commande et les mers se renferment dans leurs limites. »

La simplicité de l'expression produit plutôt le sublime que le langage figuré.

Dieu dit : *que la lumière soit faite, et la lumière fut.* Il n'y a là aucune figure, c'est un ordre donné et aussitôt exécuté ; où trouverait-on des expressions plus fortes et plus simples, jointes à une telle sublimité de pensées ?

Le sublime prend sa source dans les grandes images, dans les grandes passions, dans les grands sentiments, dans les grands caractères, en un mot dans tout ce qui est grand et au-dessus des actions ordinaires.

Le père des trois Horace, apprenant qu'au

lieu de mourir glorieusement, l'un de ses fils a fui pour vaincre, ne peut supporter cet opprobre, et quand on lui dit :

Que vouliez-vous qu'il fît contre trois ?

il répond : *Qu'il mourût*, et ce simple mot est le sublime de l'honneur et de l'amour de la patrie.

Un bataillon de la garde impériale se trouve entouré par l'ennemi à Waterloo, et sommé de se rendre, son commandant répond : *La garde meurt*; sublime de la valeur et du dévouement militaires.

Moïse dit à Dieu, en parlant des Egyptiens engloutis dans la Mer Rouge : *Tu as soufflé, et l'onde les a ensevelis*; sublime de la puissance.

On racontait devant une femme du peuple que Dieu avait ordonné à Abraham d'immoler son fils. *Ah!* répond-elle éplorée, *Dieu n'aurait pas commandé ce sacrifice à une mère*; sublime de l'amour maternel.

Le sublime, dit-on, se rencontre quelquefois dans le silence : sans doute, comme il peut se rencontrer dans toutes les grandes actions. Un trait héroïque a sa pensée profonde qui fait agir, et son langage n'a pas besoin de venir à nos oreilles ; le cœur entend tout. La vue d'une grande action nous transportera même davantage que son exposition, lors même quelle serait sublime. Rapporter toutes ces sortes de sublimes d'actions, ou sublime proprement dit, celui qui est seul du domaine de la Rhétorique, c'est trop étendre les mots.

Il me semble que les jeunes gens ont dû comprendre la nature du sublime, et qu'ils sauront le distinguer dans les auteurs en appliquant ma définition : de là il n'y a qu'un pas pour le placer dans leurs compositions quand le sujet s'y prête ; mais il ne faut pas croire que tout sujet comporte le sublime. Nous avons en nous un bon sens qui nous indique où le sublime convient et où il est déplacé.

Si donc on trouve à *l'improviste*, remarquez ce mot, une pensée grande, généreuse, magnanime, qu'on se garde bien de l'embellir et de la charger de périphrases ; cherchez l'expression la plus forte et laissez au sublime cette simplicité majestueuse qui lui convient si bien. Quelles autres expressions pourrait-on mettre dans la bouche du vieil Horace, du guerrier français, de cette pauvre mère alarmée pour son fils, de Moïse remerciant Dieu de l'avoir délivré de ses ennemis ? — Aucune.

J'ai dit que le sublime se trouve à *l'improviste*. Il fuit en effet celui qui le cherche ; il est rare, instantané, *imprévu*. C'est un éclair qui brille sans qu'on l'attende, c'est un trait qui frappe avant qu'on l'ait vu dans l'air. Si l'on s'attend au sublime, son effet est manqué ; car l'âme se prépare à la sensation qu'elle va éprouver. Les jeunes gens remarquent cela facilement ; quand on leur cite des exemples de sublime, ils restent à peu près indifférents et froids ; mais quand ils l'entendront avant d'avoir pu prévoir qu'il était près d'eux, ce sera une toute autre affaire, ils seront surpris, extasiés, et le sublime produira dans leur âme son effet surnaturel.

II. MAJESTÉ.

La majesté dans le style consiste à parler

dignement et gravement des choses saintes et de tout ce qui a droit à nos hommages et à nos respects. Le style majestueux est bien près du style sublime ; il en diffère en ce que dans celui-ci la pensée ne peut cesser d'être sublime, tandis que dans celui-là la pensée sublime peut s'évanouir pour faire place à une pensée auguste, élevée, et toujours au-dessus des pensées ordinaires de l'homme.

Bossuet est l'orateur qui a su mettre souvent la majesté de son style à la hauteur de ses sujets, et l'on peut voir un exemple parfait de style majestueux dans la période carrée que j'ai citée page 80.

Tel est encore ce passage de David : « Il a incliné les cieux et il est descendu ; les nuages étaient sous ses pieds. »

Quelle image majestueuse !

III. MAGNIFICENCE.

La *magnificence* est moins que la majesté. Le style majestueux parle des choses presque surhumaines ; le style magnifique convient à de moins grands sujets. Si l'écrivain sait joindre à l'éclat de la forme, de la parole, la grandeur du fond, de la pensée, s'il sait présenter à l'esprit une belle image en termes choisis, il parle avec magnificence.

Bossuet dit de la Reine d'Angleterre fuyant de son royaume : « O voyage bien différent de celui qu'elle avait fait sur la même mer, lorsque, venant prendre possession du sceptre de la Grande-Bretagne, *elle voyait*, *pour ainsi dire*, *les ondes se courber sous elle et soumettre toutes leurs vagues à la dominatrice des mers !* »

Ce style est plein de magnificence, et dans un cas où on ne l'espérait guère, dans une fuite. C'est que cette image de la mer qui se courbe et fait hommage de ses vagues à une grande Reine, présente une idée magnifique par elle-même, et magnifiquement exprimée.

IV. POMPE.

La *pompe* consiste à donner à son sujet tout l'éclat dont il est susceptible. La pompe choisit les expressions brillantes, les tours élégants, pour rehausser la pensée. Elle séduit, charme, éblouit ; elle recourt souvent aux figures.

Fénélon offre dans son Télémaque de forts beaux exemples de style pompeux. Le mélange de faits naturels et merveilleux, produit par l'intervention de la divinité dans la vie de son héros, fournit à l'auteur des descriptions charmantes que tout le monde sait par cœur.

Soyez riche et *pompeux* dans vos descriptions,

a dit Boileau, et cette recommandation indique de quel genre d'écrire la pompe s'accommode le mieux. Toutefois, la pompe convient à peu près à tout, excepté au style simple et le poëte dit aussi :

On peut être à la fois et *pompeux* et plaisant.

V. NOBLESSE.

La *noblesse* est dans le fonds, quand la pensée présente un grand objet avec plus d'éclat que de vérité ; elle est dans la forme quand on remplace à propos une expression trop commune :

Si Boileau avait dit de Louis XIV, *qu'il ne s'est point hasardé à passer le Rhin*, il aurait fait au grand Roi un pauvre compliment, mais en disant qu'il

Se plaint de sa grandeur qui l'attache au rivage,

il exprime une pensée noble, rendue noblement.

Si Bonaparte, au pied des Pyramides, avait dit à ses soldats : *Ces pyramides vous regardent*, il aurait fait rire ses grognards, qui furent électrisés par la noblesse des paroles suivantes :

« Soldats ! du haut de ces pyramides quarante siècles vous contemplent. »

Je n'ai pas besoin de recommander la noblesse d'expression, celle qui consiste à rejeter les mots trop bas ou à les employer au moyen de quelque correctif, qui leur serve de passeport.

Cette attention est innée, pour ainsi dire, dans les jeunes gens qui ont à cœur leur considération personnelle.

VI. RICHESSE.

La *richesse du style* consiste dans l'abondance des idées sur le même sujet, et dans l'expression concise qui les rend :

.....Voilà le Dieu que tout esprit adore,
Qu'Abraham a servi, que rêvait Pythagore,
Que Socrate annonçait, qu'entrevoyait Platon ;
Ce Dieu qu'à l'Univers explique la raison,
Que la justice attend, que l'infortune espère,
Et que le Christ enfin vint montrer à la terre.

(L.)

Qui n'admirerait cette richesse de style? Chaque hémistiche contient une analyse des idées religieuses de divers hommes, c'est-à-dire la matière d'un ouvrage, et ces idées se rapportent toutes à une seule : *Dieu.*

VII. PROFONDEUR.

La *profondeur* consiste à exprimer un sens très-étendu en peu de mots, de telle sorte que, pour comprendre parfaitement la pensée, il faut appeler à son aide la réflexion.

« *En allant au combat*, disait un prince à ses soldats, *songez à vos ancêtres et à vos descendants.* »

La pensée est exprimée avec concision, elle est profonde parce qu'elle fait songer à la gloire des héros morts pour la patrie et aux honneurs que la postérité réserve à ceux qui savent combattre et mourir pour leur pays.

Il est fort important que les jeunes gens sachent distinguer toutes ces formes de l'élocution afin de ne point les confondre dans l'analyse des auteurs.

Je vais placer leurs traits distinctifs dans le tableau synoptique suivant.

LE SUBLIME.

Comprend	Comprend
Dans la pensée.	*Dans l'expression.*
Ce qu'il y a de plus grand.	Ce qu'il y a de plus fort.
Le style sublime.	
Ce qu'il y a de plus grand.	Ce qui est très-fort.

La majesté.

Ce qui est auguste. Ce qui est grave.

La magnificence.

Ce qui est grand. Ce qui est éclatant.

La pompe.

Tout excepté le simple. Ce qui est brillant.

La noblesse.

Ce qui a plus d'éclat que de vérité. Ce qui est relevé.

La richesse.

Ce qui est fécond, abondant. Ce qui est concis.

La profondeur.

Ce qui est très-étendu. Ce qui est très-concis.

VIII. ÉNERGIE.

L'énergie exprime avec chaleur une pensée forte ou vive.

« Annibal, dit Florus, cherchait dans tout l'Univers un ennemi au peuple romain. »

La pensée est forte ; elle laisse voir la passion acharnée d'un guerrier qui cherche partout des moyens pour vaincre. L'énergie de l'expression consiste dans ce mot, *un ennemi.* Un seul ennemi n'est pas d'une grande importance contre tout un peuple, et cependant on va remuer l'univers pour le trouver.

> Et tous trois à l'envi s'empressaient ardemment
> A qui dévorerait ce règne d'un moment. (CORN.)

La pensée est vive, elle découvre l'ardeur de trois hommes pervers à se disputer les dépouilles d'un empire ; mais l'expression accompagne partout admirablement la pensée, et acquiert par le mot *dévorerait* une effrayante énergie.

IX. VÉHÉMENCE.

La *véhémence* est l'énergie continuée; elle emploie souvent les interrogations, les répétitions, les apostrophes. Par des traits redoublés elle terrase son adversaire et l'empêche de se relever. Tel est le commencement de la première Catilinaire :

« Jusques à quand, Catilina, abuseras-tu de notre patience? Combien de temps encore ta fureur osera-t-elle nous insulter? Quel est le terme où s'arrêtera cette audace effrénée? Quoi donc!... O temps! ô mœurs! le sénat en est instruit, le consul le voit et Catilina vit encore! il vit? Que dis-je? Il vient dans le sénat! il s'assied dans le conseil de la République! »

Quelquefois la véhémence sans recourir à ces figures vives que nous venons de voir, n'en est pas moins remarquable.

Iphigénie prête à être sacrifiée a demandé la vie à son père. Clytemnestre, indignée de la dureté d'Agamemnon lui adresse ces paroles véhémentes :

Vous ne démentez pas une race funeste,
Oui, vous êtes du sang d'Atrée et de Thyeste,
Bourreau de votre fille, il ne vous reste enfin
Que d'en faire à sa mère un horrible festin,
Barbare!

Qui ne sent l'énergie continue, la véhémence?

—

SECTION TROISIÈME.

Des secrets du Style.

Les secrets du style sont des formes tantôt douces, tantôt pittoresques, qu'il faut chercher en écrivant; car elles se cachent, et les bons écrivains seuls peuvent les trouver.

I. HARMONIE.

L'*harmonie* dans le style est de deux sortes. L'harmonie *mécanique* résulte du choix et de la disposition des mots, c'est par elle que l'on parvient à faire d'heureuses périodes, et ce que nous avons dit au chapitre de la correction suffit pour qu'on puisse l'appliquer convenablement. La seconde espèce d'harmonie est l'harmonie *imitative.*

Cette dernière lie la disposition des mots avec l'arrangement des pensées. Tantôt elle peint par le son l'idée qu'on exprime ; c'est une espèce d'onomatopée, mais plus riche et plus difficile à trouver que cette figure de mots.

> Pour qui sont ces serpents qui sifflent sur vos têtes,
> (RAC.)

Le redoublement des consonnes (c. s.) imite le sifflement des serpents.

> L'eau se précipitant dans son lit tortueux
> Court, tombe et rejaillit, retombe, écume et gronde.
> (DEL.)

Il semble que l'on entend les murmures divers

d'une cascade; ici un bruit aigu (rejaillit, se précipite), là un bruit confus (court, écume, gronde), puis enfin un bruit sourd comme celui que produit la chute d'une masse (tombe, retombe).

Tantôt l'harmonie imitative peint aux yeux les objets, en ce cas on la nomme ordinairement harmonie descriptive :

> Quatre bœufs attelés, d'un pas tranquille et lent
> Promenaient dans Paris le monarque indolent.
> (Boil.)

Ces syllabes traînantes, *tran*, *lent*, *naient*, *dans*, *narque*, peignent admirablement la nonchalance.

Le morceau suivant qui joint l'exemple au précepte, fera ressortir le mérite de l'harmonie imitative.

> Que le style soit doux lorsqu'un tendre zéphire
> A travers les forêts s'insinue et soupire.

Le bruit léger d'un feuillage agité par une douce brise est rendu sensible à l'oreille; harmonie imitative.

> Qu'il coule avec lenteur quand de petits ruisseaux
> Traînent languissamment leurs gémissantes eaux.

On croit voir ces eaux dormantes qui coulent sans bruit; harmonie descriptive.

> Mais le ciel en courroux, la mer pleine de rage
> Font-ils d'un bruit affreux retentir le rivage,
> Le vers comme un torrent en grondant doit marcher.

La répétition de la consonne *r* semble augmenter le fracas et la fureur des vagues; harmonie imitative.

> Qu'Ajax soulève et lance un énorme rocher,
> Le vers appesanti tombe avec cette masse.

Pouf! on a entendu tomber quelque chose en même temps que ce vers ; harmonie imitative.

> Voyez-vous des épis effleurant la surface
> Camille dans un champ qui court, vole et fend l'air,
> Le style suit Camille et part comme un éclair.

Le vers s'est relevé vivement, il sautille et bondit, c'est un coureur agile qu'on suit à peine de l'œil ; harmonie descriptive.

La langue française se prête à l'harmonie imitative. L'adresse de l'écrivain est d'employer les syllabes brèves dans les sujets légers, et les longues, lorsque l'action à exprimer est embarrasée et lente. Comme on l'a vu : *r*, en roulant dans la bouche, imite le fracas ; *s c*, peignent le sifflement.

La plupart des autres consonnes ont également des rapports d'harmonie imitative. Mais il faut convenir que ces rapports changent par l'union d'autres consonnes ou d'autres voyelles. Pour découvrir l'harmonie il faudra donc, le cas échéant, procéder par onomatopée, et voir quels rapports ont les syllabes avec les objets à dépeindre : *bra*, *cla*, *fra*, *gra*, etc., peindront un bruit effrayant. *Ci*, *ci*, *bi*, *gi*, *mi*, etc., rendront la douceur et l'agrément.

Bom, *tom*, *fon*, *don*, peuvent servir à faire entendre les sons éclatants.

Clic, *clac*, *cloc*, *croc*, expriment le choc de corps qui se brisent.

Ainsi du reste.

II. EUPHONIE.

L'euphonie cherche les tournures les plus

agréables à l'oreille. Elle évite la répétition des mêmes sons et rejette les mots durs et désagréables à entendre. Cette phrase :

Ton thé t'a-t-il ôté ta toux? est insupportable; si l'on était obligé de rendre cette idée, il faudrait presque changer tous ces mots, et dire par exemple : Le thé a-t-il guéri ton rhume?

L'euphonie consiste dans l'harmonie des mots entre eux, et son but est de flatter l'oreille. Cet organe est extrêmement délicat, et pour arriver jusqu'au cœur, l'écrivain ne doit employer que des expressions qui n'aient rien de rebutant.

Le défaut d'euphonie a mérité à l'un des plus célèbres poètes de nos jours l'épigramme suivante, par laquelle on a voulu caractériser ses hiatus répétés, ses inversions forcées et la dureté affectée de son style :

Où, ô Hu... nichera-t-on ton nom,
Justice enfin rendu que ne t'a-t'on?
Quand donc au corps qu'Académie on nomme
Grimperas-tu de roc en roc, rare homme?

III. VARIÉTÉ.

D'après ce que nous venons de dire il ne faut pas croire qu'on peut tout sacrifier dans le style à l'harmonie mécanique ou imitative, et à l'harmonie des mots. Il ne suffit pas, pour plaire, de rassembler des phrases douces à l'oreille, ou des syllabes qui en dépeignant les objets les font tomber sous nos sens. Un mérite non moins précieux c'est de savoir varier son style, pour empêcher l'ennui de s'emparer du lecteur. D'excellents auteurs ne sont pas exempts de cette uniformité disgracieuse. Delille a fait certainement des vers charmants qu'on cite comme modèles et qu'on admire en détail ; il est impossible pourtant de lire ses ouvrages pendant plusieurs heures consécutives, et pourquoi ? Parce que cette douceur de style est trop monotone et qu'elle dégénère en fadeur. Ouvrez au contraire Fénélon, Lafontaine, jamais le livre ne vous tombera des mains, parce qu'ils ont possédé le secret de varier leur style.

Soyez donc varié. Que vos écrits soient tantôt simples, tantôt relevés, ici lents, là rapides ; mélangez les expressions propres et le langage figuré ; recourez aux petites phrases après la période, et vous vous ferez lire et aimer.

Prenons un exemple dans les premières lignes de Télémaque.

« Calypso ne pouvait se consoler du départ d'Ulisse. Dans sa douleur elle se trouvait malheureuse d'être immortelle. Sa grotte ne résonnait plus de son chant. Les nymphes qui la servaient n'osaient lui parler. »

L'auteur eût très mal fait de ne faire qu'une période de ces quatre petites phrases. Cela était facile, il a préféré être simple et couper son style.

« Elle se promenait souvent seule sur les gazons fleuris dont un printemps éternel bordait son île ; mais ces beaux lieux ne faisaient que lui rappeler le triste souvenir d'Ulysse, qu'elle y avait vu tant de fois auprès d'elle. »

C'est bien là une période à deux membres et à deux incises. De simple et coupé, le style est devenu élégant et nombreux.

« Souvent elle demeurait immobile sur le rivage de la mer qu'elle arrosait de ses larmes ; et elle était tournée sans cesse vers le côté où le vaisseau d'Ulysse fendant les ondes avait disparu à ses yeux. »

Nouvelle période, mais le style fleuri a disparu, il est devenu moins animé et presque mélancolique.

Il faut varier non-seulement son style, mais encore la tournure des phrases. Au lieu de répéter invariablement les pronoms *je*, *il*, on tâche de changer souvent les nominatifs ou sujets des propositions. En agissant ainsi, on force presque la forme à se varier, et à se présenter à l'esprit sous un aspect toujours nouveau.

On a donné le nom de *convenances* à cet art de varier le style.

IV. INVERSIONS.

Un des meilleurs moyens de varier le style est de recourir à l'inversion, en prenant la précaution d'en bien choisir la place. Déjà nous avons appris en parlant de l'hyperbate à nous servir convenablement de l'inversion de mots; mais il s'agit ici de faire un pas de plus et d'apprendre à renverser l'ordre des idées. C'est un peu plus difficile, mais rien ne fait meilleur effet.

Je vois un serpent près de mon ami, je veux l'avertir du danger. Lui crierai-je? *Eloigne toi*, *voilà un serpent;* sans doute je suis l'ordre naturel dans mon esprit : car cet ordre me représente *la fuite* comme la première chose nécessaire, et *le serpent* comme le motif qui doit engager à fuir, mais pour mon ami, cet ordre n'est pas le même. Il faut que le danger lui soit montré avant la nécessité de fuire. Je dirai donc par inversion : *un serpent! fuis*; et le premier mot est à peine prononcé que mon ami joue des jambes et que je pourrais me dispenser d'ajouter, *fuis*.

Quand on possède un peu le génie de sa langue on reconnaît promptement les occasions où les inversions conviennent. On peut dire que ces occasions se présenteront toutes les fois que l'on pourra mettre avec grâce les actions les plus proches en première ligne, en plaçant pour ainsi dire dans l'ombre les actions plus éloignées. L'écrivain se comporte alors comme un peintre qui fait paraître sur le devant de son tableau les personnages principaux, et relègue sur les arrières-plans les personnages secondaires.

Nous allons nous aider par un exemple.

« Darius, un peu auparavant maître d'une puissante » armée, et qui s'était avancé au combat, élevé sur un » char, dans l'appareil d'un triomphateur plutôt que d'un » général, alors au travers des campagnes qu'il avait » remplies de ses innombrables bataillons, et qui n'of» fraient plus qu'une vaste solitude, *fuyait.* »

Cette phrase est traduite littéralement de Quinte-Curce. Telle qu'elle est, elle offre un remarquable exemple de suspension, et il est facile d'apercevoir l'art de l'écrivain qui fait un tableau magnifique de toute la puissance de Darius, pour offrir ensuite dans ce seul mot, *fuyait*, un contraste frappant de la grandeur et de l'infortune. L'écrivain peint avec pompe toute l'élévation du roi de Perse; il y a consacré six lignes, et pour peindre ses revers, il n'a qu'un mot. Il est impossible de ne pas sentir tout ce que cette manière de parler contient d'éloquent.

Mais Quinte-Curce a suivi le génie de la langue latine, qui diffère essentiellement de la nôtre, comment faire pour produire le même effet? Un élève ne s'en tirerait jamais sans l'étude des secrets de l'élocution.

Il ne faut point songer d'abord à conserver à la fin de la phrase le mot *fuyait*. Il est trop sec, trop nu et frappe peu. Le placer au milieu après *général*, serait la ressource d'un traducteur ordinaire, qui ne conserverait point en agissant ainsi au tableau de Quinte-Curce le contraste magique de deux pensées extrêmes, car après *fuyait*, viendrait *les innombrables bataillons* qui rappelleraient encore la puissance de Darius, et c'est ce qu'il faut soigneusement éviter.

Un traducteur moderne a réussi, au moyen de l'inversion, à conserver au grand tableau de l'historien latin sa physionomie sévère et grandiose. On va en juger :

« Dans une vaste solitude *fuyait* alors Darius, maître » naguères d'une puissante armée, et qui s'était avancé » au combat, élevé sur un char, moins dans l'appareil » d'un général que d'un triomphateur, couvrant les cam- » pagnes de ses innombrables bataillons. »

Remarquons d'abord qu'aucune idée n'a été écartée par l'écrivain, et qu'il a employé les mêmes mots que la traduction littérale. Il a séparé en deux parties la phrase ; une ligne peint la situation misérable de Darius, et quatre lignes sa grandeur tombée. Je crois qu'à tous égards ce dernier portrait est préférable au premier, c'est peindre en maître.

Une vaste solitude occupe tout le devant du

tableau. On y voit Darius qui fuit vaincu et malheureux. Il était maître d'une puissante armée et s'était avancé au combat sur un char de triomphe ; cette action est éloignée déjà et mise au deuxième plan ; enfin, en venant à la rencontre de l'ennemi il avait couvert les campagnes d'innombrables bataillons, et c'est une action plus éloignée encore que l'écrivain a su habilement placer dans l'ombre en la rejetant à la fin de la phrase.

Cet exemple exposé longuement, suffira aux jeunes gens pour leur démontrer la beauté d'une bonne inversion.

V. ALLIANCES DE MOTS.

On fait une alliance de mots quand on joint étroitement des expressions qui paraissent opposées et inconciliables, et qui présentent cependant une pensée très juste.

C'est ainsi que Racine a dit : *des mains saintement homicides.*

Dellile : *un effroi courageux.*

Corneille : *il aspire à descendre.*

Destouches : *la vanité à genoux.*

Voltaire : *des illustres ingrats.*

Quoi de plus opposé en apparence que l'effroi et le courage, la sainteté et l'homicide, la tendance à s'élever et l'action de descendre, la vanité et l'humilité, l'illustration et l'ingratitude. La réunion de ces idées fait un effet d'autant plus remarquable qu'il est plus imprévu, et forme des beautés neuves qu'il n'est pas donné à tout le monde de découvrir et encore moins de placer à propos.

VI. CHOIX DES EPITHÈTES.

L'*épithète* est un adjectif *qui relève le mérite* d'une idée déjà suffisamment exprimée.

Les élèves doivent surtout remarquer que l'épithète est faite pour *relever le mérite* d'une idée, en lui donnant plus de force, plus de grâce, plus de noblesse, plus d'élévation, ou quelque chose de plus fin, de plus délicat, de plus touchant, ou quelque singularité piquante, ou une couleur plus riante et plus vive, ou quelque trait de caractère plus sensible aux yeux de l'esprit. Si donc l'épithète ne vient qu'éclaircir, décider, circonscrire une idée confuse, incomplète, vague, elle ne mérite plus le nom d'épithète, ce n'est qu'un simple adjectif.

> Dans le réduit *obscur* d'une alcove *enfoncée*
> S'élève un lit de plume à *grands frais amassée.*
> (BOIL.)

Dans les trois mots en lettres italiques, il n'y a que deux épithètes. C'est 1° le mot *obscur*, il donne plus de singularité piquante à la position du lit : *enfoncée* explique pourquoi le réduit est obscur, et n'est qu'un adjectif. C'est, 2° *à grands frais amassée*. Ces mots donnent plus de prix à cette plume recherchée, qui se met dans des enveloppes de soie.

> Dans les champs de la Thrace un coursier *orgueilleux*,
> *Indocile, inquiet, plein d'un feu belliqueux.* (V.)

Orgueilleux est bien une épithète; ce mot ajoute plus d'énergie à la nature du coursier. Il en est de même : *d'indocile*, *inquiet*, *plein de feu* qui donnent au coursier plus d'indépendance et de vivacité ; mais *belliqueux* reste adjectif en précisant l'espèce de feu dont le coursier est animé.

> Comme un tigre *impitoyable*,
> Et sa rage *insatiable*. (Rous.)

Impitoyable ajoute peu au caractère bien connu du tigre ; insatiable ajoute encore moins à l'idée de la rage. Ces épithètes frisent l'adjectif et sont bien près d'être surabondantes.

> Et d'un peu d'aliment la découverte *heureuse*
> Etait l'unique but de leur recherche *affreuse*. (C.)

Heureuse, *affreuse* sont de vraies chevilles, ces mots n'ajoutent rien à l'idée de la découverte et de la recherche.

Qu'on se souvienne donc qu'une épithète qui ne contribue en rien à donner à la pensée plus de force, plus de grâce, plus de mouvement, est un mot parasite. Si vous voulez bien écrire, choisissez vos adjectifs avec discernement et n'en faites des épithètes qu'après avoir reconnu qu'ils peuvent donner quelque mérite de plus à vos idées.

VII. IMAGES.

Les *images*, dans le style, peignent les idées avec une telle vérité, qu'on croit avoir les choses sous les yeux. Quelquefois l'image est dans un mot ; mais le plus souvent elle est dans une description courte et vive.

« Vous ne serez plus à mes yeux qu'une forme aérienne

rehaussée d'azur, qu'un esprit céleste emportera dans les sphères de l'infini et à laquelle il dira : *ma sœur* ! » (G.)

L'image est dans ces mots : *ma sœur !* On croit voir une âme qui quitte son corps, s'élancer vers le ciel avec son ange gardien, converser avec lui, et cette idée devient plus sensible par la parole de l'ange.

Dans les vers suivants l'image est presque toute dans la description :

Des princes égorgés la chambre était remplie,
Un poignard à la main l'implacable Athalie,
Au carnage animait ses barbares soldats. (RAC.)

Le détail qui fait surtout image est dans les mots *un poignard à la main.* Ainsi c'est souvent une circonstance bien saisie, habilement exposée, qui concourt à rendre le style vivant et animé.

Le chagrin ne dure pas toujours, est une pensée qui semble peu prêter à l'image. Lafontaine a su la mettre sous les yeux dans ce vers charmant :

Sur les ailes du temps la tristesse s'envole

et ne semble-t-il pas que l'on voit un oiseau s'enfuyant à tire d'ailes ?

On dira de même :

La coupe de ses jours s'est brisée encore pleine,

pour : *il est mort à la fleur de son âge.*

Dans ces deux exemples, tous les mots de la description servent à former l'image.

Quand vous aurez à exprimer une idée ou un peu abstraite ou trop simple, quand vous voudrez donner de la vie à vos descriptions, tâchez de trouver le secret des images. Par elles on charme l'esprit, on intéresse le cœur, et on se fait lire avec plaisir.

VIII. PENSÉES.

« On donne comme par excellence le nom de *pensées* à celles qui sont énoncées dans une forme précise et sententieuse. Elles donnent de l'éclat au discours; mais c'est un des genres d'ornements qui ont le plus d'inconvénients et de dangers si l'on n'a pas soin d'en être sobre. Les pensées, les maximes, les sentences, ont un air d'autorité qui peut donner du poids au discours si l'on y met de la réserve, mais qui autrement montrent l'art à découvert. Elles sont voisines de la froideur, parce qu'elles supposent communément un esprit tranquille; aussi convient-il que l'orateur, et encore plus le poète, les tourne en sentiments le plus qu'il est possible. Il est plus facile de communiquer ce qu'on sent, que de persuader ce qu'on pense. De plus, ces sortes de pensées ont un brillant qui leur est propre, et si elles reviennent fréquemment, elles détournent trop l'attention du but principal, et paraissent en quelque sorte détachées du reste de l'ouvrage. Or, l'orateur et le poète doivent toujours songer à l'effet total. C'est à quoi ne pensent pas ceux qui ont la dangereuse prétention de tourner toutes leurs phrases en maximes. Plus cette forme est imposante, plus il faut la réserver pour ce qui mérite d'en être revêtu. Celui qui cherche trop les pensées, risque de s'en permettre beaucoup de communes, de forcées, de fausses même; car rien n'est si près de l'erreur que les généralités. D'ailleurs, on ne peut pas avoir, dit fort bien Quintilien, autant de traits saillans qu'il y a de fins de phrases ; et quand on veut les terminer toutes d'une manière piquante, on s'expose à des chûtes puériles. Ajoutez que cette manière d'écrire coupe et hâche en petites parties le discours, qui, surtout dans l'éloquence, doit former un tissu plus ou moins suivi ; que ces traits répétés éclairent moins qu'ils n'éblouissent, parce qu'ils ressemblent plus aux étincelles qu'à la lumière, et qu'enfin plus ils sont agréables en eux-mêmes, plus la profusion en est à craindre, parce que les impressions vives sont plus près que les autres de la satiété. »

La Harpe donne ici l'exemple et le précepte ; je n'ai rien à ajouter à ce langage du maître. Mais ce n'est pas le seul genre de pensées que je veux faire remarquer aux élèves. Il est d'autres pensées qui ont des formes douces et pleines d'urbanité, quand elles sont exprimées avec grâce. Telles sont les pensées *fine*, *naïve*, *délicate* et *badine*.

PENSÉE FINE.

La *finesse* consiste dans l'art de s'emparer d'une pensée ordinaire, et de lui donner une tournure qui semble présenter un autre sens. On n'exprime pas alors directement sa pensée, mais on la laisse aisément apercevoir. C'est surtout quand on veut louer adroitement qu'il y a un mérite réel à bien exprimer une pensée fine.

Il semble qu'on choque les convenances par des éloges trop peu voilés. Ce n'est pas que l'homme n'aime la louange, mais il ne goûte vivement que celle qui est apprêtée avec une telle adresse qu'on aurait mauvaise grâce à la repousser.

Si Boileau avait dit à Louis XIV : *Tous vos généraux sont des Achilles, il ne vous faut qu'une minute pour prendre une ville*, l'hyperbole aurait révolté par son inconvenance; il s'est exprimé finement en donnant un tour plein de charme à ces pensées :

> Dieu sait comme les vers chez vous s'en vont couler !
> Dit d'abord un ami qui veut me cajoler,
> Et dans ce temps guerrier, *si fécond en Achilles*,
> *Croit que l'on fait des vers comme l'on prend des villes.*

Le poète a exprimé avec finesse cette même pensée dans cet autre vers :

> Grand Roi cesse de vaincre ou je cesse d'écrire.

PENSÉE DÉLICATE.

La *délicatesse* est la finesse du sentiment, tandis que la finesse est la délicatesse de l'esprit. Pour produire la délicatesse il faut que le cœur parle.

Andromaque alarmée de ne point voir son jeune fils, en demande des nouvelles à Pyrrhus, mais au lieu de dire : *je désire le voir*, ce qui eut été une pensée naturelle, trop simplement exprimée, elle y ajoute une délicatesse de sentiment qui a quelque chose de touchant :

« Je ne l'ai point encore embrassé d'aujourd'hui » dit-elle, et cette tournure fait partager au lecteur les angoisses de la pauvre veuve.

PENSÉE NAÏVE.

La *naïveté* joint ordinairement l'ingénu au plaisant; elle provoque le sourire, mais elle s'étend à tout ce qui est simple et vrai en même temps. Sous ce dernier rapport, les paroles précédentes d'Andromaque renferment une pensée naïve autant que délicate.

L'exemple suivant fera connaître la naïveté plaisante.

> Un vieil ivrogne ayant trop bu d'un coup,
> Même de deux, tomba contre une borne;
> Le choc fut rude, il resta sous le coup
> Presque assommé, l'œil hagard et l'air morne.
> Un savetier de près le regardant
> Tâtait son pouls et lui tirant la manche :
> Las, ce que c'est que de nous, cependant!
> Voilà l'état où je serai dimanche.

On ne doit pas chercher les pensées naïves, elles naissent d'elles-mêmes et sans effort; mais on peut choisir avec art la tournure qui rendra la naïveté plus saillante.

PENSÉE BADINE.

Le *badinage* dans l'expression réussit à faire d'une pensée trop sévère, une pensée piquante et enjouée.

Les poètes sont des menteurs, sera une pensée vraie quand il s'agira de fictions littéraires, mais dans certains cas elle sera injurieuse. Alors on n'oserait pas l'exprimer. Lafontaine en a fait une pensée badine, dans un vers qui passerait en toute occasion :

> Le mensonge et les vers de tout temps sont amis.

Dans tous ces exemples c'est l'expression qui

est le secret à trouver. C'est elle qui métamorphose les pensées sèches en pensées gracieuses ; éloigne l'odieux, la dureté et l'affectation ; fait aimer le vrai, le naturel, en un mot produit la *grâce du style*, tout en conservant l'austérité nécessaire à la pensée.

IX. TRANSITIONS.

Quand on a rassemblé ses idées, et qu'on les a disposées suivant les règles de l'art, il faut les lier l'une à l'autre, afin d'en faire un ensemble solide. On se sert pour cela des transitions, en recourant soit aux expressions seules, soit à certaines tournures adroites, soit enfin aux pensées elles-mêmes.

La transition qui ne se sert que de l'expression se nomme transition ordinaire ; elle est peu harmonieuse et se montre trop à découvert. — *Passons à tel objet.* — *Il nous reste à parler de telle chose.* — *Mais nous avons encore à examiner tel point*, etc. Toutes ces formules et une foule d'autres semblables sont des transitions qu'aperçoit l'esprit le moins exercé.

La transition est figurée, lorsquelle est formée par une figure habilement préparée. S'il s'agit par exemple d'unir deux idées opposées, l'orateur a recours à la correction : *Mais que dis-je?* — A la dubitation? *mais dois-je chercher là mes preuves?* — A la prolepse : *mais, me direz-vous, j'ai telle chose à vous opposer*, etc. La figure, comme on le remarque, couvre la transition et celle-ci acquiert alors un mérite réel, c'est de rester cachée.

La transition oratoire qui se déguise sous les pensées est la plus belle de ces trois sortes de transitions. Il est difficile de l'apercevoir ; souvent elle ne se trahit que par un mot jeté comme au hasard.

Brydaine, célèbre prédicateur, accoutumé à évangéliser les peuples des campagnes, se trouve en présence d'une foule de grands seigneurs ; il sent la nécessité d'expliquer en quelques mots sa position devant ce nouvel auditoire, afin de l'amener à entendre tout aussi bien que les pauvres les vérités de la religion. Il réussit par d'admirables transitions.

« A la vue d'un auditoire si nouveau pour moi, *il semble*, mes frères, *que je ne devrais* ouvrir la bouche que pour vous demander grâce en faveur d'un pauvre missionnaire dépourvu de tous les talents que vous exigez, quand on vient vous parler de votre salut. »

Il semble que je ne devrais est déjà une préparation à la transition qui va suivre. Ces mots font attendre autre chose.

« J'éprouve *cependant* un sentiment bien différent ; *et si je suis humilié*, gardez vous de croire que je m'abaisse aux misérables inquiétudes de la vanité. A Dieu ne plaise qu'un ministre du ciel pense jamais avoir besoin d'excuse auprès de vous : *car qui que vous soyez*, *vous n'êtes*, *comme moi, que des pécheurs.* »

Cependant lie la phrase à celle qui précède. *Si je suis humilié* prépare cette situation où vont se trouver l'orateur et les auditeurs, l'égalité devant Dieu. Cette situation se dessine à ces mots : *car*, *qui que vous soyez*, et se peint entière dans la phrase suivante :

« C'est devant votre Dieu et le mien que je me sens pressé en ce moment de frapper ma poitrine ; *jusqu'à pré-*

sent, j'ai publié les justices du Très-Haut dans des temples couverts de chaume; j'ai prêché les rigueurs de la pénitence à des infortunés qui manquaient de pain, j'ai annoncé aux bons habitants des campagnes les vérités les plus effrayantes de la religion. »

Jusqu'à présent annonce un nouvel ordre d'idées; on entend l'orateur dire ce qu'il a fait, naturellement il va dire ce qu'il fera.

« *Qu'ai-je fait, malheureux* ? J'ai contristé les pauvres, les meilleurs amis de mon Dieu; j'ai porté la douleur et l'épouvante dans ces âmes simples et fidèles, que j'aurais dû plaindre et consoler. »

Qu'ai-je fait, malheureux ! n'est pas seulement une apostrophe effrayante que l'orateur s'adresse et à laquelle l'auditeur était loin de s'attendre. C'est encore une transition magnifique : car il est clair que puisque l'orateur a eu tort de contrister les pauvres, c'est dans l'âme des riches qu'il va porter la douleur.

« *C'est ici* que mes regards ne tombent que sur des grands... Ah ! c'est ici.... »

Voilà l'orateur dans son sujet, il peut parler maintenant à tous ces seigneurs de l'éternité ! Il est facile de remarquer d'après cet exemple l'art des transitions. Elles ne sont jamais plus belles que lorsqu'on ne les voit pas, selon le précepte de Boileau :

Dans les transitions la muse toujours sage,
Sait cacher au lecteur le moment du passage.

MOYENS DE DÉCOUVRIR LES SECRETS DU STYLE OU DE L'ANALYSE LITTÉRAIRE.

L'analyse, que nous nommerons aussi *décomposition*, consiste à examiner séparément les éléments constitutifs du discours, soit dans l'éloquence écrite, soit dans l'éloquence parlée.

Elle aide à dépouiller les ouvrages de leurs ornements, de leur éclat. Par elle on voit l'art à découvert, on apprend à raisonner, et autant qu'il est possible de le faire dans la jeunesse, à *inventer* et à *disposer*. Par elle encore on remarque les beautés des compositions. Ainsi l'on détruit pour voir des merveilles cachées. Mais en même temps l'on découvre les expressions faibles, les tournures languissantes, les mauvaises figures : car tout n'est pas parfait dans un auteur, quelque bon qu'il soit. Il est facile de voir que cet exercice est d'une importance très grande, c'est en effet l'analyse qui a créé la Rhétorique.

L'analyse est de deux sortes. La première considère la forme, et fait distinguer les figures et tous les ornements du discours. Si l'élève a bien compris tout ce qui précède, ce genre d'analyse lui deviendra bientôt familier.

Le second genre d'analyse a pour objet le fond des choses, c'est-à-dire, l'invention du sujet, la disposition et le raisonnement qui les expose. Elle nous montre la charpente d'une composition dépouillée préalablement de tous ses ornements. Ce genre est plus difficile que le premier ; mais il est tout aussi important pour les progrès.

On ne peut analyser le fond d'un discours sans le secours de quelques notions de logique. Disons donc un mot de cette science, considérée comme moyen d'analyse.

LOGIQUE.

La *logique* est la science qui enseigne à penser juste, à raisonner avec méthode.

Elle se produit sous trois formes principales : le syllogisme, l'entymême et le dilemme.

SYLLOGISME.

Le *syllogisme* renferme trois propositions. La première ou *majeure*, est ordinairement l'énonciation d'une vérité reconnue, qu'on ne peut refuser d'admettre. La seconde ou *mineure*, expose la pensée sujette à contestation et qu'il faut prouver, si elle est niée. Ces deux premières propositions sont nommées aussi *prémisses*. Quand les prémisses sont avouées, la troisième proposition ou *conséquence*, celle qui contient la vérité qui fait l'objet du syllogisme est forcée, incontestable.

Pour prouver à un impie qu'il faut aimer la vertu, on se servirait du syllogisme suivant :

Majeure. — Il faut aimer tout ce qui nous rend heureux.
Mineure. — *Or*, la vertu nous rend heureux.
Conséquence. — *Donc* il faut aimer la vertu.

La majeure est évidente ; pour un impie la mineure est contestable ; il faudra la prouver. On pourra dire :

Majeure. — Tout ce qui satisfait le cœur rend heureux.
Mineure. — Or, la vertu satisfait le cœur.
Conséquence. — Donc la vertu rend heureux.

On remarque que cette dernière conséquence est la mineure du syllogisme précédent ; c'est par une suite de syllogismes semblables qu'on arrive à prouver avec la dernière évidence les principes les plus contestés.

ENTHYMÊME.

L'entymême est un syllogisme abrégé. C'est la majeure ou la mineure avec la conséquence. Ainsi on peut dire indifféremment, ou en sous-entendant la mineure :

Il faut aimer tout ce qui nous rend heureux,
Donc il faut aimer la vertu.

Ou bien, en sous-entendant la majeure :

La vertu nous rend heureux,
Donc il faut l'aimer.

Cette forme de raisonnement est plus rapide que le syllogisme et tout aussi claire.

DILEMME.

Le *dilemme* est une arme à deux tranchants; il repose sur une alternative qui ne laisse point de milieu, et ses conséquences particulières ne peuvent être combattues; il contient deux ou plusieurs propositions différentes dont on laisse le choix à l'adversaire, de telle sorte que quoiqu'il accorde, la conclusion tourne contre lui.

Je veux prouver à un philosophe qu'il faut s'inquiéter du sort qui nous attend après la mort. Je lui pose ce dilemme :

Ou notre âme est immortelle ou elle ne l'est pas. Si elle est immortelle, vous devez vous inquiéter de son sort futur; si elle ne l'est point, rien ne vous distingue de la brute. La première conséquence prouve ma thèse, la seconde effraie le philosophe, et quoiqu'il choisisse il est obligé d'être d'accord avec moi.

Ces trois sortes d'arguments ne se présentent jamais dans le style sous ces dehors arides ; on donne à chaque proposition les développements convenables ; mais avec un peu d'attention, on les a bientôt découverts. Ainsi ces vers :

Dans le stérile espoir d'une gloire incertaine
L'homme livre en passant au courant qui l'entraîne,
Un nom de jour en jour en sa course affaibli ;
De ce brillant débris le flot du temps se joue,
De siècle en siècle il flotte, il avance, il échoue,
Dans les abîmes de l'oubli. (L.)

peuvent être ramenés au syllogisme suivant, malgré la forme brillante qui cache le raisonnement :

Tout ce qui s'éloigne toujours finit par disparaître. Or, par la marche des siècles le nom de l'homme s'éloigne. Donc, il finit par disparaître (s'oublier).

En procédant ainsi par voie de raisonnement, l'on est sûr de rencontrer les *sophismes* ou arguments faux, malgré tout le coloris jeté habilement sur la pensée.

Les procédés d'analyse ne doivent point effrayer les élèves. Ils sont simples par eux-mêmes ; d'ailleurs je les aiderai par des questions qui leur épargneront les premières recherches. Une fois accoutumés au mécanisme de décomposition, ils deviendront rapidement habiles.

Je suppose qu'il faille analyser ces vers de Racine :

Celui qui met un frein à la fureur des flots
Sait aussi des méchants arrêter les complots,

Soumis avec respect à sa volonté sainte
Je crains Dieu, cher Abner et n'ai point d'autre crainte.

On commencera par examiner la forme.

1° Le dernier vers contient une figure grammaticale ; la répétition *je crains* et *crainte* ajoute une plus grande élévation à l'intrépidité de l'homme qui ne craint que Dieu.

2° Il y a deux métaphores dans le premier vers : *mettre un frein à la fureur, fureur des flots*, et une hyperbate dans le second : *des méchants les complots.*

3° Deux figures de pensées se remarquent dans les quatre vers ; le premier contient une belle périphrase du mot *Dieu*, et dans les deux derniers on voit une inversion qui a pour but de placer la soumission à la volonté de Dieu avant la crainte qu'il inspire.

On comprend qu'il serait impossible d'entrer dans un pareil détail s'il s'agissait d'un morceau un peu étendu. On se contenterait d'indiquer les figures principales et les ornements les plus saillants. Enfin, on scrutera le fond.

On reconnaîtra d'abord que sous la simplicité de l'expression se cache une pensée majestueuse ; c'est ordinairement ce qui arrive quand on parle dignement des choses saintes.

On verra ensuite que ces vers contiennent l'enthymême suivant :

Je suis soumis à la volonté de Dieu.

Donc je ne dois point craindre les méchants, en sous-entendant cette majeure : celui qui est soumis à la volonté de Dieu ne doit point craindre les méchants.

Existe-t-il une méthode pour décomposer ?

Sans doute : il est plus facile en toutes choses d'abattre que d'édifier ; nous pourrions même nous passer de principes, mais nous devons tout faire avec régularité. 1° Commençons par lire notre matière d'un bout à l'autre afin d'en voir l'effet ; 2° revenons au commencement, et notons sur une feuille blanche les ornements qui nous frapperont le plus ; 3° rassemblons-les suivant leur nature, c'est-à-dire mettons les métaphores ensemble, les antithèses ensemble, etc. ; 4° ce travail préliminaire achevé, écrivons en commençant par les beautés d'un ordre moins relevé ; qu'un paragraphe, si court qu'il soit, sépare avec soin chaque remarque ; 5° pour nous aider dans notre style, ne craignons pas tantôt de répéter les expressions de l'auteur en les soulignant ; tantôt de dire les mêmes choses à notre manière ; 6° quand on ne peut rendre exactement sa pensée, ou qu'il faudrait, pour le faire, un certain développement, servons-nous à propos d'une exclamation ou interrogation admirative : *Peut-on parler plus éloquemment ? Quelle gracieuse image !* Il ne faut pas prodiguer ces formules ; elles sentent la pauvreté.

Nous sommes déjà venus à bout de la forme. Voyons le fond : 1° examinons s'il y a lieu l'invention, le sujet est-il intéressant, vraisemblable, moral ? Emettons notre avis ; 2° la disposition dessine-t-elle nettement ses diverses parties ? Disons où chacune commence ou finit ; 3° élaguons tous les ornements et voyons la pensée de l'auteur dans sa plus grande simplicité ; à cet effet tâchons en une ou deux phrases de mettre tout le morceau : 4° arrêtons-nous là, et pour voir l'effet de notre travail, relisons-le d'un seul trait d'un bout à l'autre ; 5° enfin corrigeons, effaçons au besoin, pour rendre notre œuvre moins languissante, plus agréable, élégante même, si nous le pouvons.

Tout cela est dit indépendamment des remarques particulières qu'exige la décomposition de tel ou tel genre. On les trouvera chacune en la place qui lui convient.

DÉFAUTS OPPOSÉS A L'ORNEMENT.

Il est facile de deviner, d'après tout ce que nous venons de voir, quels sont les défauts opposés à l'ornement. On peut dire en général que tout ce qui n'est pas convenablement exprimé nuit à la beauté du style ; mais il y a certaines imperfections qui choquent plus particulièrement. Nous allons nous contenter de les définir en quelques mots.

Le trivial. — On est trivial quand on se sert de pensées et d'expressions rebattues et devenues trop communes à force d'être répétées. Comparer un homme en colère à un lion, est une figure triviale, parce qu'elle a déjà été employée de toutes les manières et sous toutes les formes. Il faudrait un grand talent d'expressions pour la rendre neuve et acceptable.

Le bas. — C'est tout ce qui manque d'élévation, de dignité, de convenance. La bassesse de l'expression n'est que de convention : car tel mot qui autrefois a été convenable peut être aujourd'hui regardé comme bas ; il faut sur ce point consulter l'usage et le goût. Remarquons qu'une pensée basse peut être relevée par la noblesse de l'expression ; un sentiment dégradant exprimé éloquemment peut nous toucher et nous attendrir ; mais, chose remarquable, une oreille délicate ne pardonne jamais à la bassesse de l'expression. Delille n'ose pas faire entrer dans un vers le mot *porc* ; il fait une périphrase et dit heureusement,

L'animal qui se nourrit de glands.

L'IGNOBLE. — Les pensées sont ignobles quand elles blessent la vertu, la vérité, la justice, par la préférence accordée sur elles à tout autre objet ; le style est ignoble quand les expressions, les idées, les comparaisons sont empruntées d'objets vils et populaires.

LE DISPARATE. — Il a lieu quand les idées comparées sont entr'elles sans aucun rapport, ou quand le style est d'une inégalité choquante. Il y aurait disparate dans le discours d'un homme qui s'interromperait au milieu d'une dissertation sur les antiquités de Rome, pour parler d'un tout autre sujet.

LE FORCÉ. — Le style est forcé quand on emploie mal les figures, quand on les multiplie sans nécessité et sans motif. La pensée est forcée quand elle est recherchée et qu'elle manque de grâce, d'aisance et de naturel.

LE MAUVAIS CHOIX D'ÉPITHÈTES. — Accumuler une série d'adjectifs qui n'ajoutent rien au substantif, les entasser pêle-mêle soit pour flatter l'oreille, soit pour servir à la rime, c'est nuire gravement à la beauté de son style.

LA DURETÉ. — Elle est opposée plus particulièrement à l'euphonie. Les vers cités à cet article (page 166) sont un exemple remarquable de dureté.

La sécheresse. — Rejeter toutes espèces d'ornements, renoncer aux figures, même les plus naturelles, vouloir toujours être d'une simplicité nue, sans se soucier de l'agrément de la diction, c'est être sec dans l'expression. N'offrir que des idées principales, des traits généraux, écarter toutes idées accessoires qui pourraient rendre un récit intéressant, c'est être sec dans la pensée.

Quolibets. — Les pointes et jeux de mots, loin de contribuer à l'ornement, comme les jeunes gens le croient communément, défigurent le plus beau style. Il faut toutefois excepter le cas où le naturel s'accorde avec la langue pour égayer le lecteur.

Quand Philinte s'est écrié en parlant d'un sonnet :

> La chute en est jolie, amoureuse, admirable,

Le misantrophe lui répond :

> Peste soit de ta chute, empoisonneur au diable,
> En eusses-tu fait une à te casser le nez.

et fait un jeu de mots qui paraît excellent parce qu'il est si naturel qu'il échappe comme par inadvertance à un homme en colère.

L'enflure. — On est enflé quand on affecte d'être grand, noble, pathétique dans le style ou la pensée.

On distingue deux sortes d'enflures : l'une consiste dans des pensées simples et vulgaires qu'un esprit faux s'efforce de rendre grandes et pompeuses; l'autre est le sublime outré, ou ce que les critiques appellent le gigantesque.

Le boursouflé, l'ampoulé, l'emphatique. — Trois défauts de même espèce indiquant en général tout ce qui est outré dans l'expression, et particulièrement : *Le boursouflé*, les tournures pompeuses qui ne conviennent pas au sujet; *l'ampoulé* les expressions grandioses qui cachent de minces idées; *l'emphatique*, les images gigantesques disproportionnées aux pensées.

Le style *boursouflé* est celui des déclamateurs.

Le style *ampoulé*, celui des charlatans.

Le style *emphatique*, celui des enthousiastes.

La déclamation. — On nomme déclamateurs les orateurs qui ont le malheur de tomber dans les défauts précédents et dans l'enflure. Ce sont les écrivains pauvres et faibles de pensées, bruyants et chaleureux d'expressions.

Le peuple est trop heureux quand il meurt pour ses rois.

Ce vers est pure déclamation. L'expression *trop heureux* est outrée. Le peuple trouverait plus de bonheur à vaincre et à vivre pour la cause de ses rois.

L'amplification. — On tombe dans l'amplification quand on étend trop ses pensées, soit qu'on se méfie de l'intelligence du lecteur, soit qu'on s'exagère l'importance du sujet que l'on traite. On contracte ce défaut également en allongeant inutilement les périodes, les périphrases et les expressions suffisamment claires. Il est inutile de faire remarquer qu'en Rhétorique le mot *amplification* n'est pas toujours pris en mauvaise part. C'est même le mot propre pour désigner le remplissage des canevas qu'on donne aux élèves. Nous nous servirons toutefois du mot *composition* pour indiquer les canevas à travailler, par opposition à *décomposition* qui indiquera les morceaux à analyser.

Pour finir ce livre, nous allons examiner en peu de mots les genres principaux de style et tracer s'il est possible une méthode pour écrire.

Les sortes de style qu'on rencontre le plus souvent sont : LE CONCIS, L'ABONDANT, LE GRAVE, LE VÉHÉMENT, LE SIMPLE, LE FAMILIER, LE COMIQUE OU GROTESQUE, L'ÉLÉGANT, LE FLEURI, et dans certains auteurs modernes, LE ROMANTIQUE. Nous ne dirons qu'un mot de chacun.

STYLE CONCIS, STYLE ABONDANT. — Ce sont les deux extrêmes. Le premier est le style du philosophe, le second celui de l'orateur, du poète. Corneille parlant des chrétiens, a dit en STYLE CONCIS :

Ils font des vœux pour nous qui les persécutons.

Racine a exprimé la même pensée EN STYLE ABONDANT :

Adorant dans leurs fers le Dieu qui les châtie
Tandis que votre main sur eux appesantie,
A leurs persécuteurs les livrait sans secours,
Ils conjuraient ce Dieu de veiller sur vos jours,
De rompre des méchants les trâmes criminelles
De mettre votre trône à l'ombre de ses ailes.

STYLE GRAVE. — C'est celui du moraliste, de l'historien ; il raisonne, discute, et enchaîne les pensées par des transitions habiles ; l'orateur y a recours quand il veut convaincre.

STYLE VÉHÉMENT. — Il court avec rapidité, néglige quelquefois l'enchaînement des idées, il parle aux passions. La tragédie et l'éloquence pathétique l'emploient de préférence.

Style simple. — Peu d'ornements, point de tournures affectées, de claires et simples phrases et non des périodes, expressions propres, recherche solide du fond, abandon de la forme, le tout combiné de manière à ne point tomber dans la négligence, tel est le style simple.

Style familier. — C'est la fleur du langage populaire, l'éloignement de tout ce qui est trivial, le choix de tout ce qui est piquant, le triomphe de la métaphore, de la périphrase pittoresque et des figures à effet original, la place naturelle des proverbes et réflexions naïves ou malicieuses. On ne l'emploie que dans la lettre familière, la fable et la narration badine.

Quand on en bannit tout ce qui prête à la gaieté, on le rend familier-noble.

Style comique ou grotesque. — C'est le dernier degré où il soit permis de faire descendre le style. Le *familier* provoque le sourire, le grotesque la gaieté folle. On est alors bien près du *burlesque,* et il faut prendre garde d'y tomber.

Style élégant. — Eviter la trop grande simplicité, orner sa pensée par d'heureuses figures et de belles images, rendre ses phrases harmonieuses sans aller pourtant toujours à la période, c'est écrire comme la plupart de nos bons auteurs, en style élégant.

Style fleuri. — Le style élégant fait ressortir et développe des pensées intéressantes; c'est là son but et l'ornement n'est qu'un accessoire. Le style fleuri parle peu à la raison, il s'occupe des grâces du langage avant tout; il multiplie les épithètes, il cadence la forme des phrases.

C'est un vêtement de grand seigneur jeté sur un bon bourgeois.

Style romantique. — Voici un style inconnu n'aguère et qui commence à devenir en vogue. Malheureusement ses adeptes sont loin d'égaler ses créateurs, de Châteaubriant et MM. de Lamartine et Victor Hugo. Ses sources sont des plus respectables, c'est la religion, la philosophie, le sentiment intérieur et tout ce qui peut nous porter au bien en développant les mouvements du cœur. Pour faire place à ces nouvelles idées d'inspiration, le style romantique a repoussé les faux Dieux et toute la mythologie des anciens. Jusque-là c'est bien, mais que l'exécution est difficile ! Ne risque-t-on pas de se perdre dans les nuages, de vivre dans un air vaporeux où la nourriture (la pensée) est trop rare ? Comment l'homme qui juge plutôt par ses sens que par son cœur s'accoutumera-t-il à ne plus voir ces formes sensibles, qui gravent si bien les objets en son âme. Telle est cependant la prétention du style romantique. S'il réussit quelquefois, on peut toujours dire qu'en général il n'offrira que ténèbres et phébus pour le commun des lecteurs.

Pour le style romantique, la régularité est de la froideur ; les images, l'imagination, les beautés de la nature sont peu de chose. Il lui faut les mouvements capricieux, les élans mystérieux, les sentiments, les rêveries, les beautés idéales, les idées aériennes. C'est beau, mais c'est difficile ; et jamais je ne me résoudrai à dire à un élève d'écrire ainsi : car le plus grand nombre des écrivains qui font usage du style romantique le vouent plutôt au ridicule qu'à l'admiration.

Il me semble qu'en abandonnant la mythologie païenne pour les idées et la poésie de la religion chrétienne, et en bannissant en même temps tout ce qui est subtil, vaporeux, mélancolique, sans forme déterminée, on réussirait à composer un style mixte, tenant du classique et du romantique, et qui satisferait les progrès du goût et le sentiment religieux. C'est une idée que je livre à la méditation des maîtres.

Celui qui, avant d'écrire, aura médité son sujet, sera doué d'une élocution abondante et facile, et quelquefois il pourra se dispenser de revoir son travail et s'en tenir au premier jet; mais le plus souvent il faudra qu'il revienne sur ce qu'il a fait, qu'il compare de nouvelles tournures aux premières adoptées; qu'il examine les effets d'arrangements et la cadence des phrases, et qu'il décide enfin, en appelant le goût à son aide, quelle est la manière la plus propre à rendre élégamment sa pensée. C'est là un travail secondaire, si l'on veut, mais dont l'importance n'est point contestable, et pour le bien faire, on doit se souvenir que les mots doivent obéir à la pensée, et que celle-ci ne doit dans aucun cas être l'esclave des mots.

Réfléchissons à la nature des mouvements de l'âme, et nous saurons bientôt quelle sorte d'élocution doit les exprimer avec plus de convenance. Pour déterminer quelques-uns de ces mouvements, nous dirons d'après le Père Cérutti :

L'admiration entasse les hyperboles emphatiques, les parallèles flatteurs.

La haine, *la vengeance* emploient l'ironie, le reproche et la menace.

L'envie qui brûle de se satisfaire et qui rougit de se montrer, cache le dépit sous le dédain, prélude à la satire par l'éloge.

L'orgueil provoque, défie, insulte.

La crainte tremble, invoque.

La reconnaissance sourit, remercie, adore.

La douleur a l'accent saccadé, rompu, une marche chancelante; elle égare ses pensées; son expression est comme abattue.

Le plaisir (*la joie vive*) bondit, pétille, éclate, se rit des obstacles et de l'avenir, se joue des règles et du temps, s'évapore en saillies, écarte les réflexions, appelle les sentiments.

La joie douce a des traits moins vifs et plus touchants, un épanouissement moins subit et plus durable, moins de paroles et plus d'expression.

La mélancolie se plait à rassembler autour d'elle les images funestes, les tristes souvenirs, les noirs pressentiments.

L'espérance s'exprime par des soupirs ardents, par des vœux répétés, par l'invocation de la protection divine.

Le désespoir garde un morne silence qu'il ne rompt que par des imprécations lancées contre la nature entière; dans sa fureur il regrette, il invoque le néant.

Ainsi du reste. C'est en examinant comment se comportent les passions qu'on leur prête une élocution digne des circonstances et à la hauteur des mouvements qui naissent dans notre âme.

Peut-on tracer une méthode sûre pour bien

écrire. Si tous les esprits se ressemblaient, cela serait hors de doute. Mais comme rien n'est plus faux que cette supposition, et qu'au contraire chaque homme a sa trempe d'esprit comme sa physionomie particulière, il s'en suit que les règles générales sont presque inutiles.

Je ne conseillerais pas certaines manières par lesquelles de grands écrivains ont aidé leur élocution. Buffon, pour écrire, s'habillait avec magnificence; un autre auteur montait sur un échafaudage touchant le plafond de sa chambre, où il fallait monter par une échelle; un troisième s'accroupissait. Tel autre montait sur un toit; tel autre n'écrivait que la nuit; j'en connais qui ne peuvent tracer un mot, si leur chambre n'est dans le plus grand désordre, et couverte de livres ouverts; je pourrais même nommer un auteur pieux non-seulement dans ses écrits, mais encore dans sa conduite, qui s'énivre de tabac et trace ses plus belles pages au milieu d'une atmosphère suffocante. Ces moyens divers sont purement mécaniques; il faut les abandonner entièrement aux natures exceptionnelles qui s'en accommodent.

Je recommanderai de préférence aux élèves : 1° d'avoir leur pupître dans un état parfait de propreté et d'ordre afin que rien ne puisse distraire leur attention; 2° de se recueillir devant leur canevas comme devant une chose importante et difficile; 3° de noter sur une feuille blanche les idées de développement qui leur viennent pendant ce recueillement; 4° de parcourir ainsi en esprit toute leur matière; 5° d'examiner les idées qu'ils auront notées, et si quelques-unes sont faibles, de les effacer d'un trait de plume; 6° de revenir au commencement et de prendre la plume; d'essayer une phrase, de la relire, de la corriger s'il est nécessaire; 7° de passer à la seconde phrase après cet examen, en employant une transition si le cas se présente, et d'user des mêmes procédés que pour la première; 8° de relire toutes les phrases précédentes avant de passer à la troisième, et d'avancer ainsi successivement; 9° enfin, la matière étant épuisée, de relire tout leur travail et d'y mettre la dernière main.

Si dans le cours de la composition l'esprit se détend et que l'aridité des pensées vous désespère, *ne perdez pas votre temps en voulant écrire malgré Minerve.* Prenez un livre de votre goût, lisez quelque beau passage; cela éveillera votre talent qui sommeille et vous retrouverez bientôt vos inspirations.

C'est en agissant ainsi qu'on met en pratique le précepte de Boileau :

> Vingt fois sur le métier remettez votre ouvrage,
> Polissez-le sans cesse et le repolissez,
> Ajoutez quelquefois et souvent effacez.

DEUXIÈME PARTIE.

PRÉCEPTES DES GENRES.

Nous réduirons en trois chapitres ce qu'on peut dire des genres divers de composition. Nous parlerons 1° de la Lettre, 2° de la Narration, 3° du Discours.

CHAPITRE PREMIER.

DE LA LETTRE.

Observations préliminaires.

Le genre épistolaire est le genre de composition où il est le plus facile de réussir, mais peut-être celui où l'on excelle le moins. Les bons auteurs épistolaires se comptent dans notre littérature, et la liste en est courte. A leur tête est Mme de Sévigné, qui, sans le vouloir, nous a donné un recueil charmant et jusqu'à présent inimitable; les lettres de Mme de Grignan, sa fille, et de Mme de Simiane, sa petite-fille, sont moins estimées. Celles de Mme de Maintenon sont austères et un peu étudiées. On peut citer encore Mme du Deffand, Mlle Lespinasse, MM[mes] de Lafayette, de Villars, de Tencin, et c'est presque tout.

On voit que la palme du genre a été conquise par les femmes. Aucun homme ne s'y est montré supérieur. Voltaire, Racine, Marmontel, Fénélon, Clément XIV se font lire, mais leur travail sent l'étude; l'esprit y perce partout et détruit la perfection.

Je ne veux point parler ici de ces lettres, fort estimées d'ailleurs, qui sont tout entières à l'adresse du public : de la lettre, elles n'ont que le nom. Sous forme épistolaire, on traite de morale, de philosophie, de littérature, de points d'histoire, etc., et on fait ainsi des ouvrages volumineux. L'auteur proportionne alors son style à son sujet et s'autorise quelquefois de son titre pour se dispenser de polir parfaitement son élocution. La lettre en effet a une forme un peu négligée que n'admet pas aussi aisément tout autre genre de composition. Par lettre, on entend l'écrit qui ne sort point ordinairement de l'intimité de l'amitié, du cercle des affections privées. C'est la lettre *missive*; c'est le genre de composition dont l'étude porte ses fruits pendant toute la vie, et à ce point de vue, c'est le plus important pour le plus grand nombre des hommes.

Les lettres ont un cérémonial particulier ; elles exigent la connaissance de certaines convenances établies par les usages de la société. Il ne convient d'en traiter que dans un ouvrage didactique spécial. (1)

L'invention épistolaire n'exige aucune méditation, car les circonstances de la vie nous fournissent nos sujets. Il suffit de se recueillir un instant pour trouver les principales idées que l'on veut exposer.

La *disposition* ne demande pas un effort plus grand. La seule chose à observer, c'est de mettre dans ce qu'on va dire une gradation descendante, en commençant toujours par les objets qui intéressent le plus les personnes à qui l'on écrit. On ne parle qu'en dernier lieu de ce qui regarde personnellement l'écrivain.

Quant à *l'élocution*, qui est la pierre de touche du bon épistolaire, il convient d'écrire comme l'on parle, pourvu toutefois que l'on parle bien, car le style de la conversation ordinaire ne peut être tout-à-fait celui d'une lettre. Il est des personnes qui conversent aisément, élégamment même ; ce sont les modèles à suivre dans une lettre.

On a dit et répété qu'une lettre est avec sa réponse une véritable *conversation par écrit entre absents*.

(1) Voir mon *Cours de Style épistolaire*, 2 vol. in-12. Tome 1er, chapitres 3, 4 et 5.

Cette définition juste et simple contient tous les préceptes.

Le ton naturel est donc le seul secret d'une bonne lettre. « Ne polissez pas vos lettres, dit Mme de Sévigné, vous en feriez des pièces d'éloquence. La pure nature est ce qui est beau et ce qui plait uniquement. Ne quittez jamais le naturel; quand le tour s'y est formé, cela compose un style parfait. »

Quelque simple que soit ce précepte, quelque facile qu'il soit à suivre, les jeunes gens se tourmentent l'imagination pour faire de belles phrases et parsemer leurs lettres de fleurs et de figures. C'est une vraie manie, il faut réserver le style brillant pour les descriptions et ne pas songer à faire une *pièce d'éloquence*. Ce n'est pas qu'il soit nécessaire de rejeter les ornements de tout genre; on fait preuve de goût en les employant dans l'occasion, si toutefois ils sont naturels et point du tout recherchés (1).

Une dernière observation générale, c'est qu'une lettre ne doit point être allongée sans nécessité, excepté entre amis. On doit s'en tenir aux choses que l'on a à dire, quand elles sont convenablement et clairement exprimées.

On distingue plusieurs espèces de lettres.

(1) Voyez dans mon *Cours de Style épistolaire*, chap. 2, tome 1er, les avis pour perfectionner ce style.

Les principales sont les lettres de compliments, de félicitation, de condoléance, de remercîment, d'excuses, de nouvelles, de recommandations, de conseils et de reproches. Chacune a ses préceptes particuliers (1).

§ I. Lettres de Compliments.

Préceptes particuliers.

On écrit une lettre de compliment à l'occasion du jour de l'an ou d'un jour particulier de l'année qui rappelle soit une fête, soit un anniversaire.

Le compliment du jour de l'an est ce qu'il y a de plus fade dans le commerce épistolaire.

On a tant répété de fois les mêmes choses qu'on a épuisé toutes les formules de souhaits et d'éloges. Il faudrait une merveilleuse adresse pour ne pas tomber soi-même dans la banalité, si l'on voulait donner à son compliment une forme trop développée. Le meilleur parti à prendre est d'être sobre de paroles, d'être concis dans ses idées, et de comprendre quand on le peut en une seule phrase les souhaits que l'on forme. Cela est souvent facile, parce qu'il est assez rare qu'en écrivant à ses parents et amis,

(1) Voir dans le même ouvrage les 12 autres espèces de lettres dont je ne puis parler dans ce traité.

on n'ait à leur transmettre que des vœux dictés par l'usage.

Si l'on voulait sortir des lieux communs du langage employé ordinairement en cette circonstance, on réussirait mieux à donner à son compliment une tournure acceptable et nouvelle. En premier lieu, on pourrait appeler la religion à son aide. La charité est ingénieuse, la foi offre des mystères profonds, et l'espérance peut offrir mille souhaits aimables et touchants. En second lieu, on pourrait faire appel aux sentiments propres de la personne qui reçoit la lettre, y prendre des textes pour en exalter le mérite, et l'on n'aurait plus qu'à en désirer la continuation. Mais ces deux cas offrent quelques difficultés à vaincre. C'est d'une part l'appréciation exacte des sentiments religieux et de la position des correspondants, et d'autre part, la délicatesse des tournures à employer pour ne pas tomber dans l'affectation et l'éloge outrés.

Dans les lettres à l'occasion des anniversaires, l'écrivain a plus de ressource, il peut chercher des applications dans la vie du saint, et trouver dans les circonstances des pensées heureuses. Si la lettre est accompagnée d'une fleur ou d'un présent, il fait une comparaison, forme un souhait en rapport avec l'objet offert. Tout cela distrait de la monotonie ordinaire du compliment.

Les secrets de la famille contiennent une foule de choses qui varient agréablement les pensées, les affections, et rendent une lettre charmante dans sa forme, en lui donnant ce naturel et cet à propos qui font le mérite du genre.

Pour bien faire un compliment, il convient donc d'examiner sa position et celle des autres. Si elles ne sont pas intimément liées, si elles n'offrent pas de circonstances exceptionnelles, il n'y a qu'un parti à prendre, c'est d'être simple et court dans l'expression des vœux, et de faire, si l'on peut, une lettre d'une autre espèce en mêlant ou des nouvelles ou quelques autres objets qui puissent la transformer.

Les réponses aux compliments sont plus faciles que les lettres, parce qu'elles contiennent d'abord un remercîment, quelquefois une félicitation, qu'elles accompagnent souvent aussi un cadeau, qu'on peut y mêler des conseils, quand on est supérieur, etc. La facilité vient alors de la variété des genres.

☞ Canevas nos 1 à 3.

§ 2. Lettres de Félicitation.

Préceptes particuliers.

Les lettres de félicitations ressemblent

sous le rapport principal aux lettres de compliments ; elles en diffèrent en ce que dans ces dernières l'imagination a toute latitude, tandis que dans les premières elle est circonscrite par un fait heureux arrivé au correspondant.

Il s'agit de trouver dans ce fait même des pensées délicates qui flattent l'amour-propre. Cela n'est pas difficile ; les hommes ne sont que trop disposés à croire à l'existence de leur mérite, et quand ils obtiennent une faveur, ils s'imaginent que rien n'est plus naturel, et qu'ils reçoivent la récompense due à leurs services. Mais en caressant le penchant à la vanité, il faut prendre garde d'exagérer la louange : car on la convertirait en satire, et le correspondant froissé ne pardonnerait jamais cette faute.

L'écrivain ne doit point laisser entrevoir que la faveur dont il félicite sera pour lui-même une source nouvelle de bienfaits. Ce serait une inconvenance des plus grandes qui détruirait le bon effet du compliment, quelque bien tourné qu'il soit d'ailleurs.

Il ne doit point non plus employer de réticence dans sa satisfaction. Ce serait un manque de tact qui friserait l'impolitesse. Il vaudrait mieux se taire que de féliciter à demi.

Les réponses aux lettres de félicitations se distingueront surtout par l'humilité; cette vertu fait voir qu'on est vraiment digne des faveurs qu'on reçoit. Il serait plus beau de les rapporter à Dieu qui est le maître de toutes grâces ; mais cette abnégation entière de soi-même, et ce haut sentiment de l'intervention divine dans les événements de ce monde, ne sont pas donnés à tous les hommes.

☞ Canevas n°s 4 à 6.

§ 3. Lettres de Condoléance.

Préceptes particuliers.

Les lettres de condoléance s'écrivent aux personnes qui sont affligées, afin de leur témoigner la part que l'on prend à leurs douleurs.

Dans les grandes douleurs, ne cherchons point à consoler ; nous rendrions les regrets plus vifs. Pleurons au contraire avec ceux qui pleurent, et recourons à la religion, qui seule peut répandre un baume adoucissant sur les plaies saignantes du cœur.

Bannissons du style toutes les fleurs du langage et les maximes philosophiques.

Soyons simples, sincères, naturels ; et pour y parvenir, mettons-nous à la place de la personne affligée, et examinons quel langage nous voudrions entendre.

Toutes ces précautions doivent être prises

même dans le cas de revers moins cruels. Quand la personne qui les éprouve est disposée à se les exagérer, il faut respecter ses sentiments ; car elle nous reprocherait de parler trop à notre aise de ses peines.

Mais s'il s'agit de pertes peu importantes, et que nous sachions sûrement que le correspondant supporte avec grandeur d'âme les affections, ne craignons pas de chercher des consolations dans des motifs purement temporels. On peut dorer l'avenir et le temps est un consolateur habile.

Les lettres de condoléance doivent être un peu développées. Il serait bien de n'y insérer des choses étrangères au but qu'on se propose que dans le cas où elles pourraient distraire efficacement l'esprit du correspondant.

Les réponses aux lettres de condoléance n'ont pas besoin de préceptes. Dans la douleur le cœur parle et parle bien.

☞ Canevas nos 7 à 9.

§ 4. Lettres de Demandes.

Préceptes particuliers.

Ne parlons point des demandes que les amis peuvent se faire. Elles sont simples, franches et même brusques quelquefois, mais la bonne amitié s'accommode de tout.

Toute demande doit être faite avec simplicité et respect. C'est un point essentiel.

Il faut en toute occasion témoigner une grande confiance au correspondant ; de cette manière on le dispose favorablement ; car vaudrait-il effacer par un refus la bonne opinion qu'on a de lui ? Quand est sûr de son fait, il convient même de remercier par avance.

Il faut encore avoir soin d'exposer les motifs qui nécessitent la demande. En ceci, la position des correspondants non moins que l'importance de l'objet demandé devra inspirer le ton et les développements convenables.

Le style sera simple, sa plus grande élégance viendra de la franchise, comme de la réalité du besoin.

Il y a deux manières de répondre aux lettres de demande. C'est d'accorder ou de refuser la faveur sollicitée. En l'accordant, il faut toujours s'exécuter de bonne grâce, lors même qu'on céderait à contre-cœur ; les supérieurs ont seuls le droit de mêler à leur réponse les observations qu'ils jugent utiles. En la refusant on doit garder certains ménagements afin d'éviter 1° de blesser l'amour-propre des gens ; 2° de les humilier quelquefois mal à propos ; 3° de les faire repentir en toute hypothèse de s'être adressés à un correspondant insensible ou peu compâtissant.

☞ Canevas nos 10 à 12.

§ 5. Lettres de Remercîment.

Préceptes particuliers.

Quand on a reçu un bienfait, il faut montrer qu'on en sent le prix. C'est le but de la lettre de remercîment.

Le style doit en cette occasion être fort naturel; car si la moindre affectation s'y montrait, on crierait à la contrainte, on s'imaginerait que le remercîment vient de la politesse, de l'usage, et non du cœur.

Nous devons laisser voir que nous sommes touchés, et moins parler de nous que du donateur. Il convient d'exalter ses bienfaits sans emphase, et d'une manière proportionnée à leur importance. On se tirera habilement d'affaire en faisant ressortir la générosité, la grandeur d'âme du donateur. On ne se mêlera soi-même à ces éloges que pour dire un mot de sa reconnaissance.

Les réponses aux lettres de remercîment suivront le même précepte. On fera bien de réduire à sa juste valeur le bienfait accordé, et de laisser croire que le mérite du protégé est encore au-dessus de ce qu'on a fait pour lui. Mais si c'est un supérieur qui répond, il le fera suivant le degré d'amitié qu'il porte à la personne obligée.

☞ Canevas nos 13 à 15.

§ 6. LETTRES D'EXCUSES.

Préceptes particuliers.

Nos fautes sont nombreuses dans la vie, parce que la société est exigeante, et qu'on blesse souvent les convenances sans intention. On se fait pardonner par une lettre d'excuses.

En supposant que l'on soit obligé de s'excuser, de deux choses l'une : ou l'on est coupable ou on ne l'est pas. Dans les deux cas le motif de l'excuse doit être puisé dans la vérité des faits.

Si l'on est coupable, on avoue ses torts sans les pallier. Le ton est naïf et sincère ; la lettre n'est point achevée qu'on est pardonné. Il n'y a plus qu'à protester qu'on se gardera de retomber dans la même faute.

Si l'on n'est pas coupable, tout en expliquant les faits il faut prendre certaines précautions pour ne pas irriter le correspondant en lui démontrant trop vivement que le tort est de son côté et qu'il a jugé des choses trop à la légère.

Il faut user de la même franchise dans

les réponses, pardonner de bon cœur et sans arrière-pensée si l'excuse est complète; convenir soi-même de ses torts, s'ils sont réels.

En se comportant ainsi de part et d'autre, la paix est bientôt faite.

☞ Canevas nos 16 à 18.

§ 7. Lettres de Nouvelles.

Préceptes particuliers.

Quand on mande des nouvelles, il est important de se souvenir qu'une lettre n'est point une narration. Il faut raconter avec simplicité et allier dans son récit la vérité, l'intérêt, la discrétion, la certitude et la convenance. Qu'on se figure qu'on est au milieu d'un salon, et qu'on expose un fait devant une société choisie. Avec cette pensée, on écrira parfaitement une nouvelle.

Mais si l'on veut donner des détails, et rehausser les faits par quelques développements piquants, on n'écrira plus une lettre de nouvelles, mais on fera une narration épistolaire dont nous parlerons à l'article de la *narration*.

Les réponses aux lettres de nouvelles sont des lettres de remercîments, de conseils, de reproches, de félicitation, etc., suivant le cas.

☞ Canevas nos 19 à 20.

§ 8. Lettres de Recommandation.

Préceptes particuliers.

La lettre de recommandation est une espèce de lettre de demande, par laquelle on sollicite près d'un ami, ou d'une personne tierce, appui et protection pour quelqu'un qui nous est connu.

Quand la personne recommandée nous est connue sous d'excellents rapports, on appuie près du tiers sur son mérite, on expose le service qu'il demande. C'est au recommandé à faire le reste, en intéressant à ses affaires la personne à laquelle il est adressé.

Si la personne nous est peu connue; si elle est peu recommandable et qu'on ait subi en lui remettant sa lettre des influences de pure civilité, on n'écrit qu'un mot d'introduction. Le correspondant sait ce que veut dire ce laconisme affecté.

C'est donc le style qui fait tout le mérite d'une recommandation. S'il est chaleureux, abondant, le recommandé est digne d'un bon accueil; s'il est concis, un peu sec, on crie à son ami : *prends garde!*

La lettre de recommandation n'exige pas de réponse pour l'ordinaire : c'est un simple laissez passer.

☞ Canevas n°s 20 à 23.

§ 9. LETTRES DE CONSEILS.

Préceptes particuliers.

Pour bien écrire une lettre de conseils, il faut s'y prendre de telle sorte qu'on ne puisse nous accuser, en cas d'insuccès d'une affaire, d'avoir suggéré de mauvaises inspirations. On introduira à cet effet dans son style des formules de doute sur l'à-propos de ses avis, et tout en disant sa pensée sans restriction, il faudra laisser au correspondant toute sa liberté d'action, et le lui dire.

Tel sera entre amis le plan à suivre, et l'on fera bien d'y conformer son style.

Quant aux supérieurs, ils sont les maîtres et doivent dicter la conduite à suivre dans les termes qui peuvent le moins blesser l'amour-propre, mais qui soient cependant forts et frappants de raison. Les inférieurs ne donnent point de conseils; ils présentent des observations avec le respect exigé par la position du supérieur.

On doit répondre à une lettre de conseils par un remercîment, lors même qu'on ne serait point disposé à suivre les avis qu'on reçoit.

☞ Canevas nos 24 à 26.

§ 10. Lettres de Reproches.

Préceptes particuliers.

Les lettres de reproches doivent toujours être tempérées par un style agréable et affectueux, quelque soit la personne qui parle. Car, par un ton violent, le supérieur peut aigrir au lieu de corriger, et l'ami peut provoquer une rupture au lieu d'amener une réconciliation. « Ne faites point la guerre » trop ouvertement, dit Mme de Sévigné, » les vérités sont amères, nous n'aimons » pas à être découverts. »

Que les reproches soient fondés; qu'on attribue les fautes à des circonstances fatales, et non à un mauvais cœur, qu'on engage à se corriger par des tournures adroites et plaisantes quelquefois, et les plus graves reproches seront acceptables.

Les réponses aux lettres de reproches sont des lettres d'excuses.

☞ **Canevas n°s 27 à 29.**

Décompositions.

L'analyse des lettres est fort simple. Les figures sont clair-semées dans une correspondance. C'est une expansion de sentiments naturels, une suite d'expressions simples qu'il faudra faire remarquer, pour tâcher de se les approprier dans l'occasion.

En général, on ne cherchera pas dans une lettre de trace de logique, car c'est le cœur qui parle : or, le cœur ne raisonne pas. Si par fois le syllogisme s'y cache, il faudra le découvrir et l'élève sera prévenu.

Il n'en sera pas de même de la disposition. Toute lettre suit un ordre de pensées bien dessiné, et nous verrons comment les bons épistolaires disposent leur matière.

☞ Canevas nos 30 à 33.

MODÈLES DE DÉCOMPOSITION ÉPISTOLAIRE.

MATIÈRE.

A M. Levasseur,

Je ne me plains pas encore de vous : car je crois bien que c'est tout au plus si vous avez maintenant reçu ma première lettre ; mais je ne vous réponds pas que dans huit jours je ne commence à gronder si je ne reçois pas de vos nouvelles. Epargnez-moi cette peine, je vous supplie, et épargnez-vous à vous-même de grosses injures que je pourrais bien vous dire dans ma mauvaise humeur. L'amour méprisé est fort.

Adieu.

Uzès, 24 novembre 1661. RACINE.

ANALYSE.

Forme. — L'écrivain débute par une prétermission ; *il ne se plaint pas*, dit-il : et il écrit pour se plaindre? Cette manière a quelque chose de touchant et de gracieux et doit faire sentir à M. Levasseur que Racine sait très-bien qu'il a reçu sa première lettre et qu'il devrait déjà avoir reçu la réponse. C'est en vain que l'amitié cherche une excuse. *Epargnez-moi*, *épargnez-vous*, forment antithèse. Il s'agit de peines qu'il faut mutuellement s'épargner, et la figure fait ressortir habilement le désagrément de cette position. *Je pourrais bien vous dire des injures* renferme une litote. L'écrivain n'a pas osé dire *que je vous dirais*; non-seulement parce que les convenances s'y opposaient, mais encore parce qu'il doute que son amitié se porte à cet excès, malgré sa mauvaise humeur. Toutefois il sait alarmer son correspondant par une pensée sententieuse. *L'amour méprisé est fort*, dit-il, et M. Levasseur commence à craindre de recevoir des invectives au lieu d'aimables reproches, puisque Racine a toute prête contre sa négligence une sentence justificative. Qu'a-t-il de mieux à faire? c'est de répondre de suite et de s'excuser.

Fond. — Cette lettre contient de vifs reproches, la disposition est en gradation ascendante. Racine ne se plaint pas, mais il va se plaindre; bien plus il dira des injures; bien plus encore son ami n'aura que ce qu'il mérite. Tel est l'ordre des pensées qui augmentent en vigueur. On pourrait réduire la lettre entière à cette simple phrase: *Je vous prie de m'écrire, parce que je suis disposé à me fâcher contre vous.*

CHAPITRE SECOND

DE LA NARRATION.

On donne le nom générique de narration à toutes ces compositions de médiocre étendue, qui consistent en un récit plus ou moins vif et animé et qui n'admettent qu'accessoirement le discours direct et le dialogue.

La narration en général est l'exposé d'un fait vrai ou supposé vrai.

On distingue six sortes de narrations : 1° narration historique ; 2° narration poétique ou fictive, 3° narration badine ; 4° narration mixte ; 5° narration épistolaire ; 6° narration légende. Il y a encore la narration oratoire; mais elle appartient au discours et nous en avons parlé à l'article de la disposition oratoire.

Profitons de cette division pour classer les autres genres de compositions que l'on comprend sous le nom de narration. Ils sont au nombre de sept : 1° la définition ; 2° les portraits et les caractères ; 3° le parallèle ; 4° le dialogue ; 5° l'allégorie ; 6° la fable ; 7° les tableaux et descriptions.

Nous commencerons par ces sept derniers genres.

§ 1. Définitions.

Préceptes du genre (1).

La *définition*, considérée comme composition, n'est point une de ces formules coulées sur le même moule, qu'on trouve dans les bons dictionnaires ; c'est une composition par laquelle on fait concevoir une chose telle qu'elle est ou telle qu'elle doit être.

Le poète et l'orateur en définissant un objet, ne le peignent souvent que du côté favorable à l'opinion qu'ils veulent en donner; de là vient que de la même chose il peut y avoir plusieurs définitions différentes et dont chacune aura sa vérité et sa justesse relativement à l'intention de l'écrivain. Il n'en est pas de même du philosophe, pour qui il n'y a point de situation particulière et qui doit définir rigoureusement suivant les principes généraux des connaissances humaines. Ainsi, quand le poète et l'orateur embrasseront la totalité d'un objet, en présenteront une idée complète, ils définiront philosophiquement le premier avec des images et des sentiments, comme le comporte la langue poétique ; le second avec les mouvements propres à l'éloquence.

La définition doit fixer les rapports, le

(1) *Genre* est mis par synecdoque, puisqu'il s'agit d'espèce plutôt que de genre.

genre et la différence. — On détermine les rapports en détaillant les objets qu'embrasse le sujet défini ; le genre, en classant ce sujet dans l'ordre qui lui convient ; la différence, en montrant ses qualités propres qui le distinguent des sujets de même genre. Ainsi en définissant *l'espérance*, je dirai que c'est une *vertu* et je nommerai son genre : j'ajouterai que c'est une vertu *chrétienne* et j'indiquerai sa différence ; j'expliquerai sur quoi elle est fondée et quel est son but, et je préciserai ses rapports.

Ce ne sera pas sous une forme aride que je ferai une définition digne d'un bon écrivain. Je cacherai l'observation du précepte sous une élocution limpide. Je m'efforcerai d'être *clair* afin qu'on ne voie pas seulement à demi mon sujet et qu'on ne le confonde pas avec d'autres. Je tâcherai encore d'être *précis* pour initier en peu de mots mon lecteur à ma pensée.

Si pour arriver à la clarté, j'ai besoin de mettre un autre objet en regard de mon sujet, il me sera permis de recourir à la comparaison, que je devrai abréger le plus possible.

Souvent une définition sera parfaitement claire et précise par ses rapports seuls, quelquefois par son genre bien dessiné ; on pourra même l'apercevoir par ses différences très saillantes. Je me contenterai en ce cas de mon habileté à la faire ressortir par un seul de ses côtés, et j'abandonnerai les deux autres à la sagacité du lecteur, pour lui laisser le plaisir de me compléter.

Les définitions ne doivent pas être longues : car elles produiraient l'ennui. Ce n'est qu'une introduction à une composition plus étendue.

En résumé, la définition comprend dans le fond les rapports, le genre et la différence des objets ; dans la forme, la clarté et la précision des mots.

☞ Canevas n° 34 à 41.

DÉCOMPOSITION.

Comme l'écrivain n'est point obligé de commencer une définition par une de ses qualités plutôt que par une autre, on ne le chicanera pas sur l'ordre de la disposition. On fera remarquer seulement s'il a oublié quelque chose et dans quel but.

On verra si dans la forme il a observé la clarté et la précision.

☞ Canevas nos 42 à 43.

MODÈLE DE DÉCOMPOSITION DE DÉFINITION.

MATIÈRE.

L'Espérance.

« Il est dans le ciel une puissance divine, compagne

» assidue de la religion et de la vertu. Elle nous aide à » supporter la vie, s'embarque avec nous pour nous » montrer le port dans les tempêtes ; également douce et » secourable aux voyageurs célèbres, aux passagers in- » connus. Quoique ses yeux soient couverts d'un ban- » deau, ses regards pénètrent l'avenir; quelquefois elle » tient des fleurs naissantes dans la main, quelquefois une » coupe pleine d'une liqueur enchanteresse. Rien n'ap- » proche du charme de sa voix, de la grâce de son sou- » rire ; plus on avance vers le tombeau, plus elle se » montre pure et brillante aux mortels consolés. La foi » et la charité lui disent : Ma sœur ! Elle se nomme l'Es- » pérance. »

CHATEAUBRIAND. (*Les Martyrs.*)

ANALYSE.

Forme. — Tous les détails de cette définition concourent à rendre sensible aux yeux une idée abstraite par elle-même : ils contribuent donc à la clarté. La précision n'est peut-être pas aussi bien observée, et ce défaut tient au vague que laisse dans l'esprit pendant le cours de la définition l'incertitude de la chose définie dont le nom est rejeté à la fin. Mais pour excuser l'auteur, on peut dire avec raison qu'il n'a eu recours à la suspension que pour intéresser d'avantage le lecteur. Aussi à la seconde lecture (en supposant toutefois que le titre soit supprimé), l'esprit reconnaît avec plaisir la justesse des images et la beauté des allégories.

L'auteur personnifie l'Espérance, il en fait une femme couverte d'un bandeau et lisant dans l'avenir, pour désigner l'incertitude de nos projets ; tenant des fleurs ou une coupe pleine d'un doux breuvage, pour peindre les plaisirs qu'elle nous promet. Elle a la voix encourageante, le sourire enchanteur, pour éloigner le désespoir et la crainte des malheurs ; elle paraît plus belle à mesure quelle vieillit car elle nous montre le ciel, séjour du bonheur parfait.

C'est *la sœur* de la foi et de la charité. Cette image, plus sensible que les précédentes, couronne à merveille la définition.

Fond. — On distingue aisément les trois qualités constitutives d'une bonne définition. *Une puissance divine* indique d'abord la différence, viennent ensuite les *rapports,* c'est-à-dire l'objet de l'espérance, ses moyens de plaire, et ses effets. Le genre est à la fin. *La foi et la charité lui disent : ma sœur !* C'est donc une des trois vertus théologales.

§ 2. Portraits et Caractères.

Préceptes du genre.

On fait des portraits de deux sortes, au physique et au moral. La description de la figure, de l'extérieur d'une personne, est un *portrait physique ;* la description de ses mœurs, de ses qualités, est un *portrait moral.* Quand les deux sortes sont réunies, la description prend le nom de *portrait* sans autre *explication.*

Le *caractère* permet à l'écrivain de tracer le portrait moral d'un individu pris dans la société. Il peint en général une qualité ou un vice, sans faire d'application personnelle. La Bruyère a fait des *caractères;* il les a puisés la plupart dans les individus qu'il connaissait; ses ennemis l'accusèrent d'avoir fait des portraits, ils avaient en cela un double plaisir, celui de médire de l'auteur, et d'appliquer ses peintures malignes à telle ou telle personne.

Le caractère par lequel on blâme devient donc une satire, s'il ne se tient pas dans la généralité; le portrait ne peut ainsi *dégénérer* parce que sa première qualité est la fidélité, et qu'il est impossible de ne pas y reconnaître, quand il est bien fait, la physionomie du personnage dépeint.

Un portrait peut être placé dans tous les genres de composition; on ne peut y joindre un caractère que dans des circonstances graves et solennelles, telles que les réclament par exemple la vérité et l'impartialité dans l'histoire, ou l'inflexibilité de la justice dans les plaidoyers. A part ces cas de premier ordre, un peintre de caractères doit veiller à ce que les traits qu'il dessine soient applicables aux hommes en général, et non point à un homme en particulier. Ce précepte est d'autant plus utile à observer qu'il est plus vrai de dire que le portrait d'un homme isolé n'a par lui-même aucun intérêt, et ne peut être qu'un ornement frivole, indigne d'un bon écrivain comme d'un lecteur sérieux.

Les portraits et caractères doivent être peu fréquents et habilement faits. Dans l'histoire même, qui est le genre qui les emploie, de préférence, on n'aime pas à les rencontrer à chaque instant. Ils ne sont bien placés qu'à la fin d'un règne ou d'un siècle, pour en faire connaître les personnages principaux. En ne dépeignant que ceux qui, par leur caractère, leurs fonctions, leurs actions remarquables, sont dignes d'être particulièrement connus, on ne prodiguera point les portraits et on disposera favorablement le lecteur à les examiner quand on les lui présentera.

Dans les mémoires particuliers, les portraits et caractères se rencontrent à chaque instant. La raison en est simple. Dans l'histoire, un personnage se développe et se fait connaître par ses actions; dans les mémoires, le lecteur est transporté dans l'intimité d'une famille, et il faut qu'il parcourre la galerie des portraits de tous ses membres et de tous ses amis ou ennemis.

Pour appliquer une élocution convenable à ces deux genres de composition, on devra se souvenir que le portrait ne doit point être chargé et converti en caricature, et que le caractère ne doit point être outré et poussé au-delà de la vraisemblance. Sûreté de ton, précision de termes, disposition naturelle, fermeté de détails, tels sont les moyens qui serviront à tracer un portrait fidèle et bien fini.

Le portrait est physique s'il ne dépeint que l'extérieur; il est moral s'il parle des qualités; il est physique et moral si à l'extérieur il joint les qualités; il est littéraire quand il parle du mérite d'un auteur; il est historique quand il prend son modèle dans les temps passés; il ne devient *caractère* que lorsqu'il peint la vertu ou le vice d'une manière générale.

☞ Canevas n° 44 à 54.

Décomposition.

Il est facile d'analyser un portrait; au fond l'élève dira à quel genre il appartient et ce qu'il en pense comme juge.

Dans la forme, il examinera les détails et fera ressortir les traits qui lui plairont le plus.

☞ Canevas n° 55 à 58.

MODÈLE DE DÉCOMPOSITION DE PORTRAITS.

MATIÈRE.

Lafontaine.

L'imagination, dans cet auteur qu'elle aime,
Du modeste apologue a fait un vrai poème :
Il a son action, son nœud, son dénoûment.

Chez lui, l'utilité s'unit à l'agrément;
Le vrai nom blesse moins en passant par sa bouche,
Il ménage l'orgueil, qu'un reproche effarouche;
Sous l'attrait du plaisir il cache la leçon;
Et par d'heureux détours, nous mène à la raison.
Il ignore son art, et c'est son art suprême;
Il séduit d'autant plus qu'il est séduit lui-même.
Le chien, le bœuf, le cerf, sont vraiment ses amis,
A leur grave conseil par lui je suis admis;
Louis qui n'écoutait, du sein de la victoire,
Que des chants de triomphe et des hymnes de gloire,
Dont peut-être l'orgueil goûtait peu la leçon
Que reçoit dans ses vers l'orgueil du roi lion,
Dédaigna Lafontaine et crut son art frivole:
Chantre aimable! ta muse aisément s'en console.
Louis ne te fit point un luxe de sa cour;
Mais le sage t'accueille en son humble séjour;
Mais il te fait son maître, en tous lieux, à tout âge,
Son compagnon des champs, de ville, de voyage;
Mais le cœur te choisit, mais tu reçus de nous,
Au lieu du nom de Grand, un nom cent fois plus doux;
Et, qui voit ton portrait, le quittant avec peine.
Se dit avec plaisir: « C'est le bon Lafontaine. »
Et dans sa bonhomie et sa simplicité,
Que de grâce, et souvent combien de majesté!
S'il peint les animaux, leurs mœurs, leur république,
Pline est moins éloquent, Buffon moins magnifique,
L'Epopée elle-même a des accents moins fiers.

DELILLE. (*L'Imagination.*)

ANALYSE.

Forme. — Aux traits caractéristiques de ce portrait, il serait facile de reconnaître Lafontaine, lors même qu'il n'eut point été nommé. Ces traits sont dessinés de main de maître; voici ceux qui me paraissent le plus fidèles et énergiques:

Du modeste apologue a fait un vrai poème,

peint fort bien l'intérêt, l'unité et la régularité de plan des fables de Lafontaine.

Le vrai nom blesse moins en passant par sa bouche,

caractérise l'adresse heureuse du poète à employer les expressions les plus communes.

Sous l'attrait du plaisir il cache la leçon,

c'est nous parler en termes vrais du but et des moyens de la fable, telle que l'a écrite le maître du genre.

Le chien, le bœuf, le cerf sont vraiment ses amis,

trait naïf, on peint bien ceux qu'on aime bien.

Le sage t'accueille en son humble séjour,

rappelle le plaisir qu'on éprouve à lire ses ingénieux apologues.

Il ignore son art, et c'est son art suprême,

on sait en effet que Lafontaine ne se doutait pas de la hauteur de son talent.

Au lieu du nom de Grand un nom cent fois plus doux.,

c'est le *bonhomme*, c'est-à-dire l'aimable, l'ingénieux, le naïf, le vrai, etc., etc.

L'Epopée elle-même a des accents moins fiers,

allusion aux passage où l'auteur dépeint s'élève au sublime. Delille a employé fort heureusement la répétition pour consoler Lafontaine de l'abandon où l'avait laissé Louis XIV. Ce roi n'aimait point le fabuliste, *mais* le sage l'accueille, *mais* il le fait son maître; *mais* le cœur le choisit, *mais* il reçoit de nous le nom par exellence.

L'antithèse de mots se rencontre aussi avec plaisir dans ces deux vers.

Il ignore *son art*, et c'est *son art* suprême,
Il *séduit* d'autant plus qu'il est *séduit* lui-même.

Fond. — Ce portrait est du genre littéraire, il est charmant et dessiné avec une fidélité scrupuleuse, un goût sûr et des couleurs vives et bien nuancées.

§ 3. PARALLÈLES.

Préceptes du genre.

L'art des parallèles consiste à rapprocher deux portraits et à les comparer pour se prononcer sur le mérite de chaque personnage.

En écrivant un parallèle, il faut donc tracer deux portraits à la suite l'un de l'autre, les reprendre et rapprocher chacun des traits de cette double physionomie, saisir leurs rapports et leurs différences, et dire ensuite quelle est la plus agréable, la plus noble, la plus belle.

Le parallèle est aussi multiplié que le portrait, c'est-à-dire qu'il est physique, moral, physique et moral tout à la fois, littéraire et historique.

Les règles des portraits sont applicables aux parallèles. Ceux-ci ont une ressource de plus; c'est l'antithèse, mais il faut ici, comme ailleurs, user sobrement de cette figure dont la répétition devient monotone; on y parviendra en opérant les rapprochements d'une manière saillante et naturelle.

☞ Canevas n° 59 à 62.

DÉCOMPOSITION.

Forme. — Faites remarquer les contrastes

les plus saillants, et la manière variée d'employer l'antithèse.

Fond. — Dites à quel genre appartient le parallèle, si vous en êtes content et pourquoi.

☞ Canevas n° 63.

—

MODÈLE DE DÉCOMPOSITION DE PARALLÈLES.

MATIÈRE.

La Justice divine et la Justice humaine.

« Aux deux coins de cet échafaud les deux justices sont » en présence, la Justice humaine et la Justice divine: » l'une, implacable et appuyée sur un glaive, est accom- » pagnée du Désespoir; l'autre tenant un voile trempé de » pleurs, se montre entre la Pitié et l'Espérance. L'une » a pour ministre un homme de sang, l'autre un homme » de paix; l'une condamne, l'autre absout. Innocente ou » coupable, la première dit à la victime : meurs! La » seconde lui crie : fils de l'innocence ou du repentir, » montez au ciel! » CHATEAUBRIAND.

ANALYSE.

Forme. — Les deux premiers mots de ce court parallèle, *aux deux coins*, pêchent contre la propriété de l'expression. Un échafaud a quatre coins; l'auteur eût pu dire *de chaque côté.* Les deux justices sont représentées avec des attributs fort opposés, et sont accompagnées de figures allégoriques mises dans l'ombre par un seul mot. *D'un côté le désespoir*, ami cruel et mauvais conseiller, est le seul compagnon de la justice des hommes.

Deux vertus aimables, *la pitié et l'espérance*, entourent la justice de Dieu. Un bourreau, ministre de sang, un prêtre, ministre de paix, agissent et parlent au nom de ces figures muettes. la victime est au milieu de ce cortège qui marche et se meut sur un échafaud. Cette personnification sublime, ce mélange d'êtres moraux et matériels, donnent un admirable mouvement à ces préparatifs d'un drame solennel. L'antithèse acquiert une forme palpable et une singularité qui frappe et émeut. Ces deux voix opposées qui crient, l'une : *meurs;* l'autre : *montez au ciel*, font tressaillir en même temps d'épouvante et de consolation. La première se sert durement de l'impératif singulier : *Meurs!* la seconde est respectueuse et emploie le pluriel : *Montez au ciel!* et ces derniers mots sont une allusion aux paroles de l'abbé Edgeworth disant à Louis XVI : « *fils de saint Louis, montez au ciel.* »

Fond. — Ce parallèle appartient à l'ordre moral, quoiqu'on y reconnaisse la réalité dans l'ordre physique; car l'auteur n'a point voulu décrire une exécution, mais son but a été de mettre en opposition les procédés de deux êtres abstraits; il l'a fait physiquement pour frapper nos yeux autant que notre esprit. Cette manière est peut-être la plus éloquente de toutes, et peu d'écrivains sont capables de l'employer avec une telle magnificence.

§ 4. DIALOGUES.

Préceptes du genre.

Le dialogue est un ouvrage d'esprit qui a

la forme d'un entretien, d'une conversation entre deux ou plusieurs personnes.

Cette forme donne plus de vivacité au discours, plus de sel à la plaisanterie, plus de piquant au raisonnement, plus de véhémence à l'éloquence.

Le dialogue est un vêtement qui s'adapte à tous les genres, et dont l'esprit humain peut revêtir toutes les productions. L'éducation et l'instruction s'en emparèrent dans le XVIIe siècle. On mit en dialogue la grammaire, la logique, la philosophie, la physique, la géographie, l'histoire et la politique.

Outre ces espèces particulières du dialogue, il y en a une autre qu'on nomme dialogue poétique ou dramatique, quoique les premières puissent être écrites en vers et que cette dernière puisse être écrite en prose. C'est donc du fond et du sujet qu'elles tirent leur dénomination et non de la forme du langage. Le dialogue philosophique ou littéraire a pour objet de développer, de prouver une vérité; le dialogue poétique représente une action, comme dans la tragédie, la comédie et le drame en général; cette action a souvent son exposition, son nœud et son dénouement.

Dans le dialogue philosophique et littéraire, le ton et le style s'abaissent ou s'élèvent suivant la nature des sujets; le langage y est tantôt simple, naïf, léger, badin, plaisant; tantôt grave, noble, éloquent même, et sublime toutes les fois que le sujet et la question s'y prêtent.

Il ne faut jamais perdre de vue qu'un dialogue est une conversation, et doit en reproduire les qualités naturelles, la vivacité, l'abandon, la simplicité. Mais, d'un autre côté, il faut y mettre du jeu et de l'opposition, autrement c'est un dialogue où il n'y a qu'une personne qui parle, et où l'on ne voit qu'un seul avis, et c'est ici le point délicat du dialogue. Que les avis soient en opposition tranchée; que les raisonnements soient, de part et d'autre, exposés dans toute leur force. Qu'un interlocuteur ne cède à l'autre que par la nécessité de convenir de ses torts; c'est ce qui rendra le dialogue animé et intéressant. Si, au contraire, un des interlocuteurs n'est en scène que pour applaudir ou pour présenter des objections sous le rapport le plus favorable à la réfutation, il joue un rôle de niais; le lecteur est attiédi; le dialogue devient froid, languissant et monotone.

Le dialogue serait vicieux si la réplique se faisait attendre; c'est-à-dire si, avant de répondre catégoriquement, un interlocuteur tombait dans les lieux communs du langage et recourait aux périphrases pour donner à sa réponse le temps d'accourir à sa pensée. Un tel embarras impatiente l'auditeur.

Il est bon de remarquer toutefois qu'il y a des situations où le respect, la crainte, la pudeur, l'étonnement, l'admiration, la colère même, retiennent la passion et lui imposent silence. Le dialogue se coupe alors, mais c'est d'un effet charmant. Les demi-mots, les réticences, sont ici placés avec art. Le lecteur devine et donne tort à celui des dialogueurs qui ne comprend pas comme lui.

Le dialogue est une composition agréable où l'on peut déployer, comme dans la conversation, les ressources de son esprit; pour y réussir il faut du talent; les bons dialogueurs sont rares.

☞ Canevas n°s 64 à 69.

Décomposition.

Dans la forme, on examinera si l'exposition est simple, quels sont les ornements qui en relèvent la vivacité et l'intérêt, quelle est la nature des moyens par lesquels l'interlocuteur reste maître de la discussion. Au fonds on spécifiera le genre du dialogue.

☞ Canevas n°s 70, 71.

—

MODÈLE DE DÉCOMPOSITION DE DIALOGUES.

MATIÈRE.

Interlocuteurs. — Chicaneau, bourgeois; Madame la comtesse de Pimbesche.

Tous deux aiment les procès et veulent plaider.

LA COMTESSE.

Monsieur, tous mes procès allaient être finis :
Il ne m'en restait plus que quatre ou cinq petits,
L'un contre mon mari, l'autre contre mon père,
Et contre mes enfants : ah, monsieur! la misère!
Je ne sais quel biais ils ont imaginé,
Ni tout ce qu'ils ont fait; mais on leur a donné
Un arrêt par lequel, moi vêtue et nourrie,
On me défend, monsieur, de plaider de ma vie.

CHICANEAU.

De plaider!

LA COMTESSE.

De plaider.

CHICANEAU.

Certes, le trait est noir.
J'en suis surpris.

LA COMTESSE.

Monsieur, j'en suis au désespoir.

CHICANEAU.

Comment! lier les mains aux gens de votre sorte!
Mais cette pension, madame, est-elle forte?

LA COMTESSE.

Je n'en vivrais, monsieur, que trop honnêtement,
Mais vivre sans plaider, est-ce contentement?

CHICANEAU.

Des chicaneurs viendront nous manger jusqu'à l'âme,
Et nous ne dirons mot! Mais s'il vous plaît, Madame,
Depuis quand plaidez-vous?

LA COMTESSE.

Il ne m'en souvient pas,
Depuis trente ans au plus.

CHICANEAU.

Ce n'est pas trop.

LA COMTESSE.

Hélas!

CHICANEAU.

Et quel âge avez-vous? vous avez bon visage.

LA COMTESSE.

Hé! quelque soixante ans.

CHICANEAU.

Comment! c'est le bel âge
Pour plaider.

LA COMTESSE.

Laissez faire, ils ne sont pas au bout.
J'y vendrai ma chemise, et je veux rien ou tout.

CHICANEAU.

Madame, écoutez-moi. Voici ce qu'il faut faire.

LA COMTESSE.

Oui, monsieur, je vous crois comme mon propre père.

CHICANEAU.

J'irais trouver mon juge.

LA COMTESSE.

Oui, monsieur, j'irai.

CHICANEAU.

Me jeter à ses pieds.

LA COMTESSE.

Oui, je m'y jetterai.
Je l'ai bien résolu.

CHICANEAU.

Mais daignez donc m'entendre.

LA COMTESSE.

Oui, vous prenez la chose ainsi qu'il faut la prendre,

CHICANEAU.

Avez-vous dit, madame?

LA COMTESSE.

Oui.

CHICANEAU.

J'irais sans façon
Trouver mon juge.

LA COMTESSE.

Hélas! que ce monsieur est bon!

CHICANEAU.

Si vous parlez toujours, il faut que je me taise.

LA COMTESSE.

Ah! que vous m'obligez! je ne me sens pas d'aise.

CHICANEAU.

J'irais trouver mon juge, et lui dirais....

LA COMTESSE.

Oui.

CHICANEAU.

Voi!
Et lui dirais, monsieur,

LA COMTESSE.

Ou, monsieur.

CHICANEAU.

Liez-moi.

LA COMTESSE.

Monsieur, je ne veux point être liée.

CHICANEAU.

A l'autre !

LA COMTESSE.

Je ne la serai point !

CHICANEAU.

Quelle humeur est la vôtre !

LA COMTESSE.

Non.

CHICANEAU.

Vous ne savez pas, madame, où je viendrai.

LA COMTESSE.

Je plaiderai, monsieur, ou bien je ne pourrai.

CHICANEAU.

Mais.

LA COMTESSE.

Mais je ne veux point, monsieur, que l'on me lie.

CHICANEAU.

Enfin, quand une femme en tête à sa folie...

LA COMTESSE.

Fou vous-même !

CHICANEAU.

Madame !

LA COMTESSE.

Et pourquoi me lier ?

CHICANEAU.

Madame !....

LA COMTESSE.

Voyez-vous ! il se rend familier.

CHICANEAU.

Mais madame !

LA COMTESSE.

Un crasseux, qui n'a que sa chicane,
Veut donner des avis !

CHICANEAU.

Madame !

LA COMTESSE.

Avec son âne !

CHICANEAU.

Vous me poussez.

LA COMTESSE.

Bonhomme, allez garder vos foins.

CHICANEAU.

Vous m'excédez.

LA COMTESSE.

Le sot !

CHICANEAU.

Que n'ai-je des témoins !

(RACINE.)

ANALYSE.

Forme. — L'exposition est ce qu'elle doit être, claire et simple. Une plaideuse ruinée explique ses malheurs à un chicaneur bien connu, et en attend des consolations et des conseils. Elle s'exprime sans emphase, comme une personne abattue par la douleur ; cette seule exclamation : *Ah ! monsieur ! la misère !* interrompt la simplicité ; mais c'est plutôt un soupir, un regret fort naturel, qu'un mouvement de l'âme.

On doit remarquer l'adresse de Chicaneau, qui, bien aise de trouver une occasion de parler *procès* et de s'intéresser en quelque manière aux affaires des autres, veut gagner la confiance de la Comtesse, et pour cela prend chaudement son parti, flatte sa passion de plaider et lui fait même de compliments. *Vous avez bon visage. C'est le bel âge pour plaider.* Le matois ! il sait bien qu'après s'être ainsi emparé de l'amour-propre, il peut dire avec confiance : *voici ce qu'il faut faire.* On voit de suite l'effet de cette insinuation adroite. La Comtesse empressée va écouter, *comme son propre père*, le donneur d'avis ; elle répète tout ce qu'il dit, elle dit *oui* à satiété, et ce n'est que lorsque Chicaneau, fâché de se voir interrompu par ces *oui*, change de discours et s'adresse à la Comtesse en cessant de parler au juge, que celle-ci toute âme et toute oreilles, prend le change, et cette malheureuse apostrophe, *Liez-moi*, détruit toute l'entente cordiale.

Peu avant le dénouement, le dialogue est presque interrompu. Chicaneau ne sait plus dire que *mais.... Madame....* C'est l'effet naturel de la surprise de se voir injurier au moment où il ne s'y attendait guères. Cette heureuse infraction aux lois du dialogue permet au poète de rendre plus vives et plus frappantes les apostrophes de l'interlocuteur qui parle seul.

Il faut remarquer encore que les invectives de la Comtesse deviennent plus fortes à mesure qu'elle parle. Elle réserve pour les dernières celle qui blessent le plus Chicaneau, en lui rappelant un de ses procès à propos d'un âne qui avait mangé son foin, et dont il venait de lui raconter l'histoire. — *Je ne veux point être liée — je ne la serai point — non je plaiderai — fou! — me lier! moi! — l'impertinent! le crasseux! — avec son âne! — avec son foin! — le sot!* Toutes ces idées sont graduées.

La coupe des réponses, les exclamations, les interrogations répétées rendent le dialogue pressant, vif, incisif et mordant.

Fond. — Ce dialogue appartient au genre dramatique, les deux interlocuteurs ont les mêmes passions; ils se racontent leurs aventures, en tout point semblables. Cela fait, celui qui se croit le plus habile veut donner des avis à l'autre, et le nœud commence.

Il fallait une certaine adresse pour éviter la monotonie d'un dialogue entre deux personnes de mêmes goûts, et le poète a eu recours à la pétulance de la passion des procès, en dotant la Comtesse d'une démangeaison de parler qui empêche Chicaneau d'achever ce qu'il veut dire. Elle se méprend sur le sens d'un mot, et le dialogue se coupe de lui-même et dégénère en invectives; celles-ci amènent un dénouement risible, qui n'est point, il est vrai, conforme à l'exposition, mais qui se justifie par la situation comique des dialogueurs, et la gaîté qui en résulte pour le spectateur.

L'exposition finit à *Madame, écoutez-moi. Le nœud* se serre à.... *Mais daignez donc m'entendre.* On voit Chicaneau s'impatienter de ne pouvoir parler longuement et à son aise. Le nœud se complique à *Monsieur, je ne veux point être liée*, l'intérêt s'accroît; le dénouement se prépare par les mots : *enfin quand une femme en tête a sa folie.* On prévoit une rupture, elle paraît d'autant plus prochaine que les exclamations de la plaideuse se succèdent plus aigres et plus piquantes. *Le dénouement* est amené à *vous me poussez.* Chicaneau ne pouvant plus se contenir éclate, et la rupture a lieu. Un procès va s'en suivre et ces mots : *que n'ai-je des témoins !* en préviennent l'auditeur.

§ 5. Allégories.

Préceptes du genre.

Nous avons vu en étudiant les tropes que l'allégorie est une métaphore continuée pendant un certain temps. Quand nous disons d'un homme cruel, *c'est un tigre*, nous faisons une simple métaphore ; l'allégorie continue l'image, en représentant par les formes matérielles les qualités morales, c'est-à-dire en faisant agir le tigre pendant toute la durée d'une action, en peignant ses ruses, ses détours, son adresse, sa rage.

Telle que nous allons l'envisager, *l'allégorie* est la manière d'exprimer des faits ou des sentiments par des objets ou des paroles qui les laissent deviner, qui en donnent l'idée, *mais qui ne la font point connaître positivement.* Remarquons ces derniers mots. Si après une allégorie on prend soin de l'expliquer, d'appliquer aux objets connus et sensibles chaque trait de la composition, on ne fait point une allégorie parfaite, parce qu'on détruit d'une main ce qu'on a édifié de l'autre. Pour charmer l'esprit, il convient donc de ne point déchirer le voile de l'allégorie, le lecteur a au moins le plaisir de découvrir la pensée cachée; c'est un mérite que notre art lui laisse en entier.

L'allégorie parle aux yeux dans les œuvres d'art, comme la peinture et la sculpture. Un papillon sculpté sur une tombe rappelle l'idée de la résurrection des corps; chacun sait que ce genre d'insecte devient tour à tour ver, chrysalide et papillon, et qu'ainsi il ne meurt qu'apparemment. C'est par allégorie que le coq représente la vigilance; le paon, l'orgueil; l'olivier, la paix.

Le mystère facile à pénétrer que l'allégorie répand sur une composition, lui donne beaucoup d'attraits. Quelque flatteuse que soit une vérité, elle devient ainsi une louange délicate qui ne blesse point la modestie. S'il s'agit au contraire de donner une leçon sévère, l'allégorie en adoucit l'amertume, et les hommes nés vicieux mais ayant tous en eux l'amour de la vérité, aiment cette manière indirecte de les instruire. Ce goût de l'homme pour les instructions mystérieuses a créé l'apologue et la parabole, deux variétés de l'allégorie, mais imparfaites parce qu'elles sont expliquées et dont la première a pour objet l'instruction morale, et la seconde l'instruction religieuse.

L'allégorie, soit par la ressemblance, soit par la justesse de ses rapports, doit toujours laisser entrevoir la vérité qu'elle enveloppe; son objet est manqué si l'esprit s'y trompe, ou si, satisfait d'en apercevoir la surface, il ne désire pas autre chose et n'en pénètre pas le fond.

Quelque belle que soit l'allégorie, elle serait froide si elle était longue. Un ouvrage tout allégorique ne serait pas soutenable, eût-il d'ailleurs mille beautés.

Nous faisons en France peu d'usage de l'allégorie, bien différents en cela des peuples orienteaux, dont cette composition forme presque toute la réthorique.

On peut, dans l'allégorie, faire usage à son aise d'expressions figurées. Nulle composition n'y prête d'avantage.

☞ Canevas nos 72 à 82.

Décomposition.

Pour ne pas fatiguer les élèves par des exercices trop compliqués de décomposition, nous ne leur donnerons ici que le soin de découvrir le sens caché des allégories.

☞ Canevas nos 83 à 86.

MODÈLE DE DÉCOMPOSITION D'ALLÉGORIES.

MATIÈRE.

Le Rocher et les deux Voyageurs.

Un homme voyageait dans la montagne, et il arriva en un lieu où un gros rocher, ayant roulé sur le chemin, le remplissait tout entier ; et, hors du chemin, il n'y avait point d'autre issue ni à gauche ni à droite.

Or, cet homme voyant qu'il ne pouvait continuer son voyage à cause du rocher, essaya de le mouvoir pour se faire un passage, et il fatigua beaucoup à ce travail et tous ses efforts furent vains.

Ce que voyant, il s'assit plein de tristesse et dit : Que sera-ce de moi lorsque la nuit viendra et me surprendra dans cette solitude, sans nourriture, sans abri, sans aucune défense, à l'heure où les bêtes féroces sortent pour chercher leur proie ?

Et comme il était absorbé dans cette pensée, un autre voyageur survint, et celui-ci, ayant fait ce qu'avait fait le premier et s'étant trouvé aussi impuissant à remuer le rocher, s'assit en silence et baissa la tête.

Et après celui-ci, il en vint plusieurs autres, et aucun ne put mouvoir le rocher, et leur crainte à tous était grande.

Enfin, l'un d'eux dit aux autres : mes frères, prions notre père qui est dans les cieux, peut-être il aura pitié de nous dans cette détresse. Et cette parole fut écoutée et ils prièrent de cœur le père qui est dans les cieux.

Et quand ils eurent prié, celui qui avait dit : Prions, dit encore : Mes frères, ce qu'aucun de nous n'a pu faire seul, qui sait si nous ne le ferons pas tous ensemble ?

Et ils se levèrent, et tous ensemble ils poussèrent le rocher, et le rocher céda et ils poursuivirent leur route en paix.

EXPLICATION.

Le voyageur, c'est l'homme ; le chemin, c'est la vie ; le rocher, ce sont les misères qu'il rencontre à chaque pas sur sa route.

Nous essayons souvent vainement de triompher de nos malheurs, nous en sommes accablés, nous sommes tristes et nous nous désespérons. Invoquons le secours du ciel, et unissons-nous à nos frères pour prier et travailler.

Seuls nous ne pourrions jamais écarter nos misères, mais Dieu leur a donné une mesure telle qu'elles n'arrêtent jamais ceux qui vivent dans la crainte de Dieu, qui s'aiment entre eux et se soulagent mutuellement.

§ 6. Fables et Apologues.

Préceptes du genre.

La fable est le récit d'une action feinte, destinée à l'amusement et à l'instruction, sous le voile de *l'allégorie*.

Elle comprend *l'apologue* et la *fable*.

L'apologue intéresse par le choix de l'allégorie, par la naïveté qui séduit et persuade ; par une certaine philosophie égayée qui nous cache la sécheresse des préceptes. Comme tout récit, l'apologue doit avoir son exposition, son nœud et son dénouement. Sa longueur n'est pas rigoureusement déterminée; cependant le plus souvent il sera court. L'action de l'apologue est allégorique, c'est-à-dire qu'elle couvre une maxime ou une vérité. Cette maxime ou cette vérité se nomme *moralité*. Elle sera courte et intéressante, sans métaphysique, sans périodes, sans trivialité; elle sortira naturellement du sujet, on la place ou au commencement ou à la fin, soit dans la bouche d'un des personnages, soit en une réflexion faite par l'auteur. L'apologue fait parler les dieux, les esprits, les hommes, les animaux et les choses inanimées. La fable est d'un genre moins relevé; elle ne fait parler que les animaux et les choses inanimées. Voilà leur forme et leurs différences.

Les personnages de l'apologue ou de la fable doivent être conformes à l'idée que nous en avons, et agir selon le caractère ou l'instruction qui leur est propre, ou qu'on a convenu de leur donner.

Les ornements conviennent à l'apologue lorsque, étant conformes à son genre, ils tournent au profit de la vérité qu'il veut faire connaître ou des vertus qu'il veut inspirer. Il admet dans cette vue les images, les tableaux, les descriptions; mais le style n'en sera pas moins précis et serré. Il rejette le faste des périodes, le luxe des phrases symétriquement cadencées. On aime à y trouver des ellipses qui contribuent à la rapidité du style. La *simplicité*, la *naïveté*, la *facilité*, le *naturel*, forment ses caractères distinctifs, sans en exclure l'élégance, surtout dans l'apologue proprement dit.

Les expressions variées, mais restreintes dans les limites du genre; les épithètes justes et gracieuses, placées à propos et sans prodigalité; les métaphores et les allégories naturelles; enfin, les images vives qui transportent les objets sous les yeux, et les expressions imitatives qui peignent à l'oreille en même temps qu'à l'esprit: voilà en quoi consistent les ornements qui conviennent à l'apologue.

Ce fut pour les anciens faiseurs de poétiques, une grande discussion que celle de déterminer si la fable devait être écrite en vers ou en prose, et quelle sorte de style devait y être employée. Lafontaine a pleinement résolu les deux problèmes : après ses vers si faciles et si harmonieux, il n'a plus été permis de songer à un autre langage; et quoique resté *inimitable* sous ce point de vue comme sous tant d'autres, il a bien fallu *l'imiter* au moins pour le rhythme et la mesure. Quant au style de la fable, on sait assez que Lafontaine en a donné, non pas un, mais vingt modèles divers. Tour à tour gracieux, badin, touchant, sublime même, sans cesser d'être naïf, il sera pour tous les siècles le *fablier*; après lui, on n'a plus vu que des *fabulistes*. (*Encyclopédie des gens du monde.*)

☞ Canevas nos 87 à 97.

DÉCOMPOSITION.

Forme. — Détaillez les ornements.

Fonds. — Examinez l'invention, l'exposition, le nœud, le dénouement et la moralité. Réduisez la fable à sa plus simple expression.

☞ Canevas nos 98 à 99.

MODÈLE DE DÉCOMPOSITION DE FABLE ET D'APOLOGUE.

MATIÈRE.

LE CHÊNE ET LE ROSEAU.

Le chêne un jour dit au roseau :
Vous avez bien sujet d'accuser la nature,
Un roitelet pour vous est un pesant fardeau :
Le moindre vent qui d'aventure
Fait rider la face de l'eau,
Vous oblige à courber la tête;
Cependant que mon front au Caucase pareil,
Non content d'arrêter les rayons du soleil,
Brave l'effort de la tempête.
Tout vous est aquilon, tout me semble zéphir.
Encore si vous naissiez à l'abri du feuillage
Dont je couvre le voisinage,
Vous n'auriez pas tant à souffrir;
Je vous défendrais de l'orage.
Mais vous naissez le plus souvent
Sur les humides bords des royaumes du vent,
La nature envers vous me semble bien injuste.

Votre compassion, lui répartit l'arbuste,
Part d'un bon naturel, mais quittez ce souci;
Les vents me sont moins qu'à vous redoutables;
Je plie et ne romps pas. Vous avez jusqu'ici
Contre leurs coups épouvantables,
Résisté sans courber le dos.
Mais attendons la fin. Comme il disait ces mots,
Du bout de l'horizon accourt avec furie
Le plus terrible des enfants
Que le nord eût porté jusque-là dans ses flancs.
L'arbre tient bon, le roseau plie
Le vent redouble ses efforts,
Et fait si bien qu'il déracine
Celui de qui la tête au ciel était voisine,
Et dont les pieds touchaient à l'empire des morts.
(LAFONTAINE.)

ANALYSE.

Forme. — Il faudrait tout citer, si l'on voulait faire sentir toutes les beautés de cette charmante fable. Contentons-nous d'examiner les plus saillantes.

Un roitelet pour vous est un pesant fardeau. Idée vraie, naïve, mais insultante, exprimée de manière à augmenter la faiblesse du roseau; elle fait image.

Fait rider la face de l'eau. Autre image riante, et métaphore juste et agréable.

Vous oblige à baisser la tête. Vers doux et coulant; il semble que le chêne s'abaisse à ce ton par pitié pour le roseau; il parle bien différemment dans les trois vers qui suivent, c'est la noblesse des images, une comparaison superbe et la fierté de l'être qui brave également l'ardeur du soleil et l'effort de la tempête.

Tout vous est aquilon, tout me semble zéphir. Contraste frappant, briéveté énergique d'expression dans les deux hémistiches; harmonie différente appropriée ; l'une à la force, l'autre à la faiblesse. Ce qui est une *réalité* pour le roseau, n'a qu'un *semblant* d'existence pour le chêne.

Sur les humides bords des royaumes du vent : *humides*, épithète qui ajoute un degré de plus à la fâcheuse position du roseau ; *royaumes du vent*, périphrase métaphorique des mots, mer, lacs, fleuves, etc.

Votre compassion part d'un bon naturel, répartie fine et transition habile. On voit bien que le roseau connaît tout l'orgueil du chêne ; mais il cache sa pensée véritable ; il a d'ailleurs de quoi humilier le chêne à son tour ; car il craint les vents moins que lui, et leur situation réelle se résume dans ces mots : *Je plie et ne romps pas*. Vient ensuite la menace déguisée sous le proverbe : *qui vivra, verra*.

Le dialogue est fini, le chêne n'a plus rien à répliquer, il entend déjà gronder l'aquilon et se prépare à le recevoir ; il va voir si c'est un zéphir. Le petit tableau de l'orage est de main de maître ; il est court, mais la périphrase a permis au poète de prolonger l'harmonie.

L'arbre tient bon, le roseau plie. Contraste, nos deux acteurs déploient leurs moyens. Qui restera vainqueur ?

Le chêne est déraciné : ce géant, *pareil au Caucace* tombe avec fracas, et c'est ce que le poète veut faire entendre par les deux derniers vers où il a réuni et combiné l'antithèse et l'hyperbole.

Fond. — L'exposition est tout entière dans le premier vers : Voilà deux acteurs en scène, ils vont causer. Que vont-ils se dire ? Le nœud commence aux premières paroles du chêne; il se serre à *mais quittez ce souci;* il se complique à la menace du roseau, *mais attendons la fin;* le dénouement est préparé par l'arrivée impétueuse du vent, il a lieu au vers : *et fait si bien qu'il déracine.*

Les pensées sont sous tous les rapports dignes de la circonstance et des personnages. Le chêne parle avec orgueil, et sa commisération affectée pour la faiblesse du roseau lui sert à faire ressortir sa propre force. Le roseau remarque bien ces fanfaronnades; mais il sait en faire justice, et alarmer le chêne sur sa raideur et son inflexibilité. Et il se trouve que le roseau a raison.

La moralité n'est point exprimée; mais l'esprit soulève sans efforts le voile de l'allégorie, et reconnaît *qu'on ne doit point, dans la crainte des malheurs à venir, tirer vanité de sa position présente.*

Pour réduire toute la fable à sa plus simple expression, il suffirait de dire :

Un jour le chêne dit au roseau : Vous êtes faible et chétif; je suis grand et fort, pourquoi la nature vous a-t-elle si mal partagé. — Le roseau répond — je ne me plains pas de mon sort, votre grandeur peut vous nuire, ma faiblesse me protégera. — Après cet entretien, un vent violent s'élève et déracine le chêne.

Il est plus facile sous cette forme simple de découvrir la moralité; elle se trouve dans le langage du roseau.

—

§ 7. TABLEAUX ET DESCRIPTIONS (1).

Préceptes du genre.

La *description* représente un objet ou une action ; elle met en relief la nature d'une chose, ou les diverses circonstances d'un fait. Elevée à son plus haut degré de perfection, elle prend le nom de *tableau*.

La description et le tableau ne constituent pas, à parler rigoureusement, un genre particulier de composition ; ce sont des ornements, et les plus riches peut-être de l'éloquence et de la poésie. L'on ne peut guère concevoir une composition de quelque intérêt sans que la description ou le tableau viennent y prendre plus ou moins de place. Mais il n'est pas moins vrai que ces ornements sont par eux-mêmes d'un tel effet qu'ils méritent des préceptes spéciaux.

On peut puiser une description à quatre

(1) Les rhéteurs distinguent six espèces de descriptions. 1° la *Chronographie*, description des temps ; 2° la *Topographie*, description des lieux ; 3° la *Démonstration*, description d'un fait particulier ; 4° *l'Ethopée*, description des mœurs ; 5° la *Prosopographie*, description de l'extérieur ; 6° l'*Hypotypose*, description d'un événement. — Il m'est impossible, d'après les explications mêmes des rhéteurs, de voir une différence entre la démonstration et l'hypotypose, c'est le tableau ; l'éthopée, c'est le caractère ; la prosopographie, c'est le portrait. Restent la topographie et la chronographie, qui sont presque toujours unies et que nous ne séparerons point.

sources différentes : 1° dans la nature, en représentant quelque scène solennelle ou quelque objet touchant, qui se présente journellement à nos yeux, depuis la fleur qui cache ses parfums sur les bords du ruisseau, jusqu'à la foudre qui brise les chênes séculaires et à la tempête qui bouleverse les mers ; 2° dans la société, en peignant les événements qui se passent soit au sein de la famille soit sur ce théâtre mobile où les hommes déploient, tantôt en public, tantôt dans les réunions et soirées, leurs talents, leurs mœurs, et l'infatigable activité de l'esprit ; 3° dans le cœur humain ; l'écrivain y découvre les ressorts secrets qui font mouvoir les sociétés, il étudie les mouvements des passions, il y sonde les mystères de la conscience ; pour cela il s'étudie lui-même ; son cœur est comme un écho où viennent se répercuter tous les bruits de ceux qui l'environnent ; 4° dans l'idée d'une puissance suprême : la pensée prend son essor par de là les limites du monde périssable ; elle va dans une région supérieure chercher de plus nobles images, s'empare de ces mystérieux rapports qui unissent le ciel et la terre, et nous fait respirer d'avance un parfum d'immortalité.

En trois vers Boileau a indiqué le style de la description :

> Soyez riche et pompeux dans vos descriptions ;
> C'est là qu'il faut *du style* étaler l'élégance,
> N'y présentez jamais de basse circonstance.

Soyez riche. — Peignez avec des couleurs vives et tellement vraies qu'on ne puisse méconnaître l'objet décrit.

Soyez pompeux, *élégant ;* mais prenez garde à l'enflure, à l'emphase, aux écarts de l'imagination.

Point de basse circonstance. Choisissez vos détails ; rejetez ce qui est vulgaire, insignifiant ; arrêtez-vous aux traits caractéristiques, originaux.

Voici ce qu'on peut ajouter à ces recommandations du maître : 1° On doit présenter l'objet à dépeindre sous le point de vue le plus remarquable ou le plus favorable au but qu'on se propose. S'agit-il d'un serpent, par exemple, ne parlez pas, si vous voulez le rendre moins odieux, de son venin, de sa bave et de ses morsures cruelles, etc. ; mettez au contraire en lumière ses vives couleurs, ses plis et ses replis. — Mais si vous voulez le rendre affreux, négligez les détails gracieux, et faites ressortir ceux qui donnent plus d'horreur du reptile ; 2° On doit saisir le moment le plus avantageux, quand l'objet est mobile ; si vous vouliez dépeindre le vol de l'hirondelle, vous n'iriez pas la placer immobile sur une fenêtre ; 3° Considérez l'étendue que vous pouvez donner à votre description, elle dépendra du morceau ou vous l'encadrerez, et du genre dans lequel vous écrirez. Simple narrateur, historien, vous vous contenterez de quelques traits saillants; orateur, vous présenterez plus de détails; mais vous vous arrêterez dès que vous jugerez votre but atteint. Poète, vous laisserez faire un peu votre imagination, sans lui permettre cependant de fatiguer le lecteur; 4° Enfin, recourez quelquefois au contraste. Mélangez l'ombre avec les lumières. Vous détacherez mieux les objets, vous leur donnerez plus d'éclat. Voici deux vers qui empruntent au contraste une forme touchante:

Furieuse elle vole avec un coutelas
Vers ce fils *innocent qui lui tendait les bras.*

C'est une mère furieuse qui est sur le point d'égorger son enfant. L'innocence n'a pour se défendre que la supplication. L'enfant tend les bras à sa mère pour la recevoir et l'embrasser; et cette action naturelle et attendrissante fait ressortir la fureur d'une mère dénaturée.

On peut remarquer, d'après tout ce qui précède, que décrire ce n'est pas accumuler sans choix tous les détails d'une action ou d'un objet, quelque vrais qu'ils soient; et que le mérite du style descriptif est d'offrir les circonstances principales, de donner à chacune la place et l'étendue qui lui conviennent.

Il ne faut pas non plus décrire pour le seul plaisir de décrire, et comme pour montrer qu'après avoir représenté la sérénité d'un beau ciel, on sait aussi représenter l'horreur d'une tempête. Ce but futile serait indigne du plus médiocre écrivain. Songeons que la description n'est qu'un moyen de relever ce qu'il y a de moral et d'essentiel dans un ouvrage, et qu'elle doit, directement ou indirectement, concourir à rendre mieux la pensée principale d'un auteur.

Si vous voulez maintenant faire un tableau d'une description, vous tâcherez, au moyen de l'hypotypose, d'augmenter le mouvement, de presser le récit. Vous parlerez plus à l'imagination qu'à l'oreille; vous ne serez plus narrateur, poète, orateur; vous serez peintre, et vous nous ferez assister à un spectacle réel. Mais plus puissante que la peinture, votre parole imitera les sons, fera changer les objets de place, reproduira la succession des mouvements, exprimera les élans du cœur, et révèlera les faits les plus intimes de la pensée. Votre œuvre ne se verra pas sur une simple toile; ce sera un diorama (ouvrage à double vue), mais un diorama vivant, où vos acteurs devront tour à tour penser, parler et agir. Ce n'est qu'à ces conditions que vous ferez un tableau.

☞ Canevas n°s 100 à 135.

DÉCOMPOSITION.

Il serait inutile de rechercher une disposition dans les descriptions et tableaux. Ici on ne s'occupera que des détails et du style.

☞ Canevas nos 136 à 139.

MODÈLE DE DÉCOMPOSITION DE DESCRIPTIONS.

MATIÈRE.

UNE NUIT DANS LES DÉSERTS DE L'AMÉRIQUE.

Une heure après le coucher du soleil, la lune se montra au-dessus des arbres, à l'horizon opposé ; une brise embaumée, qu'elle amenait de l'Orient avec elle, semblait la précéder, comme sa fraîche haleine, dans les forêts. La Reine des nuits montait peu à peu dans le ciel : tantôt elle suivait paisiblement sa course azurée, tantôt elle reposait sur des groupes de nues, qui ressemblaient à la cime des hautes montagnes couronnées de neige. Ces nues, ployant et déployant leurs voiles, se déroulaient en zônes diaphanes de satin blanc, se dispersaient en légers flocons d'écume, ou formaient dans les cieux des bancs d'une ouate éblouissante, si doux à l'œil, qu'on croyait ressentir leur mollesse et leur élasticité.

La scène, sur la terre, n'était pas moins ravissante ; le jour bleuâtre et velouté de la lune descendait dans les intervalles des arbres, et poussait des gerbes de lumière jusque dans l'épaisseur des plus profondes ténèbres. La rivière qui coulait à mes pieds, tour à tour se perdait dans les bois, tour à tour reparaissait toute brillante des constellations de la nuit, qu'elle répétait dans son sein. Dans une vaste prairie, de l'autre côté de cette rivière, la clarté de la lune dormait sans mouvement sur les gazons. Des bouleaux agités par les brises et dispersés çà et là dans la savanne, formaient des îles d'ombres flottantes sur une mer immobile de lumière. Auprès, tout était silence et repos, hors la chûte de quelques feuilles, le passage brusque d'un vent subit; les gémissements rares et interrompus de la hulotte; mais au loin, par intervalles, on entendait les roulements solennels de la cataracte du Niagara, qui, dans le calme de la nuit, se prolongeaient de désert en désert et expiraient à travers les forêts solitaires.

La grandeur, l'étonnante mélancolie de ce tableau, ne sauraient s'exprimer dans des langues humaines; les plus belles nuits en Europe ne peuvent en donner une idée. En vain, dans nos nos champs cultivés, l'imagination cherche à s'étendre; elle rencontre de toutes parts les habitations des hommes, mais dans ce pays désert, l'âme se plaît à s'enfoncer dans un océan de forêts, à errer aux bords de lacs immenses, à planer sur le gouffre des cataractes, et, pour ainsi dire, à se trouver seule devant Dieu.

CHATEAUBRIAND. (*Génie du Christianisme.*)

ANALYSE.

Cette brillante description mérite le nom de tableau; car on y reconnaît la touche d'un peintre habile. Tout lecteur remarque les mots *Reine des nuits,* cette périphrase est bien connue, mais elle est placée là si à propos que la lune ressemble à une reine assise sur un trône de nuages, et entourée de toute la pompe d'une cour splendide.

On ne peut trop admirer tous ces mots qui font image et rendent sensibles aux yeux les magnificences du désert. La brise est l'haleine de la lune qui s'avance. Ceci paraîtrait peut-être forcé; mais l'auteur a eu soin d'ajouter *comme*. Les nues ressemblent à *des montagnes couronnées de neige* ; elles se déploient en bandes de *satin*, se dispersent en *flocons d'écume*, et forment des siéges de *ouate* molle et élastique. Peut-on parler plus éloquemment aux yeux ?

La hardiesse et la beauté des métaphores ne sont pas moins dignes d'éloges, *des îles d'ombres flottantes*, *une mer immobile de lumière*, *un océan de forêts*, *le sein de la rivière*; sont des figures riches, *la course azurée de la lune*, *son jour velouté*, *les zônes diaphanes*, *formées par les nuages*, *des bancs doux à l'œil*, *la rivière brillante des constellations de la nuit*, *la clarté dormante sur les gazons*; renferment des épithètes qui tiennent à la fois de la métaphore et de l'image, et que peu d'écrivains emploient avec grâce.

L'auteur partage sa description en trois parties. Dans la première c'est le ciel avec la lune et les nuages qui se jouent dans l'azur. Il néglige les étoiles, comme détails trop pâles à côté de l'éclat de l'astre des nuits. Cette partie avait besoin d'un peu de vie et de mouvement; l'auteur anime la scène par l'haleine de la brise, la course majestueuse de la lune et les mouvements variés des nuages. La seconde partie, c'est le bord de la rivière, du côté où l'auteur écrit. On voit la lune se jouer capricieusement dans les massifs d'arbres, la rivière qui brille, court, se perd dans les bois et va refléter plus loin les constellations de la nuit. La dernière partie est l'autre côté du fleuve. Ici, en regard du repos de la nature et de la douceur du spectacle, règnent par un habile contraste le mouvement et la majesté. Les bouleaux s'agitent, les feuilles tombent, le vent passe dans la forêt, la hulotte gémit, et le Niagara fait entendre dans le lointain un roulement solennel : c'est la grande voix de la cataracte qui trouble par intervalles *le calme* de *la nuit*, et il semble par un effet d'harmonie imitative que cette voix roule d'échos en échos. *Se prolongaient, expiraient, forêts.* — *De désert en désert, à travers, solitaires*, tous ces mots convenablement distancés viennent frapper l'oreille de sons uniformes, et l'on éprouve comme un frémissement involontaire.

L'auteur termine cette description magnifique en nous ramenant en Europe. Il oppose nos champs cultivés aux déserts du nouveau monde, là l'imagination languit; ici elle est libre et fière, et l'âme s'y plaît *seule devant Dieu*. Réflexion sublime qu'on aime à rencontrer en finissant. C'est ainsi que l'écrivain n'écrit pas simplement pour dire de belles choses, mais qu'il sait surtout rapporter son génie et ses productions au créateur de toutes les perfections.

§ 8. Narration Historique.

Préceptes du genre.

Il n'entre point dans mon plan de tracer ici les graves devoirs d'un historien. Ce serait une tâche au-dessus de mes forces; d'ailleurs les bornes d'une rhétorique ne me permettraient point les développements nécessaires.

Nous ne parlons que de la narration historique, c'est-à-dire du récit particulier d'un fait puisé dans l'histoire; or, trois qualités sont indispensables à ce genre de narration : la vérité, l'impartialité, l'unité.

La vérité. — Le fait doit être incontesté, puisé à des sources authentiques ou appuyé, s'il est inédit, de pièces justificatives irrécusables.

L'impartialité. — Il ne suffit pas de dire la vérité; il faut la dire tout entière. On doit caractériser la nature du fait, l'esprit d'une expédition, les motifs d'une entreprise, en donnant à chaque personnage sa part d'éloge ou de blâme, en évitant de juger avec passion, et en rapportant même les choses qui seraient contraires à nos opinions.

L'unité. — S'il faut, dans l'histoire, tout rapporter à une cause première, ainsi que l'a fait Bossuet dans son discours sur l'histoire universelle, à plus forte raison faut-il dans une simple narration avoir un but unique auquel on rapportera tous les détails d'un fait, toutes les circonstances d'un événement.

Il n'est point défendu au narrateur de se servir de son imagination, en donnant aux personnages une physionomie plus saillante, aux actions plus de mouvement et de coloris, pourvu qu'on se renferme dans l'exactitude historique, et que les choses racontées ne restent point en deçà ou n'aillent point au-delà de la vérité.

Le style sera, suivant le sujet, abondant, ou grave, ou concis, on y admettra les ornements qu'autant qu'on fera usage de son imagination. Les phrases seront tantôt courtes, tantôt périodiques, et toujours de formes variées. (Voyez variété, page 166.)

☞ Canevas nos 140 à 149.

§ 9. Narration poétique ou fictive.

Préceptes du genre.

Dans la narration historique, la vérité règne seule, immuable et inflexible; l'imagination est son esclave. Ici les rôles changent. L'imagination est seule reine et maîtresse; elle ne consulte point la vérité, il lui suffit d'obéir à la vraisemblance. Mais cette seule règle de la vraisemblance impose au narrateur de stricts devoirs.

1° Il faut que son récit soit tel qu'on puisse aisément le croire *vrai*. L'homme raille et méprise *l'impossible*; il faut captiver son attention, et lui laisser même croire que l'on dit des choses vraies; 2° le récit fictif doit être plus intéressant que s'il était historique. On n'a point pour s'excuser la réalité du fait, puisqu'on dispose à son gré des événements ; 3° donnez à la narration l'unité la plus parfaite, ne vous plaignez point de la multiplicité des événements, de l'aridité des détails, de l'imperfection des caractères : car vous êtes maître de tout ; 4° l'action doit offrir fort nettement un commencement, un milieu et une fin ; mais, soit pour éviter les longueurs, soit pour faire arriver l'intérêt dès l'abord, on peut ne pas commencer par l'exposition. Le lecteur se trouve ainsi transporté de suite au milieu du nœud, et il faut trouver habilement le moyen de raconter plus tard le commencement. Ce début est employé de préférence dans les compositions dramatiques ; 5° les caractères des personnages doivent être soutenus, c'est-à-dire se présenter à la fin, tels qu'au commencement. Si les circonstances sont de nature à les modifier, ce changement sera amené avec adresse et vraisemblance ; 6° enfin, vous devez raconter des choses morales et imiter la belle nature. Malheur au narrateur qui emploie son talent à réhausser de coupables passions !

Mépris à celui qui nous promène d'horreurs en horreurs !

Le récit poétique reçoit tous les ornements du style. Il s'agit de les placer à propos et avec goût.

☞ Canevas nos 150 à 163.

§ 10. Narration Badine.

Préceptes du genre.

La narration badine ou *conte* est le récit d'un événement dont le but est d'instruire le lecteur tout en l'amusant.

C'est le genre peut-être ou l'imagination a la plus libre carrière, puisqu'elle n'est point gênée par la vraisemblance. Non-seulement l'écrivain peut recourir au merveilleux ; mais il peut le revendiquer comme un de ses priviléges. Il vit dans le monde des chimères, dans le domaine des fées et des enchanteurs ; il fait agir la baguette miraculeuse, les anneaux qui rendent invisibles et les talismans qui protégent de tout danger.

Ecrit presque toujours pour les enfants, le conte veut un style simple, léger, familier et à la portée du premier âge. Il doit cacher, comme la fable, une moralité claire, facile à tirer du sujet, et qu'il convient toujours d'expliquer en peu de mots.

Si le conteur se dispense de recourir aux prodiges et aux enchantements, il rendra sa narration vraisemblable et intéressera plus vivement l'enfance ; ainsi exposé le conte, quoique futile de sa nature, peut contribuer à répandre les douceurs de la morale et devenir par son but une composition sérieuse. Chacun se rappelle ici quel agrément on éprouve en lisant les contes du chanoine de Schmit, quelles larmes d'attendrissement ils font verser aux enfants et combien l'on est heureux de voir toujours la vertu récompensée et la méchanceté punie. *La Barbe Bleue*, *Peau d'âne*, n'ont pas eu de moindres succès en leur temps. Or, qu'on se persuade bien que ces contes seraient oubliés depuis long-temps, si les auteurs avaient dévié de ce but moral que tout écrivain ne doit jamais perdre de vue. On peut rapporter à la narration badine, du moins pour la forme légère et familière, l'historiette et l'anecdote.

☞ Canevas nos 165 à 183.

§ 11. NARRATION MIXTE.

Préceptes du genre.

« La narration mixte, dit l'abbé Anastase Capot, occupe le milieu entre le récit historique et la fiction ; elle tient à la fois de l'un et de l'autre, et c'est pourquoi on a pu la nommer narration mixte. C'est l'espèce la plus usitée pour les essais de composition, et à bon droit. Que doit-on, en effet, se proposer en apprenant à écrire? Est-ce seulement de posséder les qualités de l'historien, de devenir correct dans son style et juste dans ses appréciations? Non, il faut encore savoir, au besoin, donner carrière à la faculté créatrice de son esprit, suivre les élans de l'enthousiasme, embellir un rôle et représenter ses personnages d'un côté plutôt que d'un autre. Mais la sévérité de l'histoire s'opposait au moindre écart en dehors de la ligne *réelle*, et d'autre part le genre purement poétique exigeait trop de vigueur de conception et trop de confiance en soi-même. Ainsi, qu'avait-on de mieux à faire que de créer un genre qui, reposant sur des bases connues et avérées, ne fût cependant pas ennemi des embellissements de l'imagination, des élans du sentiment et des circonstances de pure fantaisie? Notez de plus que ce genre n'exige pas une étude aussi sévère des faits que le récit historique, et qu'il présente en conséquence beaucoup plus d'attraits. Pourquoi maintenant les jeunes gens trouvent-ils si rarement dans leurs lectures des fragments propres à leur servir de modèle en ce genre? La raison en est simple. C'est qu'un auteur n'écrit guère que pour faire ou du réel ou du romanesque, et que le genre mixte n'ayant pas un grand résultat moral dans la république des lettres, il est presque exclusivement abandonné aux écoles. Il y a cependant des ouvrages, tels que *la Gaule poétique*, par Marchangy, où abonde la narration mixte. On peut encore classer dans ce genre une foule de ces narrations qui se trouvent aujourd'hui dans plusieurs publications périodiques. »

Ainsi dans la narration mixte on s'empare d'un fait dont le fond appartient à l'histoire : d'un personnage dont l'existence n'est point mise en doute. On arrange les détails de manière à embellir son récit, on met dans la bouche de ses héros les paroles qu'ils ont vraisemblablement prononcées. On suit donc les règles de la narration historique pour le fond et pour les détails ainsi que pour la forme, on se conforme aux préceptes de la narration poétique.

La narration mixte me semble plus étendue que ne le pense l'estimable auteur cité plus haut. N'est-ce pas ce genre en effet qu'il faut reconnaître dans la plupart des tragédies, des drames, et des romans qualifiés d'*historiques*. Les auteurs dramatiques sentent la force de la vérité, et savent que le public aime à voir agir, à entendre parler les grands acteurs des siècles passés. En puisant ainsi dans l'histoire, ils économisent des frais d'invention; ils y trouvent des caractères tout faits, des circonstances préparées, et des noms de personnages prêts à mettre en scène. C'est une ressource immense pour les écrivains du second ordre : car si une élocution digne du sujet est la marque certaine de l'art et du goût, une invention toute originale est la pierre de touche du génie.

☞ Canevas nº 184 à 203.

§ 12. Narration Epistolaire.

Préceptes du genre.

La narration épistolaire raconte un fait dans une lettre. Elle se distingue d'une simple nouvelle en ce qu'elle ne se borne point à dire que telle chose a eu lieu, mais comment elle est arrivée, et avec quelles circonstances remarquables.

Si je dis : « Le carrosse de l'archevêque de Reims a versé hier sur la route de St.-Germain à Paris, et a failli écraser un homme à cheval. Tout le monde en a été quitte, heureusement, pour la peur ; » je mande une nouvelle sous une forme simple, sans détails, sans ornements. Mais Madame de Sévigné en racontant la même événement, fait une petite narration épistolaire, charmante, récréative et pittoresque. Ecoutons-la.

« L'archevêque de Reims revenait hier fort vite de

» Saint-Germain ; c'était comme un tourbillon. S'il se » croit grand seigneur, ses gens le croient encore plus » que lui, il passait au travers de Nanterre, tra, tra, » tro : ils rencontrent un homme à cheval : Gare ! gare ! » Ce pauvre homme se veut ranger ; son cheval ne le » veut pas, et enfin le carrosse et les chevaux renver- » sent sens-dessus dessous le pauvre homme et le cheval, » et passent par-dessus, et si bien par-dessus que le » carrosse en fut versé et renversé. En même temps » l'homme et le cheval, au lieu de s'amuser à être roués, » se lèvent miraculeusement, remontent l'un sur l'autre, » et s'enfuient ; ils courent encore, pendant que les la- » quais et le cocher de l'archevêque, et l'archevêque » même, se mettent à crier : Arrête, arrête ce coquin ! » qu'on lui donne cent coups ! L'archevêque, en racon- » tant ceci disait : Si j'avais tenu ce maraud-là, je lui » aurais rompu les deux bras et coupé les oreilles. »

Un style familier, rempli d'aisance, de grâce et de naturel ; un choix de détails intéressants, feront le mérite d'une narration épistolaire.

☞ Canevas nos 204 à 211.

§ 13. Narration Légende.

Préceptes du genre.

La légende est le récit d'un fait puisé dans l'histoire du moyen-âge, ou dans ces temps primitifs où l'imagination se passionnait pour le merveilleux ; elle reproduit toutefois le plus ordinairement un événement religieux, qu'admet volontiers une foi simple et pure.

L'écrivain doit s'identifier ici avec l'esprit de l'époque naïve à laquelle il emprunte son récit. On ne le verra pas s'armer des principes d'une critique rigoureuse, son ton, au contraire, sera constamment empreint d'une aimable crédulité.

La phrase de la légende affectionne les tournures originelles du vieil idôme; elle admet un bon nombre d'expressions surannées; en un mot, le laisser-aller y domine dans le style autant que dans la pensée (M. A. Capot.)

☞ Canevas nos 212 à 221.

Décomposition de la Narration.

En général :

Forme. — On détaillera les principaux ornements.

Fond. — 1° On examinera les trois parties de la disposition ; 2° on réduira la narration à une ou deux phrases ; 3° on dira auquel des six genres indiqués la narration appartient.

En particulier :

On fera remarquer 1° si dans la forme la narration historique est grâve, sérieuse, soutenue ; si la narration fictive et la narration mixte sont ornées, élégantes, si la narration badine et la narration épistolaire sont familières, simples et enjouées ; si la narration légende fait respirer le parfum du style et de la foi de nos pères.

2° Si au fond les narrations fictives, mixtes,

et la légende sont vraisemblables et intéressantes. Si la narration historique est une, vraie et impartiale, si les narrations badine et épistolaire sont rehaussées par ces détails attrayants, ces circonstances bien saisies qui font leur mérite principal.

☞ Canevas n°s 222 et 223.

MODÈLE DE DÉCOMPOSITION DE NARRATION.

MATIÈRE.

COMBAT ENTRE MÉROVÉE ET UN CHEF GAULOIS.

» Mérovée, rassasié de meurtres, contemplait immobile, du haut de son char de victoire, les cadavres dont il avait jonché la plaine. Ainsi se repose un lion de Numidie, après avoir déchiré un troupeau de brebis ; sa faim est apaisée, sa poitrine exhale l'odeur du carnage ; il ouvre et ferme tour à tour sa gueule fatiguée, qu'embarrassent des flocons de laine ; enfin, il se couche au milieu des agneaux égorgés ; sa crinière, humectée d'une rosée de sang, retombe des deux côtés de son cou ; il croise ses griffes puissantes, il allonge la tête sur ses ongles, et, les yeux à demi fermés, il lèche encore les molles toisons étendues autour de lui.

» Le chef des Gaulois aperçut Mérovée dans ce repos insultant et superbe. Sa fureur s'allume ; il s'avance vers le fils de Pharamond ; il lui crie d'un ton ironique : « Chef à la longue chevelure, je vais t'asseoir autrement sur le trône d'hercule le Gaulois. Jeune brave, tu mérites d'emporter la marque du fer au palais de Teutatès. Je ne veux point te laisser languir dans une honteuse vieillesse.

« — Qui es-tu? répondit Mérovée avec un sourire amer; es-tu d'une race noble et antique? Esclave romain, ne crains-tu point ma framée?

» — Je ne crains qu'une chose, repartit le Gaulois frémissant de courroux; c'est que le ciel tombe sur ma tête.

» — Cède-moi la terre, dit l'orgueilleux Sicambre.

» — La terre que je te céderai, s'écria le Gaulois, tu la garderas éternellement.

» A ces mots, Mérovée, s'appuyant sur sa framée, s'élance du char par-dessus les taureaux, tombe à leurs têtes, et se présente au Gaulois qui venait à lui.

» Toute l'armée s'arrête pour regarder le combat des deux chefs. Le Gaulois fond l'épée à la main sur le jeune Franc, le presse, le frappe, le blesse à l'épaule, et le contraint à reculer jusques sous les cornes des taureaux. Mérovée, à son tour, lance son angon, qui, par ses deux fers recourbés, s'engage dans le bouclier du Gaulois. Au même instant, le fils de Clodion bondit comme un léopard, met le pied sur le javelot, le presse de son poids, le fait descendre vers la terre, et abaisse avec lui le bouclier de son ennemi. Ainsi forcé à se découvrir, l'infortuné Gaulois montre la tête. La hache de Mérovée part, siffle, vole, et s'enfonce dans le front du Gaulois, comme la cognée d'un bûcheron dans la cime d'un pin. La tête du guerrier se partage; sa cervelle se répand des deux côtés, ses yeux roulent à terre, son corps reste encore un moment debout, étendant des mains convulsives, objet d'épouvante et de pitié. »

CHATEAUBRIAND.

ANALYSE.

Le commencement de cette belle narration

fait connaître la situation du principal personnage. La grande figure de Mérovée domine du haut d'un char de triomphe la scène de meurtres qui l'environne. L'épithète *immobile* semble lui donner ce sang-froid naturel aux grands courages : on voit de suite qu'il s'agit d'un héros qui a vaillamment combattu, et pour que le lecteur ait une haute idée de la force et de la valeur du héros, l'auteur le compare à un lion qui vient d'égorger un troupeau. Cette comparaison est si rebattue qu'elle est devenue triviale ; mais Châteaubriand le sait, et il va lui donner une de ces formes colossales qui la feront admirer. Quelle variété de détails il jette au milieu de ce repos majestueux du lion ! Quelle force dans les épithètes, sa gueule *fatiguée*, sa crimière *humectée d'une rosée de sang* (métaphore hardie) ses griffes puissantes, et par contraste les molles toisons, les brebis, les agneaux, les flocons de laine, toutes ces idées douces mêlées à l'horreur du récit, viennent rendre plus sauvage la férocité du roi des forêts.

Le chef Gaulois, second acteur de ce drame, doué de fierté et d'énergie comme Mérovée, paraît et ose insulter le vainqueur : ici commence un dialogue un peu forcé peut-être. L'ironie est dans la bouche du Gaulois : *chef à la longue chevelure*, périphrase insultante, ainsi que celles qui se développent en trois phrases formant une expolition. Mérovée répond sérieusement et insulte à son tour le Gaulois en l'appelant *esclave romain*. Celui-ci réplique par une hyperbole, *je ne crains qu'une chose, c'est que le ciel me tombe sur la tête.* Mérovée entendant parler du ciel, réclame la terre. Cette antithèse est peu naturelle dans ce solennel instant. Le Gaulois à propos de la terre, fait un jeu de mots trop étudié pour être vraisemblable.

Tout ce dialogue sent l'art, et même l'affectation dans l'art, et c'est bien dommage que cette tache se montre dans un si beau récit.

Mérovée est debout, une image saisissante le représente franchissant d'un bond les taureaux. Voilà les deux héros en présence, ici commence un des plus beaux tableaux que possède notre langue. Figurons-nous une vaste toile dont une armée entière occupe le fond et les côtés. Au milieu, sur le deuxième plan, est un char vide attelé de taureaux, deux guerriers l'épée à la main (remarquez cette nouvelle image), sont au premier plan, et au grand jour. Les voilà qui se pressent, se frappent et se blessent. L'hypotypose étale ses grandes ressources. Phrases coupées, expressions vives et courtes, verbes au temps présent, images entassées, tout dans le style se presse, court comme un torrent, et c'est à peine si l'imagination peut suivre ce mouvement, bondissant *comme un léopard* (comparaison courte et vive, telle qu'il la fallait en cet endroit). Le Gaulois montre *la tête; la hache*, quel raprochement énergique et rapide! on voit à peine la tête que la hache se montre! La hache *part, siffle, vole, et s'enfonce*, harmonie imitative. Ce mot *s'enfonce* plus long et plus pesant que les mots légers et courts *part, siffle, vole*, fait tomber le trait descriptif avec lourdeur; il semble que l'on entend ce coup sourd et effrayant d'un fer sur une tête humaine : *siffle, vole* sont des expressions forcées ; il fallait peut-être *brille, s'abat* et *s'enfonce.*

Deux petites taches se rencontrent encore à la fin. *La cîme d'un pin* est une image fausse. On attaque un pin par le tronc et non par la cîme. Il est vrai que la cîme est plus tendre, et ce mot a été choisi de préférence par l'auteur pour rendre plus sensible l'effet de la hache sur une substance aussi molle que la cervelle ; mais cela ne peut justifier l'expression. *Ses yeux roulent à terre* est une autre image contraire à la nature. Les yeux peuvent sortir de l'orbite mais non pas s'en détacher ainsi ; sauf ces réserves la fin du drame est digne du tableau précédant ; les petites circonstances rehaussent la mort du Gaulois. *Ce corps mort encore debout*, ces mains qui s'agitent convulsivement, cette cervelle qui se répand à terre, impriment dans l'âme, comme le dit Châteaubriand, *l'épouvante et la pitié.*

Ecrire ainsi, c'est écrire en poète plutôt qu'en narrateur.

Fond. — Cette narration appartient au genre mixte, l'auteur s'est emparé d'un nom, d'un fait historique, et son imagination a su les revêtir d'ornements brillants et poétiques. Il est impossible de refuser au récit l'intérêt, la vraisemblance et l'unité.

La disposition est des plus brillantes. L'exposition se termine au dialogue, le nœud se serre au moment où Mérovée saute à bas de son char ; il se complique à l'instant de la blessure et du combat. Le dénouement se prépare lorsqu'on voit le bouclier du Gaulois s'incliner vers la terre ; il s'approche quand ce guerrier se découvre, et il se montre en même temps que la hache. Ce dénouement tragique est digne de l'exposition. Réduit à sa plus simple expression, le récit se renfermerait dans ces deux phrases. « Mérovée vainqueur se reposait sur son char quand un chef Gaulois vint le provoquer à un combat singulier. Le chef Sicambre accepta ce défi, et après un combat de quelques instants il fendit la tête du Gaulois d'un coup de hache. »

CHAPITRE TROISIÈME.

—

DU DISCOURS (1).

—

Les bornes de cet ouvrage ne me permettent point de parler des discours de longue haleine. Les genres divers de causes que

(1) Les rhéteurs donnent spécialement le nom de rhétorique à la partie des règles de cette science qui embrasse l'art de parler et d'écrire *avec éloquence*. C'est un peu restreindre la matière, et ce n'est suivre ni les préceptes des anciens, ni les exigences de la société moderne. En effet, Quintilien, le premier des rhéteurs de

l'orateur peut plaider ont à peu près chacun la même importance pour les jeunes gens qui se destinent à la carrière d'orateur. Or, chacun de ces genres pour être traité à fond, demande des développements considérables et des études toutes spéciales. C'est ainsi que le prêtre doit apprendre ailleurs que dans une Rhétorique les préceptes de l'éloquence sacrée; l'avocat, le tribun, l'académicien s'instruiront dans les volumineux ouvrages des maîtres, des graves devoirs

l'antiquité, dans ses *institutions oratoires*, écrites surtout pour l'éloquence parlée, n'a point dédaigné de traiter des procédés les plus simples de l'élocution, comme des figures de mots et de tropes. Or, cet emploi des figures concerne aussi bien les narrations et les petits genres de composition que l'art oratoire. D'un autre côté un très petit nombre d'hommes sont appelés à devenir orateurs politiques, avocats, prédicateurs. Refuserez-vous à tous les autres le talent de bien dire et de bien écrire, et l'étude de ce que vous appelez la rhétorique? Vous prendriez alors la partie pour le tout, et cette synecdoque ne serait du goût de personne. Aussi dans vos traités de rhétorique, afin d'embrasser tout l'art, êtes-vous obligés de distinguer trois choses qui devraient rester unies: le style, la composition et la Rhétorique. De là, défaut d'unité dans vos plans, confusion pour l'élève, et nécessité pour vous de revenir sur vos pas chaque fois que vous abordez un genre nouveau de composition. En vain pour déguiser l'imperfection de votre œuvre, lui donnez-vous le titre pompeux de *traité de littérature*. Ces beaux mots ne font point illusion; ce n'est point un, deux ni trois volumes de format classique qui suffiraient à expliquer une matière aussi vaste que la littérature. Vos ouvrages restent donc de simples traités de Rhétorique, et c'est votre faute s'ils sont décousus et tombent par lambeaux.

imposés à l'éloquence judiciaire, politique et scientifique (1).

Sans doute nous pourrons embrasser dans nos canevas quelques parties du discours; mais ce sera toujours une composition restreinte et fort éloignée d'atteindre la hauteur du discours proprement dit. Nous nous conformons en agissant ainsi aux usages reçus dans toutes les écoles de Rhétorique depuis les temps les plus reculés jusqu'à nos jours.

« Ainsi, dit M. Leclerc dans sa rhétorique, quand
» Socrate préparait ses auditeurs au grand théâtre des
» luttes judiciaires et des délibérations publiques, leurs
» exercices oratoires n'avaient certainement ni la même
» étendue ni la même forme que les discours de Démos-
» thènes : et quand Plotius vint donner à Rome les pre-
» mières leçons d'éloquence latine, les déclamations de

(1) Les rhéteurs anciens disaient qu'un discours pouvait appartenir à trois genres : Le genre démonstratif, le genre délibératif et le genre judiciaire. Le premier avait pour objet la louange ou le blâme; par le second, l'orateur conseillait ou dissuadait; le troisième comprenait l'accusation et la défense devant les tribunaux.

Les rhéteurs modernes n'ont conservé que le genre judiciaire, et l'ont appelé éloquence du barreau. Les genres délibératifs et démonstratifs rentrant souvent l'un dans l'autre ont été supprimés et remplacés par l'éloquence de la tribune ou éloquence politique, comprenant aussi l'éloquence militaire, l'éloquence de la chaire, ou éloquence sacrée; et enfin l'éloquence académique ou scientifique.

Cette division est plus adaptée à nos mœurs et à l'état de la société.

» ses élèves ne ressemblaient sans doute ni à la seconde
» Philippique, ni aux plaidoyers pour Cluentius et pour
» Milon. »

Nous entendons par discours *ces allocutions de circonstance et de peu d'étendue que les données de l'histoire ou des suppositions raisonnables permettent de mettre dans la bouche de certains personnages.*

D'après cette définition posée pour nos besoins classiques, faisons notre part (1), elle sera encore assez vaste et féconde.

Nous abandonnerons à des études spéciales : 1° les conférences, sermons, prônes, instructions, oraisons funèbres, panégyriques religieux, qui sont du domaine de l'éloquence sacrée ; 2° les discours faits pour les assemblées délibérantes, qui appartiennent à l'éloquence politique ; 3° les longs plaidoyers civils et criminels et les réquisitoires, mercuriales et rapports que reven-

(1) Il n'entrera dans la pensée de personne de m'objecter que je ne traite point des grandes compositions, comme l'histoire, les discours de longue haleine, sermons, panégyriques, oraisons funèbres, l'épopée, la tragédie, le drame, le roman, l'ode, etc., tout ce qui, en un mot est réservé à des études spéciales plutôt qu'à des exercices de Rhétorique. La jeunesse a assez à faire de s'initier à la connaissance des premiers éléments de l'art ; l'âge mûr les développera et les complètera par la lecture approfondie des ouvrages didactiques composés sur les grands sujets : car telle est leur étendue, qu'il faudrait pour chacun un ouvrage spécial aussi volumineux que celui-ci.

diquent les hauts fonctionnaires de la magistrature dans l'éloquence judiciaire ; 4° les panégyriques civils, les discours d'apparat, prononcés dans les solennités classiques et scientifiques, qui font l'objet de l'éloquence académique.

Nous garderons pour nos exercices 1° les exhortations ; 2° la harangue historique ; 3° la harangue militaire ; 4° la narration oratoire ; 5° enfin, le plaidoyer non légal malgré sa longueur, mais qui mérite de faire exception à cause de la nécessité où l'homme se trouve si souvent en sa vie d'avoir à défendre ses intérêts. Pour ne pas multiplier les préceptes, nous renfermerons en un seul genre l'exhortation et la harangue.

Mais pour ne pas laisser cette partie incomplète, nous allons donner, avant de traiter en détail des genres que nous nous réservons, une idée de ceux que chacun devra étudier plus tard suivant la profession qu'il choisira.

Eloquence Sacrée.

C'est sans doute une grande et belle institution que d'avoir réuni les hommes dans un temple pour les instruire de leurs devoirs ; d'avoir établi des cours publics d'entretiens approfondis entre la religion et la conscience, d'avoir contrebalancé l'impunité du présent par la justice de l'avenir, d'avoir armé les orateurs sacrés de toute la puissance de la parole pour combattre les vices, éveiller la foi, remuer le cœur, ébranler l'imagination, subjuguer la volonté et enchaîner toutes les passions sous le joug de la loi par les liens les plus intimes des intérêts éternels; d'avoir appelé chaque héros de l'Evangile à une si haute mission, en lui disant : viens occuper dans le sanctuaire la place de Dieu lui-même : toutes les vérités morales t'appartiennent; tous les hommes ne sont plus devant toi que des pécheurs et des mortels; et les dépositaires du pouvoir ne se distinguent à ta vue que par de plus grandes obligations, de plus redoutables dangers et la perspective d'un plus sévère jugement. Découvre à tes auditeurs le tribunal suprême de la justice, les asiles de l'humanité souffrante, les chaumières, les tombeaux, les abîmes de l'éternité, et fais-en sortir des leçons utiles à la terre, en forçant l'homme de devenir lui-même son accusateur et son juge dans le secret de ses pensées et dans la solitude de ses remords.

Tel est le tableau que présente le ministère évangélique; il peut donner une idée des ressources de l'orateur sacré. Aussi le ministère de la parole n'a nulle part plus de puissance et de dignité que dans la chaire, partout ailleurs c'est un homme qui parle à des hommes : ici c'est un être d'une autre espèce, élevé entre le ciel et la terre, c'est un médiateur que Dieu place entre la créature et lui. Indépendant des considérations du siècle, il annonce les oracles de l'éternité. Le lieu même d'où il parle, celui où on l'écoute, confond et fait disparaître toutes les grandeurs, pour ne laisser sentir que la la sienne. Les rois s'humilient comme le peuple devant son tribunal, et n'y viennent que pour être instruits; tout ce qui l'environne ajoute un nouveau poids à sa parole : sa voix retentit dans l'étendue d'une enceinte sacrée et dans le silence d'un recueillement universel; s'il annonce le néant de la vie, la mort est auprès de lui pour lui rendre témoignage, et montre à ceux qui l'écoutent qu'ils sont assis sur des tombeaux.

Ne doutons pas que les objets extérieurs, l'appareil des temples et des cérémonies n'influent beaucoup sur les hommes, et n'agissent sur eux avant l'orateur, pourvu qu'il n'en détruise pas l'effet. Représentons-nous Massillon dans la chaire, prêt à faire l'oraison funèbre de Louis XIV, jetant d'abord les yeux autour de lui, les fixant quelque temps sur cette pompe lugubre et imposante qui suit les rois jusques dans ces asiles de mort où il n'y a que des cercueils et des cendres, les baissant ensuite un moment avec l'air de la méditation, puis les relevant vers le ciel, et prononçant ces mots d'une voix ferme et grave : *Dieu seul est grand, mes frères!* Quel exorde renfermé dans une seule parole accompagnée de cette action! comme elle devient sublime par le spectacle qui entoure l'orateur! comme ce seul mot anéantit tout ce qui n'est pas Dieu.

Ces réflexions sont communes à tous les genres de l'éloquence sacrée; mais l'oraison funèbre mérite une mention spéciale. Elle tient beaucoup du sermon, et doit être fondée comme lui sur une doctrine céleste, qui ne connaît de vraiment bon, de vraiment grand que ce qui est sanctifié par la grâce, et qui foudroie toutes les grandeurs du temps avec le seul mot *d'éternité*. Il en résulte pour l'orateur un double devoir : il faut que, pour remplir son sujet, il exalte magnifiquement tout ce que fut son héros selon le monde, et que pour remplir son ministère, il termine tout cet héroïsme au néant, selon la religion, si la piété ou la pénitence ne l'a pas consacré devant Dieu. Ce plan n'est contradictoire que pour l'irréflexion, et difficile que pour la médiocrité : c'est au contraire une grande vue en morale, et un puissant véhicule pour le talent oratoire. En abattant d'une main ce qu'il a élevé de l'autre, l'orateur chrétien ne se combat point lui-même; il ne combat que des illusions, et avec d'autant plus de supériorité, qu'après avoir, comme par complaisance, accordé ce qu'il devait au siècle et à ses coutumes, il semble se jouer de toute la pompe qu'il a étalé un moment, et fait voir à ses auditeurs détrompés combien ce qu'ils admirent est peu de chose, puisqu'il ne faut qu'un mot pour en montrer le vide, et qu'un instant pour en marquer le terme.

Ce genre d'écrire a donc de merveilleuses ressources pour l'imagination et pour l'instruction : il est plus étendu, plus élevé, plus varié que le sermon. Dans la peinture des talents, des vertus, des travaux qui ont illustré les empires et servi ou embelli la société, il devance l'histoire et peut prendre un ton plus haut qu'elle. Heureux quand elle n'a pas ensuite à le démentir! Mais combien imposante doit être la voix qui se fait entendre aux hommes, entre la tombe des rois et l'autel du Dieu qui les juge! Ailleurs le panégyriste des héros est d'autant plus intimidé, qu'il a plus à faire; il borne son ambition et ses efforts à n'être pas au-dessous du sujet, à égaler les paroles aux choses : ici l'orateur sacré, planant au-dessus de toutes les grandeurs, les voit d'en-haut, tient d'une main la couronne qu'il pose sur leur tête, et de l'autre l'Evangile, qui renverse toutes les couronnes devant celles de l'éternité. Mais combien aussi ses mains doivent être fermes et sûres! si elles sont incertaines et vacillantes, si tous les mouvements n'en sont pas justes et décidés, tout l'effet est perdu. La tribune sainte est pour l'éloquence un théâtre auguste, d'où elle peut de toute manière dominer sur les hommes; mais il faut que l'orateur sache y tenir sa place. S'il vous laisse trop vous souvenir que ce n'est qu'un homme qui parle, si Dieu n'est pas toujours à côté de lui, on ne verra plus qu'un rhéteur mondain qui adresse à des cendres les derniers mensonges de la flatterie. Au contraire, s'il est capable d'avoir toujours l'œil vers les cieux, même en louant les héros de la terre, si en célébrant ce qui passe il porte toujours sa pensée et la nôtre vers ce qui ne passe point; s'il ne perd jamais de vue ce mélange heureux, qui est à la fois le comble de l'art et de la force, alors ce sera en effet l'orateur de l'Evangile, le juge des puissances, l'interprète des révélations divines; en un mot, ce sera Bossuet. (MAURY ET LA HARPE.)

ELOQUENCE POLITIQUE.

Le genre délibératif des anciens répond à merveille à l'éloquence politique dans la division des modernes. Il est autant en usage aujourd'hui dans les monarchies constitutionnelles qu'il était autrefois dans les gouvernements démocratiques. C'est un genre fait pour les assemblées nationales et législatives, et en effet, quels champs pour l'éloquence que ces assemblées, sans contredit les plus augustes de toutes ! Quelle carrière pour un vrai citoyen, soit qu'il ait déjà cultivé le talent de la parole, soit que le patriotisme, capable, comme toute grande passion, de transformer les hommes, ait fait de lui tout-à-coup un orateur ! Placé dans le sein même de la patrie, au-dessus de toutes les craintes, ou parce qu'elle peut les garantir de tous les dangers, ou parce qu'elle offre des motifs suffisants pour les braver tous ; au-dessus de tous les intérêts particuliers, parce qu'aux yeux de la raison, il se réunissent tous alors dans l'intérêt général, rien ne lui manque de ce qui peut échauffer le cœur, élever et fortifier l'âme, et donner à l'esprit des lumières nouvelles ; ni la grandeur des sujets, puisqu'ils embrassent les destinées publiques et les générations futures ; ni ce double aiguillon des difficultés et des encouragements, selon les anciens maîtres, si nécessaire à l'orateur : car il est ici en présence de toutes les passions ou connues ou cachées, généreuses ou abjectes ; il est de toutes parts assiégé, pressé, heurté par la contradiction, ou poussé, entraîné, enlevé par l'assentiment général. Il faut donc qu'il repousse des attaques furieuses, ou qu'il démasque un silence perfide. Il est au milieu de tous les préjugés, qui sont en même temps un épais et lourd bouclier fait pour mettre les esprits bornés et timides à couvert de la raison, et une arme acérée et dangereuse dont les esprits artificieux se servent pour intimider la raison même. Il est au milieu des accès de l'esprit d'innovation, espèce de fièvre la plus terrible, qui offusque le cerveau des vapeurs de l'orgueil et de l'ignorance, et allant bientôt jusqu'à la frénésie, se saisit du glaive pour tout abattre faute de savoir s'en servir pour élaguer. Que d'ennemis à combattre! mais aussi que de forces et de moyens pour le patriote, le vrai philosophe, l'homme éloquent, car tous ces caractères, qui faisaient l'ancien orateur, doivent alors être ceux du nôtre. Il jouit de toute la liberté, de toute la dignité d'une nation entière, en parlant devant elle et pour elle; les principes éternels de toute justice sont là dans toute leur puissance naturelle, invoqués devant la puissance qui a le droit de les appliquer; ils sont là pour servir l'homme de bien qui saura en faire un digne usage, pour faire rougir le méchant qui oserait les démentir ou les repousser. Enfin, ce n'est point ici l'effet toujours incertain et variable d'une lecture particulière où chacun a tout le loisir de lutter contre sa conscience, et de se préparer des défenses et des refuges. J'ose dire à l'orateur de la patrie : Si tous ses représentants sont réunis pour t'entendre, s'ils délibèrent après t'avoir entendu, c'est pour assurer ton triomphe et le sien. J'en atteste un des plus nobles attributs de la nature humaine, l'empire de la vérité éloquente sur les hommes rassemblés. Les plus justes et les plus sensibles reçoivent la première impression; ils la communiquent aux plus faibles, et l'étendent en la redoublant de proche en proche; la conscience agit dans tous, dans les uns, le courage dit tout haut : *oui*, dans les autres, la honte craint de dire : *non;* et s'il reste un petit nombre de rebelles opiniâtres, ils sont renversés, atterés, étouffés par cette irrésistible impulsion, par ce rapide contrecoup qu'ébranle toute la masse d'une assemblée, et comme la première lame des mers du nouveau-monde pousse le dernier flot qui vient frapper les plages du nôtre, de même la vérité partant de l'extrémité d'un vaste espace, accrue et fortifiée dans sa route, vient frapper à l'extrémité opposée son plus violent adversaire, qui, lorsqu'elle arrive avec toute cette force, n'en a plus assez pour lui résister. Mais pour que l'éloquence politique acquière généralement cet empire, il faut supposer d'abord que l'esprit national est généralement bon et sain, comme il l'était dans les beaux siècles de la Grèce et de Rome; et il faudrait s'attendre à un effet tout contraire, si une nation nombreuse se trouvait tout-à-coup composée de parleurs et d'auditeurs, précisément à l'époque où ayant perdu le frein de la religion et de la morale, elle aurait aussi rompu le joug de toute autorité. Alors le talent même, dans ceux qui parleraient, serait le plus souvent asservi et dépravé par ceux qui écouteraient, ou n'en serait pas écouté; alors les caractères dominants des orateurs de cette multitude insensée, seraient ou la complaisance servile qui flatte les passions et les vices, ou la grossière effronterie de l'ignorance, ivre du plaisir d'avoir tant d'auditeurs dignes d'elle; ou l'horrible imprudence du crime déchaîné, parlant en maître devant des complices et des esclaves. (La Harpe.)

Éloquence Judiciaire.

Les anciens, comme les modernes, se sont accordés à faire un genre tout spécial du discours qui a pour objet l'accusation ou la défense devant les tribunaux. Ainsi le genre (ou l'éloquence) judiciaire, comprend toutes les affaires qui se plaident en justice. Ce genre, ainsi que les deux autres, n'a pas eu la même forme parmi nous que chez les anciens, car quoi qu'il soit vrai dans un sens qu'*il n'y a rien de nouveau sous le soleil*, il est vrai dans un autre, que tout a changé et que tout peut changer encore. Notre barreau ne ressemble pas même aujourd'hui à celui des Grecs et des Romains : les particuliers ne sont pas accusateurs, il n'y a point d'affaires contentieuses portées au tribunal du peuple.... On croyait à Athènes ce talent si dangereux, qu'il était expressément défendu de s'en servir dans les causes portées devant l'Aréopage. La loi prescrivait aux avocats de se renfermer exactement dans la discussion du fait, et s'ils s'en écartaient, un huissier était chargé de les interrompre et les faire rentrer dans leur sujet. S'il y en avait eu un de cette espèce au palais, il aurait eu de l'occupation. Au reste, cette défense n'avait lieu que dans l'Aréopage, regardé comme le plus sévère et le plus inflexible de tous les tribunaux : ailleurs, il était permis à l'orateur de se servir de toutes ses armes.

Ce serait une question assez curieuse, de savoir si la plaidoirie ne doit être effectivement que la discussion tranquille d'un fait. A raisonner en rigueur, on n'en saurait douter; et certes, si nous avions une idée exacte de ce mot, le plus auguste que l'on puisse prononcer parmi les hommes, *la loi*, un juge qui n'en est que l'organe, qui doit être impassible comme elle, et ne connaître ni la colère ni la pitié, devrait regarder comme un outrage que l'on cherchât à l'émouvoir, c'est-à-dire, à le tromper. C'est le croire capable de juger suivant ses propres impressions, et non suivant la loi, qui n'en doit point recevoir, qui ne doit prononcer que sur les faits, et demeurer étrangère à tout le reste. Mais il faut l'avouer, il est bien difficile que la rigueur de la théorie soit applicable à la pratique.

C'est lorsqu'un fait important est douteux, ou sa qualité contestée; c'est lorsque la loi est obscure ou vague, ou que la relation du fait avec le droit n'est pas directe ou assez marquée; c'est lorsque les preuves sont équivoques, les titres ambigus, les indices douteux, les conjectures, les probabilités, les vraisemblances balancées par des apparences contraires; c'est lorsque l'aspect de la cause est favorable, et le caractère de la personne odieux ou suspect; lorsque le procès paraît juste et le procédé malhonnête, que la forme est nuisible au fond, que l'esprit et la lettre de la loi se contrarient ou semblent se contrarier: c'est alors que le genre *judiciaire* est susceptible d'éloquence. S'il s'agit du fait, la question est de savoir s'il est, ce qu'il est, quel il est relativement à la loi. *S'il est*, je plaide par les indices; ce *qu'il est*, par les définitions; *quel il est*, par les règles du juste et de l'injuste. Dans toute cause, l'éloquence de l'orateur est employée à l'attaque et à la défense; en même temps qu'il frappe il doit savoir parer, et, pour cela, se tenir en garde contre les surprises et les ruses de l'adversaire. De là cette étude profonde que recommandaient les anciens de l'intérieur d'une cause et de ses différentes faces; de là leur attention à choisir leurs moyens, à s'attacher aux forts, à passer sur les faibles, à rejeter tous les mauvais; de là l'importance qu'ils attachaient à ne jamais laisser échapper un mot qui donnât prise à l'adversaire, et non-seulement à dire ce qu'il fallait, mais sur toute chose, à ne jamais dire ce qu'il ne fallait pas; de là le soin qu'ils prenaient de connaître le caractère, le génie, le tour d'esprit, et pour ainsi dire, le jeu de l'adversaire, et de cacher le leur, en variant leur marche et en déguisant leur dessein...

Si dans l'attaque on prétend faire face à tous les points de la défense, on se déploie sur un trop grand front, et l'on s'affaiblit soi-même. Il faut, pour ainsi dire, attaquer en colonne, ne présenter que des points principaux et en petit nombre, afin que le juge n'en perde aucun de vue, et que l'adversaire n'en puisse éluder aucun, les appuyer, les soutenir, ne mettre en avant que des masses de raisonnements et de preuves; et pour repousser la défense, garder en réserve des forces inconnues à l'ennemi.

Ce n'est que par là, ce me semble, que l'agresseur peut balancer l'avantage du défendeur; et si le feu est également bien ménagé de part et d'autre, et si aucun des deux ne s'épuise en efforts perdus; s'ils s'attendent, s'ils ne déploient et ne font agir qu'à propos leurs réserves et leurs ressources, je pense qu'après le même nombre de répliques de part et d'autre, le combat se trouvant égal, le seul avantage marqué sera celui de la bonne cause. Mais je répète encore que l'agresseur doit succomber, s'il fait la faute que fit Eschine de trop étendre ses moyens dans une harangue diffuse, de présenter un trop grand nombre de points d'attaque, et de donner lieu à l'adversaire d'éluder les plus forts, d'aller droit aux plus faibles, et après avoir enfoncé la ligne, de culbuter les forces dispersées que l'accusateur lui opposait.

Il est à croire que chez les Grecs l'accusateur n'était pas admis à la réplique. Chez les Romains mêmes, où plusieurs avocats se succédaient dans la même cause, je présume que, des deux parts, la preuve et la réfutation allaient de suite et sans alternative. Ainsi, le désavantage de l'agresseur n'avait point de compensation.

C'est donc une institution sage, dans le barreau moderne, que d'avoir donné à l'une et à l'autre cause la ressource d'être plaidées à plusieurs reprises, et la grande habileté de l'avocat consiste à tirer avantage de cette forme de plaidoyers. Nous en avons vu dans ce siècle un grand exemple, c'était Cochin; son attaque se réduisait à un simple exposé de l'affaire, à sa demande, et à l'énoncé le plus précis de ses moyens. Personne, à ne pas le connaître, n'aurait cru devoir redouter un concurrent si dénué des fortes armes de l'éloquence. Mais lorsque son adversaire l'avait échauffé en le réfutant, et croyait l'avoir terrassé, tout-à-coup il se relevait avec une force effrayante. On croyait voir l'Ulysse d'Homère provoqué par Irus, dépouiller son manteau de pauvre, et déployer la stature imposante, les membres nerveux d'un héros. Aussi le combat se terminait-il le plus souvent comme celui de l'Odyssée, à moins que l'adversaire de Cochin ne fut Le Normand. C'était alors que le barreau devenait une arène intéressante par le contraste des deux athlètes, l'un plus vigoureux et plus ferme, l'autre plus souple et plus adroit; Cochin, avec un air austère et imposant, qui lui donnait quelque ressemblance avec Démosthènes ; Le Normand, avec un air noble, intéressant, qui rappelait la dignité de Cicéron. Le premier, redoutable mais suspect à ses juges, qui, à force de le croire habile, le regardaient comme dangereux ; le second, précédé au barreau par cette réputation d'honnête homme, qui est la plus forte recommandation d'une cause, et peut-être la première éloquence d'un orateur.

De tout ce que je viens de dire, de l'art de ménager ses forces, il ne s'en suit pas que l'orateur doive mettre en avant ce qu'il a de plus faible, mais seulement qu'il doit réserver pour sa conclusion ce qu'il a de plus éminent. C'est un grand avantage pour une cause que de paraître la meilleure dès le premier aspect : mais la dernière impression est encore plus décisive que la première.

L'éloquence judiciaire doit être principalement forte de preuves, pressante de raisonnements, adroite et déliée dans les discussions, impétueuse et passionnée dans les mouvements, et puissante à émouvoir les affections dans le cœur des juges.

(La Harpe et Marmontel.)

Éloquence Académique.

Il y a un genre d'éloquence qui est uniquement pour l'ostentation, et qui n'a d'autre but que le plaisir de l'auditeur, comme les discours académiques, les compliments qu'on fait aux puissances, certains panégyriques, et d'autres pièces semblables, où il est permis de déployer toutes les richesses de l'art et d'en étaler toute la pompe. Pensées ingénieuses, expressions frappantes, tours et figures agréables, métaphores hardies, arrangement nombreux et périodique, en un mot, tout ce que l'art a de plus magnifique et de plus brillant, l'orateur peut non-seulement le montrer mais même en quelque sorte en faire parade, pour remplir l'attente d'un auditeur qui n'est venu que pour entendre un beau discours, et dont il ne peut enlever les suffrages qu'à force d'élégance et de beauté.

Il est pourtant nécessaire, même dans ce genre, que les ornements soient dispensés avec un sorte de sobriété et de sagesse, et l'on doit surtout y jeter une grande variété. Cicéron insiste beaucoup sur ce principe, comme sur une des règles de l'éloquence les plus importantes. Il faut, dit-il, choisir un genre d'écrire qui soit agréable et qui plaise à l'auditeur, de sorte néanmoins que cet agrément, ce plaisir ne viennent point enfin à lui causer du dégoût; car c'est l'effet que produisent ordinairement les choses qui frappent d'abord les sens par un vif sentiment de plaisir, sans qu'on puisse trop en rendre raison. Il en apporte plusieurs exemples tirés de la peinture, de la musique, des odeurs, des liqueurs, des viandes; et après avoir établi ce principe, que le dégoût et le rassasiement suivent de près les grands plaisirs, et que c'est ce qu'il y a de plus doux qui devient le plus tôt fade et insipide, il en conclut qu'il n'est pas étonnant que, soit en prose, soit en vers, un ouvrage, quelque grâce et quelque élégance qu'il ait d'ailleurs, s'il est trop uniforme et toujours sur le même ton, ne se fasse pas long-temps goûter. Un discours qui est partout ajusté et peigné, sans mélange et sans variété, où tout frappe, tout brille, un tel discours cause plutôt une espèce d'éblouissement qu'une véritable admiration : il lasse et il fatigue par trop de beautés, et il déplaît à la longue à force de plaire. Il faut dans l'éloquence, comme dans la peinture, des ombres pour donner du relief, et tout ne doit pas être lumière. (ROLLIN.)

§ 1. EXHORTATIONS ET HARANGUES.

Préceptes du genre.

L'exhortation est un discours par lequel on engage quelqu'un à exécuter une chose qu'il est libre de faire ou de ne pas faire.

Dans la division de l'éloquence adoptée par les anciens, l'exhortation avait sa place marquée dans le genre délibératif. Il serait difficile aux modernes de lui assigner une place précise dans les quatre genres qu'ils ont créés. Elle peut en effet paraître dans l'éloquence sacrée, au barreau, à la tribune politique et les assemblées scientifiques, sous forme d'instruction familière, de mercuriale et admonition, d'appel pathétique à l'honneur civil et militaire, et d'exposition des devoirs et convenances académiques. Elle participe donc par quelque côté à la nature des quatre genres d'éloquence.

Mais ce qui la distinguera toujours d'un discours, c'est la brièveté. Il ne lui est pas permis en effet de chercher de longs développements, de se jeter dans l'amplification des preuves. Ce n'est pas qu'elle ne doive présenter à l'esprit et à la raison des motifs vrais et forts à l'appui de ses prétentions; mais elle devra toujours le faire en peu de mots, laissant à la réflexion de l'auditeur le soin de pénétrer tous les secrets de la pensée.

L'exhortation s'efforcera d'attendrir l'âme, elle parlera au cœur. Elle puisera dans l'amour ou la haine des choses ces mouvements entraînants qui sont l'essence du pathétique.

Son style sera simple et familier dans la

plupart des cas, quelquefois il sera noble. Très rarement il sera élégant et fleuri.

La harangue est, comme l'exhortation, un genre qui se refuse à toute classification, parce qu'elle est du domaine de tous les genres.

Les anciens entendaient par *harangues* presque toutes les variétés de formes de l'éloquence. Eloge, accusation, défense, délibération, etc. C'est ce qui fait que l'on appelait *harangues* les discours de Périclès, de Démosthène, de Cicéron, et que l'estrade où les orateurs fameux de ces temps débitaient leurs chefs-d'œuvres, se nommait *tribune aux harangues*.

Les modernes ont restreint la signification de ce mot. On n'entend plus aujourd'hui par *harangue* que ces discours peu étendus prononcés devant une assemblée, un prince, dans une cérémonie publique. Il semble d'après cette définition que la harangue soit un discours d'apparat et commandé; mais nous ne nous arrêtons pas à ce point de vue, et nous voulons au contraire quelle soit un discours spontané, une harangue libre.

La harangue est politique, historique ou militaire. Nous ne dirons rien de la première; elle concerne les diplomates et représentants d'une nation.

La *harangue historique* est un discours

qu'on trouve chez les historiens, quand ils cèdent la parole au personnage qu'ils ont mis en scène. Ces harangues dont l'histoire ancienne abonde sont presque entièrement l'œuvre de l'historien lui-même; quelques mots ça et là seulement ont été conservés par tradition.

La *harangue militaire* est un discours bref et énergique par lequel le général d'une armée prête à combattre anime le courage du soldat; c'est encore la proclamation par laquelle un chef fait compliment à ses troupes de leur valeur.

Le mérite de ces deux espèces de harangues consiste dans la briéveté et l'à-propos.

Le style sera élevé, concis plutôt qu'abondant. Il empruntera aux lieux, aux circonstances, certaines idées grandes et propres à enflammer le courage. Quelquefois une phrase suffira, si elle vaut seule un long discours.

☞ Canevas nos 224 à 241.

DÉCOMPOSITION.

Nota. Au fond, on examinera si l'invention a fourni quelques-unes de ses parties à l'exhortation ou à la harangue. On ne dira que lorsque le cas se présentera, s'il y a trace de disposition. On ramènera toute l'exhortation à une suite de syllogismes.

Pour la forme, on suivra les mêmes procédés que pour les décompositions précédentes.

☞ Canevas nos 242 et 243.

—

MODÈLE DE DÉCOMPOSITION D'EXHORTATIONS ET HARANGUES.

MATIÈRE.

Napoléon a ses soldats après la bataille d'Austerlitz.

Soldats ! je suis content de vous ; vous avez à la journée d'Austerlitz justifié tout ce que j'attendais de votre intrépidité ; vous avez décoré vos aigles d'une immortelle gloire. Une armée de cent mille hommes, commandée par les empereurs de Russie et d'Autriche a été, en moins de quatre heures, ou coupée ou dispersée ; ce qui a échappé à votre feu s'est noyé dans les lacs. Quarante drapeaux, les étendards de la garde impériale de Russie, cent vingt pièces de canon, vingt généraux, plus de trente mille prisonniers, sont le résultat de cette journée à jamais célèbre. Cette infanterie tant vantée et en nombre supérieur, n'a pu résister à votre choc, et désormais vous n'avez plus de rivaux à redouter. Ainsi, en deux mois, cette troisième coalition a été vaincue et dissoute. La paix ne peut être éloignée : mais, comme je l'ai promis avant de passer le Rhin, je ne ferai qu'une paix qui nous donne des garanties, et assure des récompenses à nos alliés.

Soldats ! lorsque le peuple français plaça sur ma tête la

couronne impériale, je me confiai à vous pour la maintenir toujours dans ce haut état de gloire qui seul pouvait lui donner du prix à mes yeux : mais dans le même moment nos ennemis pensaient à la détruire et à l'avilir; et cette couronne de fer conquise par le sang de tant de français, ils voulaient m'obliger à la placer sur la tête de nos plus cruels ennemis : projets téméraires et insensés, que, le jour même de l'anniversaire du couronnement de votre empereur, vous avez anéantis et confondus. Vous leur avez appris qu'il est plus facile de nous braver et de nous menacer que de nous vaincre.

Soldats, lorsque tout ce qui est nécessaire pour assurer le bonheur et la prospérité de notre patrie sera accompli je vous ramènerai en France. Là, vous serez l'objet de mes tendres sollicitudes. Mon peuple vous reverra avec joie, et il vous suffira de dire : *j'étais à la bataille d'Austerlitz*, pour que l'on vous réponde *voilà un brave !* (Bonaparte.)

ANALYSE.

Forme. — Un langage simple, où respirent la fierté et l'héroïsme est le seul qui puisse être tenu à une vaillante armée. Aussi l'orateur a-t-il soin d'éviter l'artifice des tropes, et se sert-il de préférence des mouvements oratoires.

Soldats ! je suis content de vous : cette première phrase exprime la pensée de toute la proclamation. Quand on songe quelle était l'admiration du soldat pour Napoléon, et combien il tenait à mériter ses éloges, on ne sera pas surpris de l'effet que devait produire ces simples mots. L'imagination se représente tout ces vieux grognards autour d'un conscrit qu'ils ont nommés lecteur, et les voit, à ce début, retrousser leurs moustaches, se croiser les bras, prendre une attitude martiale, et se sourire l'un à l'autre comme on le fait en entendant une louange délicate et méritée.

Vous avez décoré vos aigles d'une immortelle gloire, ici le soldat n'est déjà plus seul. L'orateur lui présente ses aigles, c'est-à-dire le drapeau qui l'ombrage, et pour la conservation duquel il sait mourir. Cet emblême de la patrie absente est inséparable de l'honneur personnel, au point qu'un régiment se regarde comme déshonoré quand il a perdu son drapeau ; le guerrier l'aime donc autant et plus que soi-même, l'orateur n'a garde de séparer ces deux amis ; il leur donne la même part de gloire, parce qu'il sait bien qu'elle revient tout entière à l'être animé.

Une armée de cent mille hommes commandée par les empereurs de Russie et d'Autriche. Voici un contraste grandiose, qui ne paraît point dans les mots, mais qui naît dans la pensée. Les armées les plus fortes, de vaillants souverains, ont fui devant vous. C'est prendre les soldats par leur faible. Rien ne les réjouit plus que l'humiliation de l'ennemi, comparée à l'exaltation de leur victoire. C'est dire en d'autres termes : vous avez couvert de gloire vos personnes et vos aigles, et de confusion vos puissants ennemis.

Quarante drapeaux, etc. Accumulation, d'autant plus faite pour électriser le soldat qu'elle est plus vraie. A l'énumération de ces richesses, il reconnaît le prix de sa valeur, *à jamais célèbre*.

Comme les moindres expressions concourent à rendre fier le vainqueur! Chaque soldat va se croire un héros et se persuadera que son nom passera à la postérité.

Soldats! lorsque le peuple français, etc., mouvement; appel à l'orgueil militaire. C'est donc l'armée qui soutient seule la couronne de son empereur et qui renverse les projets des ennemis de sa gloire, qui les punit et leur donne des leçons de sagesse. Nouveau motif pour elle de s'applaudir de sa victoire.

Je vous ramènerai en France. Emploi du pathétique, le souvenir de la patrie reporte en finissant le cœur du soldat au milieu de ses parents et de ses amis, il se voit accueilli par sa vieille mère, son vieux père, et toute sa famille, ses compagnons d'enfance l'entourent et l'embrassent. Ils s'écrient tous *voilà un brave!* Ce mélange de gloire et d'amour, d'idées douces et guerrières, est le sublime du genre, et plus d'un grognard, qui se croyait un cœur de bronze, à dû sentir avec étonnement sa paupière se soulever, et essuyer furtivement une larme sur le revers de sa manche.

Fond. — L'emploi de toutes les ressources de l'invention est évident dans cette proclamation. 1° Les *preuves* sont les faits, ils sont exposés avec concision; 2° les *mœurs* sont exprimées avec adresse. *La probité:* C'est l'ennemi qui a attaqué, qui est de mauvaise foi; l'orateur s'est défendu. *La bienveillance*: Le soldat a justifié et mérité sa confiance. *La modestie*: L'orateur n'est pour rien dans le triomphe; c'est l'auditeur qui a vaincu. *La prudence*: L'orateur aura soin de son armée, il la ramènera dans ses foyers; on peut s'en rapporter à lui; 3° *les passions* sont excitées violemment; c'est d'un côté la haine de l'ennemi, de l'autre l'amour de la gloire, de la patrie et de la famille.

On ne peut guères ramener une suite de faits et de mouvements à la forme du syllogisme; néanmoins ce morceau peut se résumer ainsi :

Quand on a triomphé complètement de l'ennemi, on le force à demander la paix et on revient dans sa patrie.

Or, vous avez vaincu complètement l'ennemi.

Donc la paix se fera forcément, et vous allez retourner dans votre patrie.

Les deux premiers alinéas développent la mineure; le troisième corrobore la majeure, et le quatrième énonce la conséquence.

§ 2. Narration Oratoire.

Préceptes du genre.

Voir page 55.

☞ Canevas nos 244 et 245.

Décomposition.

Nota. Les procédés de décomposition de la narration oratoire sont plus compliqués que ceux des autres genres. Car dans l'invention ils comprennent les passions oratoires, dans la disposition ils s'appliquent spécialement à la narration en général, puis reviennent dans l'élocution aux formes plutôt oratoires que narratives.

MODÈLE DE DÉCOMPOSITION DE NARRATIONS ORATOIRES.

MATIÈRE.

RÉCIT DE LA BATAILLE DE FRIBOURG.

« Arrêtez-ici vos regards : il se prépare contre le » prince quelque chose de plus formidable qu'à Rocroi, » et pour éprouver sa vertu, la guerre va épuiser toutes » ses inventions et tous ses efforts. Quel objet se présente » à mes yeux? Ce ne sont pas seulement des hommes à » combattre, ce sont des montagnes inaccessibles; ce » sont des ravins et des précipices d'un côté, c'est de » l'autre un bois impénétrable; dans le fond est un ma- » rais; et derrière des ruisseaux, de prodigieux retran- » chements; ce sont partout des forts élevés et des forêts » abattues qui traversent des chemins affreux, et au- » dedans, c'est Merci avec ses braves Bavarois, enflés » de tant de succès et de la prise de Fribourg; Merci » qu'on ne vit jamais reculer dans les combats; Merci » que le prince de Condé et le vigilant Turenne n'ont » jamais surpris dans un mouvement irrégulier, et à qui » ils ont rendu ce témoignage que jamais il n'avait perdu » un seul moment favorable, ni manqué de prévenir » leurs desseins comme s'il eut assisté à leurs conseils.

» Ici donc, durant huit jours, et à quatre attaques diffé-
» rentes, on vit tout ce qu'on peut soutenir et entre-
» prendre à la guerre. Nos troupes semblent rebutées
» autant par la résistance des ennemis que par l'effroya-
» ble disposition des lieux, et le prince se vit quelque
» temps comme abandonné. Mais, comme un autre
» Machabée, son bras ne l'abandonna pas, et son cou-
» rage irrité par tant de périls vint à son secours. On
» ne l'eut pas plutôt vu pied à terre, forcer le premier ces
» inaccessibles hauteurs, que son ardeur entraîna tout
» après elle. Merci voit sa perte assurée ; ses meilleurs
» régiments sont défaits ; la nuit sauve les restes de son
» armée ; mais que des pluies excessives s'y joignent
» encore afin que nous ayons à la fois, avec tout le cou-
» rage et tout l'art, toute la nature à combattre. Quelque
» avantage que prenne un ennemi habile autant que
» hardi, et dans quelque affreuse montagne qu'il se re-
» tranche de nouveau, poussé de tous côtés, il faut qu'il
» laisse en proie au duc d'Enghien non-seulement son
» canon et son bagage, mais encore tous les bords du
» Rhin. Voyez comment tout s'ébranle : Philipsbourg est
» aux abois en dix jours, malgré l'hiver qui approche ;
» Philipsbourg qui tint si long-temps le Rhin captif sous
» nos lois, et dont le plus grand des Rois a si glorieuse-
» ment réparé la perte. Worms, Spire, Mayence, Lan-
» dau, vingt autres places de nom, ouvrent leurs portes ;
» Merci ne peut les défendre et ne paraît plus devant son
» vainqueur. » (BOSSUET.)

ANALYSE.

Forme. — Arrêtez-ici vos regards. C'est Bossuet qui parle, il s'agit sans doute d'un grand spectacle ; car, pour un sujet médiocre, il ne provoquerait pas ainsi notre attention. Il est donc sûr de son fait et déjà cette formule, qui paraîtrait froide ailleurs, nous échauffe et nous intéresse, obéissons au grand orateur. Ecoutons ou plutôt *regardons. Il se prépare*, etc., suspension. Notre imagination cherche à découvrir ce fait mystérieux plus formidable que celui de Rocroi. La figure produit son effet et nous voilà tout entier à ce grand spectacle.

Quel objet se présente à mes yeux? Interrogation admirative. L'orateur s'anime et semble épouvanté ; il voit donc quelque chose qui effraie les regards de l'homme, et nous ne sommes pas bien loin de nous effrayer nous-mêmes.

Ce ne sont pas seulement des hommes à combattre, nouvelle suspension. Pour le coup, nous palpitons d'effroi. *Ce ne sont pas des hommes!* Ah! mon Dieu! *Ce sont des montagnes, des ravins, des précipices, des bois, des marais, des torrents, des forts, des forêts entières, d'affreux chemins.* Accumulation. Oui vraiment, voilà des ennemis extraordinaires, et presque invincibles; mais personne ne les appuie sans doute. Nous sommes Français, marchons.

C'est Merci avec ses braves, Merci vainqueur, Merci intrépide. Répétition. Nous voilà arrêtés par un héros, appuyez, grand orateur, sur ses qualités guerrières ; nommez-le plusieurs fois, essayez le fracas de son nom sur notre valeur et notre courage. Nous sommes surpris de le trouver là ; mais nous ne tremblons pas. *C'est Merci, rival digne de Condé et du vigilant Turenne;* auditeur invisible de leurs conseils. Contraste, pour le coup nous avons peur, nous sommes tombés dans un guet-à-pens. Que faire ?

Ici donc, durant huit jours, etc. La narration paraît arrêtée dans ces mouvements tout comme l'armée ; deux phrases sans figures, après toutes celles qui précèdent ! C'est faire accorder admirablement le récit avec l'action.

Mais, comme un autre Machabée, etc., comparaison. La narration se relève, l'orateur personnifie le *courage* et *l'ardeur*. Le premier, irrité par tant de périls, accourt près du héros qui s'élance à la tête de ses soldats. Le second se détache de sa personne, et va aiguillonner le retardataire.

Merci voit sa perte assurée, etc. Hypotypose. La vie et le mouvement colorent la narration ; *La nuit, les pluies, le courage, l'art, la nature* tout est entassé, mais tout est vaincu. Merci se sauve dans les montagnes, on s'empare de ses munitions, et on le voit à la fin de la phrase franchir le Rhin en fugitif.

Voyez comme tout s'ébranle, etc., communication. La narration s'arrête, la transition est brusque, la phrase se meurt lentement, devient courte et hérissée de noms propres. L'orateur semble se reposer comme après une marche difficile. Sa parole ressemble au flot soulevé par une tempête qui, pour reprendre son mouvement naturel, vient à intervalles inégaux, caresser mollement le rivage de la mer.

Il n'est personne qui, n'ayant pas lu préliminairement cette narration, et l'entendant réciter à haute voix et lentement, ne passe par les sensations diverses que nous venons de retracer, en nous mettant pour un moment à sa place.

Fond. — D'après cette analyse de la forme, il est facile de remarquer que Bossuet, sans faire usage du pathétique proprement dit, nous a procuré pourtant de fortes émotions. La curiosité, l'intérêt, l'amour de la patrie, l'admiration, la joie ont successivement occupé notre âme, et nous sommes arrivés à la fin du récit aussi éclairés et satisfaits que si l'action s'était passée sous nos yeux. De plus la fidélité historique rehausse le mérite du fond.

La disposition se cache sous les mouvements oratoires ; elle serait plus visible si nous avions eu connaissance de l'exorde du discours et du commencement de la vie du héros. Nous saurions alors qu'il s'agit du Prince de Condé et d'une bataille nouvelle qu'il allait livrer à Merci, devant Fribourg. C'est à ce mot que finit l'exposition : car tout est en scène, le héros, son ennemi, et le lieu du combat. Le nœud se serre dès son début par la peinture des talents militaires du général ennemi. Il se complique au moment ou le narrateur paraît indécis en même temps que nos troupes. Le dénouement se prépare lorsque le prince est comparé à un Machabée, et qu'on le voit forcer le premier les hauteurs inaccessibles. Il arrive peu à peu et n'est complet qu'au moment où Merci abandonne les bords du Rhin. Là pourrait se terminer la narration, et on ne doit regarder ce qui suit que comme un détail riche, que comporte l'oraison funèbre et le genre historique, mais qui serait superflu dans toute autre narration.

On peut réduire la narration à ces mots : le Prince de Condé rencontra Merci devant Fribourg. Il trouva cette ville défendue par sa position naturelle et de redoutables travaux d'art. Mais en huit jours il sut triompher de tous les obstacles, et l'ennemi forcé de fuir abandonna ses bagages, et n'osa reparaître devant le vainqueur, qui resta maître des bords du Rhin.

§ 3. Plaidoyers.

Préceptes du genre.

Ainsi que nous l'avons dit, nous n'avons pas pour but, en consacrant un paragraphe au plaidoyer, de nous jeter dans l'étude des lois, des réglements de toutes sortes, et des arrêts de cour, qui constituent la jurisprudence. C'est une étude toute particulière à laquelle se dévoue l'homme qui vit du plaidoyer, l'avocat. Mais dans la pratique de la vie, n'avons-nous pas souvent à défendre nos biens, notre réputation dans les simples discussions de société, dans les contestations commerciales, qui n'aboutissent pas néanmoins au scandale des procès? En étudiant un peu l'art de plaider, nous saurons mieux ce qu'il convient de dire, ce qu'il faut taire, pour intéresser en notre faveur les juges officieux qui prendront part à nos débats.

Nous ne pouvons revenir en détail sur tout ce que nous avons dit en traitant de l'invention oratoire. On peut revoir cette partie qui contient notre code tout entier; nous allons en faire un résumé rapide.

1° Dans un débat, quel qu'il soit, tachons de trouver de bonnes *preuves*, solides et concluantes. A défaut, faisons ressortir habilement toutes les probabilités, et formons-en un corps, qui puisse, par son poids, faire pencher la balance en notre faveur.

2° Ayons les *mœurs*, *la probité*, pour garants de nos actions et de nos intentions; *la bienveillance* pour flatter l'amour-propre de nos juges et de nos adversaires, la *modestie*, pour leur plaire, et la *prudence*, pour leur donner une bonne idée de notre conduite. Observons les *bienséances* sociales, et les convenances du langage. Prenons nos *précautions*, en évitant de blesser les gens. De cette manière ou nous n'aurons jamais de longues discussions, ou nous resterons toujours les maîtres du terrain.

3° Faisons appel aux *passions*, en faisant tourner en notre faveur l'amour ou la haine des choses. La familiarité et la simplicité de la conversation permettent souvent le pathétique; on s'attendrit volontiers en parlant de ses intérêts; une larme ou seulement l'expression vive de la douleur sur les traits du visage, est plus éloquente que toute une argumentation.

On saura assigner à chaque partie de la disposition sa place naturelle et l'étendue qui lui convient.

Pour nos essais nous ne descendrons pas jusqu'à cette simplicité pratique ; en attendant que nous ayons à nous défendre nous mêmes, nous défendrons les autres, et il nous sera permis de mettre en pratique toutes les règles de l'art, telles qu'elles sont exposées dans les trois parties du premier livre.

A la suite de chaque canevas nous indiquerons le genre d'ornements et les qualités de fond qui lui conviendront le mieux.

☞ Canevas nos 246 à 251.

APPENDICE.

—

DE L'ACTION.

—

C'est avec raison que l'action a été définie, l'éloquence du corps.

La connaissance des règles de l'action est nécessaire à l'orateur qui parle en public, cela est incontestable ; il est beaucoup moins reconnu qu'elle soit indispensable à tout narrateur, et même à tout lecteur. Rien n'est plus vrai pourtant. Sans doute on ne prend point en société le ton de la déclamation publique, parce qu'une anecdote n'a pas besoin, pour être intelligible, d'être narrée avec une certaine affectation; de même, en lisant quelques pages à haute voix, le geste ne doit point accompagner le débit. Mais n'est-il pas vrai que dans le premier cas le narrateur doit joindre la pantomime au récit, et que dans le second les intonations, les inflexions de la voix contribuent à l'intelligence parfaite du langage d'un auteur? Ne faut-il pas en toute hypothèse prononcer clairement et distinctement les paroles, aider à la séduction du style, seconder la pensée d'un ouvrage par les différences de ton et d'organe? Or, toutes ces choses appartiennent à l'action. Classons-la méthodiquement, en distinguant: 1° la prononciation; 2° la déclamation; 3° le geste.

§ 1. Prononciation.

Deux qualités principales sont essentielles à une bonne prononciation, l'exactitude et la *distinctivité* : 1° la prononciation est exacte quand on prend le soin de donner à chaque syllabe le son qui lui est assigné par l'usage adopté par les bons grammairiens ; quand on ne fait point entendre les consonnes ou les voyelles qui dans la langue jouent un rôle purement passif et grammatical, par exemple : les *ent* qui terminent certains temps des verbes comme parl*ent* agiss*ent*, le *t*, le *s* le *r*, dans un très grand nombre de mots, comme dans *fait*, *dirait*, *abstrait*, *agis*, *permis*, *le souper*, *le dîner* ; et tous les verbes en *er* devant une consonne, etc. Lorsqu'on récite un morceau de poésie, si un mot a deux prononciations usitées, on se sert de celle qui fait le mieux sentir la rime.

> Tant qu'un travail utile à mes bras fut permis
> Jamais on n'eût osé me dire,
> Renonce aux baisers de ton *fils*.

Il faut prononcer *fi* plutôt que *fisse*.

L'exactitude de la prononciation consiste encore à observer les règles de la *quantité*, c'est-à-dire, à éviter de rendre brèves des syllabes longues, ou longues des syllabes brèves. Si l'on tombait dans ce défaut, outre que l'on pourrait faire prendre des mots à contre-sens, on gâterait le rhytme du discours et l'harmonie recherchée par un auteur. Certaines provinces de France ont beaucoup à faire sous ce rapport pour rendre exacte leur prononciation. Nous n'en accuserons aucune en particulier, mais nous pouvons dire que les lecteurs du Nord, du Midi, de l'Est et de l'Ouest, mis à l'improviste en présence les uns des autres pourraient à peine se comprendre, et jamais l'oreille d'un grammairien n'aurait entendu une semblable cacophonie.

Il est inutile de recommander de prononcer avec le plus grand soin l'accent grammatical, puisque le sens de certains mots ne tient qu'aux différences de l'accent. Par exemple *pécheur* prononcé *pêcheur* ne signifiera plus le chrétien qui doit faire pénitence, mais l'homme qui cherche à prendre du poisson.

2° La prononciation sera *distincte*, si l'on proportionne l'énonciation des syllabes à l'étendue de l'enceinte dans laquelle on parle. Dans un salon il suffira de hausser la voix un peu plus que dans la conversation, sans appuyer davantage sur les syllabes muettes, à l'absence d'émission desquelles notre habitude du langage nous fait facilement suppléer. Mais dans un vaste local, chaque son doit franchir comme à part l'intervalle qui sépare la bouche de l'orateur de l'oreille de l'auditeur; et celui-ci n'entendrait à une certaine distance qu'une suite de bruits inarticulés, si ces sons se pressant l'un contre l'autre par l'effet d'un débit trop rapide, n'étaient point un peu retenus et envoyés bien distinctement. La prononciation devra être plus distincte encore si le local renferme un écho. Il faudra donc appuyer sur toutes les syllabes même muettes. Il en résultera une certaine monotonie pour les auditeurs le plus rapprochés de la tribune, mais ce désagrément sera voilé par une bonne déclamation, et tout le monde entendra et sera satisfait.

Les élèves sont exercés dès l'enfance à bien prononcer; nous laissons aux maîtres le soin de les perfectionner.

§ 2. Déclamation.

L'art de la déclamation est difficile, il mériterait des préceptes développés si nous voulions former des auteurs dramatiques; mais ce n'est point là que tendent nos efforts (1). La meilleure prononciation ne pourra que donner l'intelligence des paroles d'un auteur : cela ne peut suffire. Il faut encore et surtout, faire sentir sa pensée, ses intentions et produire l'effet qu'il produirait, s'il débitait lui-même ses ouvrages. Cette réflexion nous conduit à dire que pour réussir parfaitement dans l'action, il faut posséder les connaissances nécessaires pour diriger le goût, qui fait apprécier à leur valeur les beautés de la pensée et de la dic-

(1) Le meilleur guide à suivre pour réussir dans l'action est le *Manuel de l'Orateur et du Lecteur*, *par Duquesnois*, *1 vol. in-12.*

tion en littérature, et c'est à quoi tend l'étude des trois premiers chapitres de cet ouvrage. La déclamation est donc l'art de faire sentir ce que l'on prononce. Elle doit être *naturelle*, *vraie*, et *bienséante*.

1° Elle sera *naturelle*, si on se met à la place de celui qui parle. Est-ce un malheureux qui expose ses plaintes? il faut gémir comme lui. Est-ce un personnage furieux, qui exhale sa colère en invectives et en menaces? la voix doit être forte et le ton irrité; la nature elle-même nous guide en ces occasions, et nous ferions un contre-sens cruel si nous allions rire quand un autre pleure, déplacé si nous soupirions quand il gronde. En suivant les instincts de notre cœur, nous comprendrons le langage des passions, et nous saurons avec ce seul maître (le cœur) y proportionner notre ton. Nous ferons sur nos auditeurs une impression d'autant plus vive quelle sera plus naturelle, et il leur semblera entendre la voix du personnage que nous imiterons.

2° La déclamation sera *vraie*, quand on ne déguisera point la pensée de son personnage, c'est-à-dire quand on la rendra dans toute son étendue. Les sentiments sont susceptibles de différents degrés; la *vérité* de la déclamation consiste à se placer dans le degré convenable, ni au-dessous, ni au-dessus. Je suppose que vous représentiez un personnage qui vient d'entendre un mot blessant pour sa probité. Il s'étonnera d'abord, il doutera, il cherchera des explications; il fera des observations, sa fierté d'honnête homme sera révoltée, puis enfin il éclatera.

Voilà six phases diverses par lesquelles passera le même sentiment, *l'indignation*, et ces phases seront indiquées par quelques mots, par exemple :

L'étonnement. — Quoi ! vous pensez telle chose !

Le doute. — Cela n'est pas possible.

Le désir de savoir. — Et qui peut vous faire croire ?....

Le désir de détromper. — Mais vous savez qui je suis.

La fierté. — Vous m'insultez !

L'indignation. — Ah ! c'en est trop !

Dès la première phrase votre ton devra respirer l'indignation ; mais ce ton sera calculé de manière à aller toujours en augmentant, jusqu'à l'exclamation qui fait éclater la force tout entière de l'indignation.

C'est en observant avec art toutes ces nuances du sentiment que l'on acquiert la vérité de la déclamation.

Pour être vrai déclamateur, il faut étudier d'une part les *repos* de la voix, et de l'autre ses *inflexions*.

Le repos de la voix se calcule sur le sens

d'une phrase et non point sur la ponctuation, qui est fort arbitraire et totalement négligée dans un grand nombre d'ouvrages.

Dans la poésie, il ne faut point avoir égard aux hémistiches et s'y arrêter comme à une place marquée par le rhythme. Il en résulterait une monotonie insupportable, qui détruirait l'effet des plus beaux vers. Toutes les fois, au contraire, que la rime peut se perdre entre deux repos, il en résulte une variété charmante qui fait oublier le poète, et fixe l'attention sur sa pensée.

Le goût et l'habitude auront bientôt indiqué la place où le repos sera le plus agréablement placé.

Les inflexions de la voix seront plus difficiles à saisir; ici le maître devra donner l'exemple.

Nous ne pouvons que tracer quelques préceptes généraux qui apprendront à placer convenablement ce que l'on appelle *l'accent tonique*.

L'accent tonique marque la place où il faut élever la voix, soit pour faire remarquer une expression, soit pour déterminer le sens d'une phrase, soit enfin pour varier l'harmonie et préparer la chûte d'une période. Il a donc un triple objet.

1° Pour faire remarquer une expression, la voix appuie sur son émission.

C'est moins un accent que la prolongation d'une syllabe.

Monstre que les enfers ont vomi sur la terre !

L'accent doit être mis sur *monstre*, qu'on prononcera la voix haute et lentement.

2° Dans les interrogations simples, c'est l'accent tonique qui fait seul reconnaître une demande.

Il fait froid, prononcé sans accent, n'indiquera que la phrase d'un homme qui précise le temps qu'il fait. Si je la prononce en plaçant un accent sur *froid*, on entend l'interrogation d'un homme qui désire connaître l'état du temps.

Dans les interrogations composées, l'accent tonique est nécessaire pour indiquer dans quel sens on doit répondre. Je dis à un ami ; *irez-vous aujourd'hui à la campagne?* Il peut me répondre négativement de trois manières :

Non, je n'irai pas ;
Non, je resterai à la ville ;
Non, j'irai demain.

Dans le premier cas, j'ai mis l'accent tonique sur *irez;* dans le second sur *campagne;* dans le troisième sur *aujourd'hui.*

3° Quand l'accent ne sert qu'à varier l'harmonie et à préparer la chûte d'une période, il est plus difficile d'en déterminer la place. On peut dire en général qu'il convient dans le cours d'une phrase d'en charger les expressions les plus remarquables, et à la fin de le placer assez avant pour laisser à la voix le temps d'aller en diminuant et de préparer le repos. Mais il faut consulter avant tout les lois de l'euphonie.

3° La déclamation est *bienséante* quand on sait l'approprier au genre de composition que l'on récite.

L'orateur se réserve les grands moyens ; sa déclamation est grave et digne de ses sujets. Le narrateur est plus varié dans ses tons ; tantôt badin, léger, rieur, tantôt calme, sévère ou ardent et passionné, il proportionne son débit à la nature de l'action qu'il raconte. Quant au lecteur, sa déclamation est presque toujours paisible, il ne fait qu'accompagner l'auteur et l'auditeur, auxquels il sert comme d'intermédiaire, et on ne s'aperçoit de sa présence et de son art qu'au bon choix de ses places de repos, et aux inflexions souples de sa voix.

§ 3. Gestes.

La prononciation et la déclamation s'adressent à l'oreille ; le *geste* s'adresse aux yeux.

Le geste est en quelque sorte à la parole, ce que la parole est à la pensée, il lui donne un corps et la *fait* sentir même aux sourds.

« Par les *gestes*, j'entends, dit Condillac, les mouvements des bras, de la tête, du corps entier, qui s'éloigne ou s'approche d'un objet, et toutes les attitudes que nous prenons, suivant les impressions qui naissent dans notre âme. »

Le langage des gestes contribue puissamment au succès d'un orateur. Démosthènes faisait autant d'effet par ses gestes que par son éloquence. Les juges de l'aréopage se défiaient du geste, et pour en éviter la séduction, ils avaient pris le parti d'écouter les orateurs dans les ténèbres.

Le geste comprend les mouvements de la tête, des yeux, des bras, des mains, et la position du corps.

1° *La tête*. Elevée, elle marque fierté, arrogance; baissée ou penchée négligemment, c'est langueur, timidité; enfoncée dans les épaules, c'est signe de terreur; tenue droite, avec aisance et simplicité, c'est modestie. Cette dernière position est celle qui doit accompagner la narration ordinaire. La tête, par ses mouvements divers, de haut en bas, de droite à gauche, combinés avec ceux de la bouche et des yeux, affirme, nie, admire, méprise, accorde, refuse, s'indigne ou compâtit. Elle doit être en tout de concert avec la main. Le visage est ce qu'on observe le mieux dans l'orateur; le rôle de toutes les passions s'y dessine, il a un langage muet que tous les hommes entendent, quels que soient leur pays, leur langue, leur ignorance.

2° *Les yeux.* C'est le miroir de l'âme, ils s'ouvrent et s'enflamment dans la colère, ils brillent dans la joie, ils s'agrandissent et font remonter les plis du front dans l'étonnement, l'indignation; ils font les mouvements contraires, et les sourcils se resserrent quand les pensées sont sombres et concentrées; ils se ferment à demi dans la compassion; ils sont entourés d'eau dans la douleur et l'attendrissement, etc., etc.

3° *Les bras.* Il faut éviter de les tenir pendants et allongés, trop serrés le long du corps. Cette dernière position resserre les poumons, et peut gêner l'émission de la voix, en forçant la respiration. Si on les croise, on doit éviter de les trop serrer contre le corps ou de les placer trop haut près du cou. Il ne faut pas non plus les mettre en mouvement d'une manière brusque, c'est du coude que doit partir le geste, et la main guidant le bras, décrit une courbe gracieuse en passant devant la poitrine. Alors il s'allonge en avant, ou en haut avec la plus grande facilité. Il faut s'exercer à gesticuler également des deux bras : si l'on ne remuait que le bras droit, le gauche prendrait une position torturée et désagréable, et l'on ferait même un contre-sens si l'on parlait à une personne placée à gauche.

4° *La main.* Le dedans de la main est tourné du côté du corps quand on appelle quelqu'un à soi, ou qu'on exprime le désir de posséder quelque chose, tandis qu'il se tourne en dehors, quand on éprouve de la répulsion, de l'horreur pour un objet et qu'on veut l'éloigner. Les mains supplient quand elles se joignent; bénissent quand on les étend l'une à côté de l'autre. Avancée et étendue à la hauteur de la poitrine, la main assure les choses par serment; dans la même position à la hauteur de l'œil, elle menace. Les doigts ne doivent point être ni collés, ni allongés, ni trop ouverts, le pouce sera séparé des autres doigts qui seront joints légèrement, et formeront une petite courbe.

L'une des mains ne doit point anticiper sur le domaine de l'autre, c'est-à-dire, dépasser la ligne verticale correspondante au menton. Excepté des cas rares, comme dans la fatigue et le découragement, il ne faut pas les tenir sur la même ligne.

Les gestes des mains et des bras sont de trois sortes : *indicatifs*, *imitatifs*, *affectifs*. Ils sont *indicatifs*, quand on désigne la personne, les temps, les lieux, le nombre. Il serait indécent d'indiquer avec un seul doigt; il faut le faire le pouce un peu en avant, posé sur les quatre autres doigts pliés en dedans, mais sans raideur, pour ne pas montrer le poing, ce qui serait inexcusable et la plus lourde faute contre la politesse de l'action : car, en aucun cas, il n'est permis de menacer du poing. Il serait encore ridicule de compter sur ses doigts comme un écolier. Les gestes sont *imitatifs*, quand, par des signes pittoresques, on fait connaître les personnes ou les choses. L'écueil ici est de tomber dans l'excès et de faire une caricature ; ce serait du plus mauvais ton. Enfin, les gestes sont *affectifs* quand ils expriment les passions, les mouvements de l'âme. Ils se combinent alors avec ceux de la tête, des yeux, de la bouche, avec les inflexions de la voix, etc., ce sont les gestes le plus oratoires.

5° *La position du corps*. L'on parle debout ou assis : debout, les jambes ne doivent point être serrées l'une à côté de l'autre, on aurait l'air d'un soldat au port d'armes. La jambe gauche supporte ordinairement le haut du corps, et la droite est un peu avancée. En cette position, l'orateur ou le lecteur n'éprouvent aucune fatigue, il fait les gestes avec le bras droit qui étant plus exercé a des mouvements plus gracieux. Mais si par fois l'auditoire est à gauche, on doit prendre la position contraire, c'est-à-dire se tenir sur la jambe droite et avancer la gauche ; c'est le bras gauche alors qui fait les gestes.

Comme les gestes peuvent varier à l'infini, il est impossible d'entrer dans toutes les explications auxquelles ils pourraient donner lieu. L'orateur qui sera bien pénétré de ce qu'il dit aura les gestes convenables ; le lecteur parfaitement initié à la pensée d'un auteur saura donner à sa voix les inflexions appropriées au sujet. Dans tous les cas, qu'on se souvienne que tout est faux, hors du naturel ; l'air, la voix, le geste, rien ne doit être forcé. Seulement on doit chercher à perfectionner la nature, mais il serait téméraire et impossible de vouloir la former. Dans l'action comme dans l'élocution et les figures, c'est le premier maître à suivre, l'art ne vient que le second.

Exercices.

Il est bien difficile, pour ne pas dire impossible, de représenter par des signes le naturel, la vérité et la bienséance de la déclamation, ainsi que les mille inflexions de la voix. La voix ! cet instrument si délicat et si souple, qui se prête à toutes les nuances du sentiment, à toute l'énergie des passions. Tous les exercices d'action seront imparfaits si un bon maître ne les dirige. Il est plus facile de représenter le geste ; on peut recourir aux figurines. Mais encore vaudrait-il mieux qu'un maître démontrât le geste, car on ne peut le peindre que dans son état le plus expressif, et son commencement et sa fin demeurent abandonnés au goût de l'élève.

Quoiqu'il en soit, voici un modèle d'exercices :

Nota. On fera un repos très court au signe / un repos plus long au signe — Le point indique naturellement le repos complet. L'accent tonique se placera sur les syllabes en lettres italiques. Les mots en petites capitales seront prononcés lentement et plus haut. Le *geste* sera indiqué par les petites figures.

LE PETIT SAVOYARD

*Pau*vre petit, /

PARS pour la France. —

Que te sert mon amour? — Je ne possède *rien*. —

On vit *heureux* ailleurs ; — *ici*, dans la souffrance. —
Pars, / mon enfant ; — c'est pour ton bien.

Tant que mon *lait* put te suffire, /
Tant qu'un travail utile / à mes *bras* fut permis, —
Heureuse et délassée — en te voyant sourire, —

Jamais — on n'eût osé me dire : /
Renonce aux *baisers* de ton fils.

Mais je suis *veuve* ; — on *perd* sa force avec la joie ; —
Triste et malade, / *où* recourir ici, /,

Ou MENDIER pour toi? — chez des pauvres *aussi!* —
Laisse ta pauvre mère, enfant de la Savoie; —
Va, / mon enfant, / où DIEU t'envoie.

Mais si *loin* que tu sois, / pense au foyer absent. —
Avant de le quitter, /

viens, / qu'il nous réunisse. —
Une mère bénit son fils en l'embrassant; —
Mon fils, / qu'un *baiser* te bénisse.

Vois-tu, ce grand chêne, / là-bas? —
Je pourrai jusque-là t'accom*pagner*, j'espère.

Quatre ans déjà passés, / j'y conduisis ton père ; —
Mais lui, / mon fils, / ne revint pas.

Encor, / s'il était là pour *guider* ton enfance, —
Il m'en coûterait moins pour t'éloigner de moi ; —
Mais tu n'as pas dix ans, / et tu pars sans défense. —

Que je vais — prier Dieu pour toi !

Que *feras-tu*, / mon fils, / si *Dieu* ne te seconde, —
Seul, — parmi les méchants, / car il en est au monde, —
Sans ta *mère*, du moins, pour *t'apprendre* à souffrir? —

Oh! que n'ai-je du pain, / mon fils, / pour te nourrir.

Mais Dieu le veut ainsi : — nous devons nous soumettre. —
Ne pleure pas en me quittant; —
Porte au seuil des palais un visage content. —
Parfois mon souvenir t'affligera, / *peut-être;* —
Pour distraire le riche, il faut chanter pourtant.

Chante, / tant que la vie est pour toi moins amère ; —
Enfant, / *prends* ta marmotte et ton léger trousseau. —
Répète, / en cheminant, / les *chansons* de ta mère, —
Quand ta mère chantait autour de ton berceau.

Si ma *force* première encor m'était donnée, —
J'irais, te conduisant moi-même par la main ; —
Mais je n'atteindrais pas la troisième journée, —
Il faudrait me laisser *bientôt* sur ton chemin ; —
Et moi, — je veux mourir /

aux lieux où je suis né.

MAINTENANT, — DE TA MÈRE ENTENDS LE DERNIER VOEU, —
SOUVIENS-TOI, — si tu veux

que DIEU ne t'abandonne, —
Que le *seul* bien du pauvre est le *peu* qu'on lui donne, —
PRIE, — et demande au riche : / il donne au nom de Dieu ; —
Ton *père* le disait, / sois plus heureux. — ADIEU !

Mais le soleil tombait des montagnes prochaines, —
Et la mère avait dit : « Il faut nous séparer, » —
Et l'enfant s'en allait à travers les grands chênes, —
Se tournant quelquefois / et n'osant pas pleurer.

PETIT TRAITÉ

DE

VERSIFICATION.

La poésie étant un don de la nature, le rhéteur ne peut avoir la prétention de former des poëtes. Mais l'étude de la rhétorique serait incomplète si l'on négligeait d'apprendre les règles de la versification : car il faut au moins savoir distinguer les bons vers, ceux où les règles sont observées, de ceux qui sont incorrects et irréguliers. D'ailleurs, qui ne fait pas en sa vie des vers de circonstance, ou un compliment rimé ? C'est une petite fantaisie que l'on peut se passer sans être le moins du monde un Racine ou un Boileau. Nos parents ou amis, à qui nos chefs-d'œuvre s'adressent, nous savent gré de notre bonne volonté ; ils n'exigent point de nous des efforts de génie, mais ils veulent que notre versification soit exacte ; car c'est là où se montre le mérite du travail.

La versification est l'art d'arranger les mots d'une manière mesurée et cadencée, et d'en faire des vers.

Les vers français sont composés d'un certain nombre de syllabes, dont les dernières ont la même consonnance.

Pour bien faire les vers, on doit faire attention 1° à la mesure et au rhythme ; 2° à l'hémistiche, au repos et à la césure ; 3° à l'élision, 4° à la rime, 5° à la disposition des vers, 6° à l'enjambement, à l'hiatus et à la licence.

1. DE LA MESURE ET DU RHYTHME.

La *mesure* du vers français est déterminée par le nombre des syllabes ; c'est elle qui indique chaque espèce de vers, Si une syllabe manque à un vers, il y a défaut de mesure, la mesure n'y est pas.

Le *rhythme* est ce qui distingue le vers de la prose. Dans celle-ci la phrase marche libre de toute mesure et n'est assujétie qu'à l'ordre général du style. Dans la poésie la phrase est cadencée, et ses membres proportionnés entre eux, sont soumis aux lois de la mesure ; c'est là ce qui constitue ce qu'on appelle le *rhythme*.

Il est assez difficile, quand on est jeune, d'apercevoir, par les explications théoriques, la différence qu'il y a entre le rhythme et la mesure. Un exemple va nous aider. Si je dis :

> Celui qui met un frein à la fureur des flots.

J'énonce un commencement de proposition qui peut entrer aussi bien dans la prose que dans la poésie ; cependant en l'examinant d'après les règles de la mesure, je reconnais que c'est un vers de douze syllabes. Comme il arrive souvent que des auteurs, ayant ou non un style poétique, font des vers sans y prendre garde, je passe outre, et je continue en disant :

> Sait aussi des méchants arrêter les complots.

Ici je vois un second membre de phrase exactement proportionné au premier, et à cette proportion exacte je reconnais le rhythme poétique. Remarquez que la rime n'est pour rien dans mon appréciation ; car si la proposition était exprimée ainsi :

> Celui qui met un frein à la fureur des *vagues*
> Sait arrêter aussi les complots des méchants.

Le rhythme poétique ne serait pas moins sensible, parce qu'il y aurait proportion exacte dans les deux membres de la proposition.

Mais si au contraire je lisais :

> Celui qui met un frein à la fureur des flots
> Sait aussi des méchants arrêter les *noirs* complots.

le rhythme poétique serait brisé et je n'aurais plus qu'un rhythme irrégulier, tel qu'il se rencontre quelquefois dans la prose.

Ainsi le rhythme n'embrasse que les parties d'une proposition, en les proportionnant exactement d'après les règles de la mesure ; la mesure, au contraire, s'étend à toutes les propositions d'un morceau poétique, et est assujétie à une quantité prosodique, fixée par le mètre des vers.

Les vers se mesurent de dix manières différentes, c'est-à-dire qu'ils contiennent plus ou moins de syllabes, suivant le mètre adopté pour leur arrangement. Ils sont de une, deux, trois, quatre, cinq, six, sept, huit, dix et douze syllabes. Il n'y a donc pas de vers de neuf, de onze et de treize syllabes et au-dessus, parce que ces mètres se prêtent peu au rhythme, et qu'ils produisent sur l'oreille un effet désagréable.

Vers de douze syllabes.

Du lieu saint à pas lents je montais les degrés
Encor jonchés de fleurs et de rameaux sacrés.
Le peuple, prosterné sous ces voûtes antiques
Avait du roi-prophète entonné les cantiques.

(C. D.)

Ce vers est nommé alexandrin ou héroïque. Il convient à la haute poésie, aux sujets nobles, à cause de son rhythme grave et majestueux.

Vers de dix syllabes.

O mes amis, que Dieu vous garde un père!
Le mien n'est plus!... — De la terre étrangère,
Seul dans la nuit, et pâle de frayeur,
S'en revenait un riche voyageur.

(M.)

Ce vers est gracieux et léger. C'est celui qui convient le mieux au récit. Son rhythme est doux et agréable à l'oreille.

Vers de huit syllabes.

Déjà la rapide journée
Fait place aux heures du sommeil
Et du dernier fils de l'année
S'est enfui le dernier soleil.

(Me A. T.)

Le rhythme de ce vers est doux et majestueux à la fois; il convient à l'ode et à la poésie légère.

Vers de sept syllabes.

Des cavaliers au pas leste,
Alignés sur son chemin,

Tous vêtus de bleu céleste,
Marchent le mousquet en main.

(B.)

Ce vers s'emploie dans les mêmes sujets que le vers de huit syllabes.

Vers de six syllabes.

En vain sous un ciel pur
Une eau que rien n'enchaîne
Dans une riche plaine
Roule ses flots d'azur.

(J.)

Ce vers convient à la poésie pastorale ; son rhythme est gracieux et naïf.

Vers de cinq syllabes.

Dans ces prés fleuris
Qu'arrose la Seine,
Cherchez qui vous mène,
Mes chères brebis.

(Me D.)

Ce vers s'emploie dans les mêmes sujets que le vers de six syllabes.

Vers de quatre syllabes.

Pauvre petite
Pénètre vite
Dans la prison
Au noir donjon.

(S.)

Le rhythme de ce vers, ainsi que des vers de trois, deux et une syllabe, est fatigant. Aussi ne les emploie-t-on qu'à la fin des strophes et des couplets. Cependant on les place quelquefois au milieu de vers d'une mesure plus longue, quand on veut obtenir un effet de surprise, ou faire remarquer une expression.

Vers de trois syllabes.

Pauvre fille
Sans famille,
Pour mourir
Doit souffrir.

(J. T.)

Vers de deux syllabes.

Encore
Le Maure
Autour
Du four !

(A.)

Il est facile de remarquer combien ce rhythme, ainsi que le précédent, est disgracieux, employé seul. Il fait au contraire très bon effet quand on le mêle à un autre, comme dans cette strophe de Châteaubriand :

Combien j'ai douce souvenance
Du joli lieu de ma naissance !
Ma sœur, qu'ils étaient beaux ces jours
De France!
O mon pays, sois mes amours
Toujours.

Vers d'une syllabe.

On ne peut faire une suite de vers d'une seule syllabe. Le plus grand talent ne pourrait se tirer d'un pareil travail. Le vers d'une syllabe fait un effet original partout où il se trouve :

Nous voyons des commis
Mis
Comme des princes
Qui jadis sont venus
Nus
De leurs provinces.

—

La fable suivante renferme les dix espèces de mesures.

12. O mort ! viens terminer ma misère cruelle,
10. S'écriait Charle, accablé par le sort.
8. La mort accourt du sombre bord,
7. C'est bien ici qu'on m'appelle?
6. Or ça, de par Pluton,
5. Que demande-t-on ?
4. Je veux, dit Charle ;
3. Tu veux, parle.
2. Eh bien !
1. Rien.

Chaque réunion de deux syllabes forme un pied. On dit vers de six pieds, de trois pieds, de trois pieds et demi, etc., suivant que le vers a douze, six ou sept syllabes, etc.

En écrivant, on a soin de placer toujours une lettre capitale au commencement de chaque vers. Cette habitude, dont on ignore l'origine, sert à marquer la fin du mètre, de telle sorte qu'on reconnaîtrait des vers à la seule inspection d'une composition écrite, lors même que le rhythme ne nous guiderait pas et que chaque vers n'occuperait pas une seule ligne.

2. DE L'HÉMISTICHE, DU REPOS ET DE LA CÉSURE.

1. Les vers de douze syllabes sont coupés en deux parties égales. Chacune de ces parties se nomme *hémistiche* (1). Les vers de dix syllabes ont également deux hémistiches, mais inégaux : car le premier est de quatre syllabes, et le second de six syllabes.

Va donc prier pour moi! — dis pour toute prière :
Seigneur, Seigneur, mon Dieu, — vous êtes notre père.

—

Pour mon enfant, — tourne, léger fuseau,
Tourne sans bruit — autour de son berceau.

Les autres espèces de vers n'exigent point cette division.

Il faut prendre garde de faire rimer le premier hémistiche d'un vers, soit avec le second, soit avec les deux du vers suivant. Dans ces vers :

La neige au gré des vents, comme une épaisse laine,
Voltige à gros flo*cons*, tombe, couvre la plaine
Et conf*ond* les vall*ons*, les chemins, l'hori*zon*;
Les m*onts ont* disparu.....

---

(1) Les rhéteurs disent que l'*hémistiche* est *un repos obligé après la sixième syllabe dans le vers alexandrin*. Cette définition est du *galimathias simple*. Si l'hémistiche était un repos, comment comprendrait-on ces vers de Boileau :

Que toujours dans vos vers, le sens coupant les mots,
Suspende l'hémistiche, en marque le repos.

Boileau a-t-il voulu dire : *Suspende le repos, marque le repos du repos*. C'est impossible.

Il faut donc reconnaître ou que les rhéteurs commettent une erreur, ou qu'ils font une métonymie barbare, qui n'est justifiée ni par les principes qui régissent ce trope, ni par l'usage.

Il y a rime disgracieuse dans les hémistiches se terminant à *flocons*, *vallons*, *horizon*, sans parler de ce bourdonnement insupportable produit par le retour de la syllabe *on*.

Cependant il y a quelquefois de la grace à faire rimer entre eux les deux premiers hémistiches d'un vers, mais il ne faut le faire que pour obtenir des mouvements oratoires.

Qui cherche *vraiment Dieu* dans lui seul se repose,
Et qui craint *vraiment Dieu* ne craint rien autre chose.

(G.)

En plaçant les mots *vraiment Dieu* à la fin des deux premiers hémistiches, le poète a une intention évidente, c'est de faire ressortir par la répétition et la rime la force de la *véritable crainte de Dieu*.

2. Le *repos* sert à marquer l'hémistiche, soit au milieu du vers soit à la fin.

Le repos du premier hémistiche ne doit pas être aussi sensible que celui du second ; il suffit qu'il n'y ait pas une liaison nécessaire entre la syllabe qui finit le premier hémistiche et celle qui commence le second. Le repos final doit être plus marqué, lors même que le sens d'une proposition ne serait pas fini, et c'est ce qui se présente souvent ; car on ne peut encadrer chaque phrase en un vers, et le pourrait-on, il en résulterait une uniformité telle que la lecture et l'audition des vers seraient insupportables.

L'art du versificateur consiste à ménager les degrés du repos, pour le plus grand charme de l'oreille. Tantôt le repos sera long, tantôt court, quelquefois il sera à peine sensible. Cette variété dans les repos délasse et récrée. On en jugera par les vers suivants :

Mais sur l'homme assoupi | Morphée est descendu, —
Sa paupière est fermée — et son corps étendu. —
Qui remplira le vide | où le sommeil le plonge? —
Les souvenirs portés | sur les ailes d'un songe. —
Dans ces tableaux trompeurs, — par eux seuls animés, —
Il reprend ses travaux, — ses jeux accoutumés. —
Le berger endormi | tient encor sa houlette, —
Le poète son luth, — le peintre sa palette.

(LEG.)

3. Lorsque le repos final disparaît ou qu'un vers se

brise dans le premier ou le second hémistiche, il y a *césure*. La césure, ainsi que l'indique son étymologie latine, coupe le vers, non point à la fin du premier hémistiche, — ce qui n'est qu'un repos, — mais dans tout autre endroit du vers. Elle peut être à la première syllabe comme aux suivantes, excepté à la sixième dans le vers alexandrin, et à la quatrième dans le vers de dix syllabes :

. . . . Et souvent *la césure*
Plaît, je ne sais comment, en rompant la mesure.
(VOLT.)

Dans ces vers, il y a césure au mot *plait*; le repos est après *comment*. Quoiqu'en dise Voltaire, ce n'est pas la mesure que la césure rompt; car la mesure a ses lois qu'on ne peut transgresser; mais c'est le rhythme qui est rompu par la césure, parce qu'il n'y a plus alors de proportion entre les membres de la proposition.

Quand la césure est employée avec goût, elle produit de véritables beautés :

L'univers ébranlé s'épouvante. — Le Dieu
De Rhodope ou d'Athos réduit la cime en feu.
(DEL.)

Il est facile de voir comment la césure placée après *s'épouvante* fait un effet admirable. L'effroi arrête le courage, glace le cœur; un être épouvanté n'a plus la conscience de ses actes, il ne songe plus aux lois qui le régissent, son état normal est bouleversé. La césure, en rompant le rhythme, imite cet effet extraordinaire, et nous le fait remarquer malgré nous.

Je l'ai trouvé couvert d'une affreuse poussière,
Revêtu de lambeaux, tout pâle; — mais son œil
Conservait sous la cendre encor le même orgueil.
(RAC.)

La césure qui est après le mot *pâle* nous arrête sur le sort déplorable de Mardochée; notre pitié est vivement excitée, et plus nous gémissons sur le sort du juste persécuté, plus nous admirons son héroïsme, quand le rhythme se relève vivement dans le magnifique vers qui suit. Tel est l'effet que doit faire toute césure.

Si la césure est placée sans goût pour le simple besoin de la phrase, pour obtenir un effet puéril, ridicule, ou pour arrêter la pensée sur un objet horrible, monstrueux, etc., elle manque totalement son but et devient une faute impardonnable.

Dans les deux vers de Voltaire que j'ai cités plus haut, la *césure* paraît au premier abord de nul effet ; c'est une beauté néanmoins, uniquement parce qu'elle donne l'exemple tout en exposant l'effet du précepte. Mais dans les exemples suivants, les césures ne sont que de plates chutes où l'affectation se mêle à la nullité du but :

Je m'endors, et ma sœur, et mon père éperdus
Se disaient : « Il s'endort pour ne s'éveiller plus. »

—

Auprès d'elle le chef de l'agreste sénat
Et le sage vieillard qui lui donna la vie
Marchent ; — d'un chœur pieux, etc.

—

. . . . L'impétueux coursier,
Non loin de la retraite où l'ennemi repose,
Arrive ; — l'assaillant en ordre se disperse.

Dans le premier exemple, l'auteur nous initie à la connaissance d'une nouvelle qui n'a rien de dramatique, puisqu'il n'a point succombé à la maladie qu'il raconte. *Il s'endormait*, il n'y a rien là de bien effrayant pour un père et pour une sœur, au contraire ; pourquoi donc cette césure : *Se disaient.*

Dans les deux autres, les césures sont de vrais contresens. Dans le moment où une troupe *marche*, où *un coursier impétueux arrive*, le vers doit être vif et précipité, et c'est méconnaître les lois du plus simple bon sens que d'arrêter court le rhythme par la césure.

Pour terminer ces observations, je recommande à l'élève de se souvenir que le rhythme poétique n'est pas une prose brisée, qu'une phrase qui tombe lourdement et platement d'un vers à l'autre n'amène pas une césure, qu'elle ne fait que deux mauvais vers, et par conséquent deux mauvaises lignes.

3. DE L'ÉLISION.

L'élision est la suppression d'une voyelle finale à la rencontre d'une autre voyelle.

Sans parler de l'élision grammaticale, dont les règles sont applicables aux vers aussi bien qu'à la prose, il n'y a en poésie qu'une seule élision, c'est celle de l'*e* muet devant une voyelle. Ainsi la syllabe qui se termine par cette lettre suivie d'une voyelle ne compte pas dans la mesure.

Rani*me* un fai*ble* espoir que chaq*ue* instant détruit.

Ce vers a quinze syllabes, mais l'élision retranche de la mesure les syllabes *me*, *ble*, *que*.

Devant un *h* non aspiré, l'élision est aussi de rigueur.

Sa triste indépendan*ce* habite les forêts.
Voilà l'erran*te* hirondelle
Qui rase du bout de l'aile
L'eau dormante des marais.

Si l'*e* muet est suivi d'une consonne, ou d'un *h* aspiré, la syllabe se compte.

Quel*le* honte pour moi ! quel triomp*he* pour lui !

Le premier hémistiche d'un vers ne peut se terminer par un *e* muet s'il n'y a pas élision. Le vers suivant contiendrait cette faute.

C'est dans l'infortu*ne* qu'on connaît ses amis.

Pour le rendre régulier, il faudrait chercher une tournure qui permettrait de placer l'élision, par exemple :

Est-on dans l'infortune ? on connaît ses amis.

Mais si au repos l'élision est nécessaire, elle ne l'est point à la césure. Ainsi on peut dire indifféremment ou sans élision :

L'univers ébranlé s'épouvan*te*. — Le Dieu,

ou bien avec élision :

L'univers ébranlé s'épouvan*te* — et le Dieu...

En ce dernier cas, la césure est moins marquée.

L'*e* muet final précédé d'une voyelle ne peut entrer dans un vers. Les mots *Marie-Therèse*, *Marie-Louise*, *Sophie d'Argence*, *etc.*, sont, pour cette raison, exclus de la langue poétique.

Si l'*e* muet précédé d'une voyelle est suivi de consonnes qui ne modifient point la prononciation ou la quantité prosodique, l'entrée du vers lui est défendu ; il devient alors nécessaire de rejeter ces mots à la fin du vers. On ne pourrait pas dire :

Tes perfidi*es*, cruel, causeront mon trépas.

es ferait une syllabe de trop, quoique muette.

Tes foli*es*, mon fils, causeront mon trépas.

es ne compterait pas pour une syllabe.

Il en est de même de :

Voilà donc les trésors { qu'envient tous les humains.
qu'envient les humains.

Dans le premier de ces deux hémistiches, *ent* est de trop ; dans le second, il ne suffit pas ; et comme il n'y a pas d'élision possible dans tous ces cas, il faut bannir du vers ces syllabes parasites, et les rejeter à la fin. C'est là, à la fin, que sont bien placés ces sortes de mots. Les vers suivants seraient bons :

Mon trépas, fils cruel, *vient* de tes perfidies.
Mon trépas est causé, mon fils, par tes folies.
Voilà donc les trésors que les mortels en*vient*.

On remarquera dans le premier de ces vers le mot *vient* et dans le dernier la syllabe *vient* dans *envient*. *Vient*, à cause de sa prononciation nasale, peut entrer dans le vers, et *vient*, restant syllabe inarticulée, n'a pas ce privilége. Ainsi, chaque fois que le son muet disparaîtra, l'entrée du vers sera libre, parce que d'une part le rhythme sera rétabli, et que d'autre part la mesure n'en souffrira pas. Dans le vers :

Voilà donc les trésors qu'envi*ent* tous les humains !

le rhythme est satisfait, l'oreille n'est point offensée ; mais la mesure repousse cette introduction dans le vers des trois lettres *ent* qui forment syllabe muette. Dans l'autre vers :

Voilà donc les trésors qu'envient les humains.

La mesure n'a rien à dire ; mais à son tour le rhythme se fâche : il n'entend pas deux hémistiches bien proporportionnés, et il condamne le vers. Dans

Mon trépas, fils cruel, *vient* de tes perfidies,

la mesure et le rhythme ont fait alliance et sont tombés

d'accord, parce qu'il y a contraction des sons *vi* et *ent* qui ne font plus qu'une syllabe. C'est là ce que veut la mesure ; et le rhythme n'en demande pas davantage.

C'est par la même raison que dans certains temps des verbes, *ent* est fondu avec la consonnance précédente et ne compte point dans la mesure.

> C'*étaient* fleurs et rubans, plumes qui s'agitaient,
> Des ombres qui dans*aient* au son de la musique.
>
> (M.me JANV.)

C'étaient, dansaient, au pluriel, ont une prononciation plus longue qu'au singulier, *c'était, dansait*.

Je me suis étendu un peu sur ces observations, afin de bien faire distinguer à l'élève la mesure du rhythme.

Quand l'*e* muet suivi ou non de consonnes, est mis à la fin du vers, il n'y a pas proprement élision, mais les règles de la mesure une fois observées dans le corps du vers, ne sont plus applicables. Ici c'est la rime qui élève la voix et réclame des syllabes muettes, comme nous allons le voir.

4. DE LA RIME.

La rime est le retour du même son à la fin de deux ou de plusieurs vers mis en rapport.

La rime est la première condition de la poésie française. Il ne faut pas néanmoins s'exagérer les difficultés qu'elle offre.

> Qu'est-ce donc que la rime? une chaîne légère,
> Que s'impose l'esprit, que l'école exagère;
> Un charme à la mesure ajouté savamment,
> Mais qui ne doit gêner l'art ni le sentiment,
> Qui, juste sans effort, élégant sans emphase,
> Soumis à la pensée et soumettant la phrase,
> De la mode et du temps a pu subir les lois,
> Mais dont il faut garder et soutenir les droits.
>
> P.sse DE SALM.

Sous la plume des poètes, la rime coule avec grace et sans effort ; sous celle du versificateur, elle est contrainte et n'obéit souvent qu'aux dépens de la précision et du sens.

Il y a deux sortes de rimes : la rime masculine et la rime féminine.

I. *Rime masculine.*

1. La rime masculine est celle qui se termine par un son plein où ne figure point l'*e* muet.

Ex. : *Ardeur, candeur, - vérité, bonté, - désir, plaisir.*

2. La rime masculine n'étant que pour l'oreille et non pas pour les yeux, on doit, en la cherchant, se guider par le son plutôt que par l'orthographe.

Genoux, vous, — chemin, main, — prompt, affront, etc., riment ensemble.

3. Par suite de la même règle, les syllabes qui ont la même orthographe, mais qui n'ont pas le même son, ne riment pas ensemble.

Je reconnois, fois, — altiers, fiers, — etc., sont de mauvaises rimes.

4. Le pluriel ne rime pas avec le singulier. — *Enfer, divers, — amour, jours, — lieux, jeu, — etc.* Ces rimes seraient bonnes en les mettant ou toutes au singulier ou toutes au pluriel.

5. Lorsqu'une seule des syllabes porte les signes du pluriel (s, x), les deux mots, quoique au singulier, ne forment pas une rime. — *Exploit* ne rime pas avec *bois*, *courroux* avec *goût*, *trépas* avec *état*, *etc.*

6. Un mot composé ne rime pas avec son radical : *Fait, défait, — dit, contredit, — jours, toujours, etc.* Ces rimes sont mauvaises.

7. Un mot ne rime avec lui-même que lorsqu'il est pris dans un sens tout-à-fait différent.

Assis sur l'herbe tendre, à l'ombre d'un pêcher,
Dans le Rhône aux flots bleus je m'amuse à pêcher.

II. *Rime féminine.*

La rime féminine est celle qui se termine par un *e* muet, soit qu'il se trouve seul, soit que plusieurs lettres l'accompagnent, mais sans en changer le son (1).

---

(1) Plusieurs rhéteurs modernes disent que *la rime est féminine quand elle se termine par un* e *muet seul, ou suivi de* s, nt.

C'est encore une définition faite pour égarer l'esprit des élèves. *Diraient, feraient*, prudem*ment*, savam*ment*, *ment, etc.*, et tous les mots de même terminaison où le son muet disparaît, feraient donc des rimes féminines ! Or, ce sont des rimes masculines.

2. Pour qu'il y ait rime féminine, il faut que la consonnance commence à la pénultième, c'est-à-dire qu'on ne doit pas avoir égard à la syllabe ou à la lettre muette, et qu'en la supprimant mentalement, il reste encore une rime masculine suffisante et régulière.

N'avez-vous point de nuit fiévreuse et dél*iran*—te,
Où la voix du désir, tout le jour exp*iran*—te,
Parle à votre chevet. . . . . .

—

Grâce à vous, échappant à cette mort aff*reu*—se,
Affermissant ses pas sur la route pier*reu*—se,
Comme un guide il vous suit. . . . . .

—

Puis, quand il est sorti de ces gorges mau*di*—tes,
Vous vous tournez vers lui, mon père, et vous lui *di*—tes :
(A. D.)

Comme on le voit, la consonnance de la rime se fait entendre aux pénultièmes *rant*, *reu*, *di*.

Il n'y aurait donc pas rime dans les mots : *Sour*—ce, *for*—ce, *servi*—ce, *espa*—ce, etc., parce que les consonnances *our*, *or*, *vi*, *pa*, n'offrent aucune espèce d'analogie.

3. Pour distinguer une rime féminine d'une rime masculine, le versificateur doit se guider par le son. Si la mesure du vers étant complète le son appuie sur la dernière syllabe, la rime est masculine, qu'il reste ou non des lettres purement orthographiques. Si, au contraire, le son plein expire sur la pénultième, et qu'il ne reste qu'une syllabe muette, la rime est féminine.

Tous les siècles y sont, tous les âges y *vien*—nent,
Usés par les genoux, les marbres y comp*ren*—nent.

—

C'étaient fleurs et rubans, plumes qui s'agitai—ent.
Des plateaux surchargés que des valets portai—ent.

Il est aisé de voir que les premières rimes sont féminines, parce qu'il reste après la mesure complète une syllabe muette (*nent*); et que les deux dernières sont masculines, parce que *ent* dans *s'agitaient*, *portaient* ne compte point dans le son pour une syllabe même muette.

4. Les autres règles des rimes féminines sont les mêmes que celles des rimes masculines.

DÉNOMINATIONS DIVERSES DES RIMES.

1. RIMES RICHES. — La rime riche est celle qui commence au moins à la pénultième dans le vers masculin, et à l'anté-pénultième dans le vers féminin.

Et pour mieux apaiser ses mânes ir—*rités*,
Rendons-lui les honneurs qu'il a trop mé—*rités*.

—

Fuyez de mes plaisirs la sainte aust—*érité ;*
Tout respire ici Dieu, la paix, la v—*érité*.

—

On ne l'abusera point par des promes—ses vaines
Tant qu'un reste de sang coulera dans — ses veines.

(RAC.)

On donne encore le nom de *rime riche*, mais évidemment par extension, à celle qui offre une grande conformité de sons et d'articulations. Alors une rime sera riche si les lettres qui servent d'appui à la voyelle sont semblables dans les deux vers correspondants : Stu-*peur*, va-*peur*, cou-*rage*, *rage*.

2. RIMES PAUVRES. — La rime est pauvre quand elle n'offre que la répétition du même son, dans sa plus grande simplicité : Vert-*u*, vainc-*u*, — lu-*i*, infin-*i*, — bont-*é*, décid-*é*, etc. Il faut éviter ces sortes de rimes qui sont bien près d'être insuffisantes et même mauvaises, et qu'on trouve néanmoins dans de bons auteurs.

Remarquez que la rime n'est pauvre qu'autant que le son est réduit à sa plus grande simplicité. Si donc le son est augmenté, comme cela arrive dans toutes les rimes féminines, ou qu'à la voyelle rimant isolément, se joigne une consonne semblable dans les deux rimes, la faute sera moindre et la rime suffisante.

Au bout de quelque temps, on la crut adouc—*ie*.
Comment passiez-vous votre v—*ie ?*
Les députés du peuple r—*at*.
Vinrent chercher secours contre le peuple ch—*at*.

(LAF.)

Néanmoins ces rimes ne sont admises que dans la poésie légère. Il faut être plus sévère dans les sujets relevés, surtout quand on compose des vers alexandrins.

Si le vers se termine par une seule voyelle, il lui faut une lettre pour appui, bon—*té*, charité — vé—cu, vain—*cu*, — éver—*tue*, tor—*tue*, etc.

Il ne faut pas prendre pour des rimes pauvres celles où le son simple est modifié, quand même la voyelle ne serait point appuyée par une consonne, j—*our*, t—*our*, — fur—*eur*, sauv—*eur*, — r—*oi*, m—*oi*, — éclat—*ant*, trembl—*ant*, — nect—*ar*, nénuph—*ar*, etc., sont de très bonnes rimes, parce que le son est plein, distinct, et résultant de la combinaison de la voyelle, avec une autre voyelle ou des consonnes.

Quelques auteurs mettent aussi au nombre des rimes pauvres, sult—*an*, inst—*ant*, — dé—*mon*, *mont*, — ess—*or*, *fort*, etc. Je conviens que ce sont là de pauvres rimes, dont on ne trouve des exemples que chez les auteurs qui se soucient peu de la pureté de la versification. Le son est, il est vrai, la principale condition de la rime, mais la ressemblance ortographique ne la gâte point, et de deux pièces de vers égales en mérite, on devra préférer celle où la rime joindra à la consonnance l'exactitude ortographique des mots.

Rime pleine. — C'est celle où non-seulement le son, mais l'articulation est la même, lu—*tin*, ma—*tin* — infi—*nie*, ago—*nie*, et à laquelle certains auteurs donnent le nom de *rime riche*.

Fausse rime. — Il y a *fausse rime*, quand le premier hémistiche rime ou avec le second, au même vers, ou avec le premier du vers suivant. Nous en avons cité un exemple, page 342.

Rime fausse. — C'est celle qui est formée par deux mots qui n'ont qu'une apparence de conformité dans le son final, comme *bouche*, *fourche*, — *glissent*, *gisent*, — objet, — abject, — etc.

Rimes plates. — Les rimes sont plates quand elles se suivent par couples, deux étant masculines et deux féminines.

Oui, je viens dans son temple, adorer l'éternel;
Je viens, selon l'usage antique et solennel,
Célébrer avec vous la fameuse journée,
Où sur le Mont-Sina la loi nous fut donnée.

Ces rimes sont les seules adoptées dans la haute poésie.

Rimes croisées. — Rimes masculines et féminines entrelacées, de façon qu'un ou deux vers masculins se trouvent entre deux vers féminins, *et vice versà.*

Qu'il est doux, quand du soir l'étoile solitaire,
Précédant de la nuit le char silencieux,
S'élève lentement dans la voûte des cieux,
Et que l'ombre et le jour se disputent la terre,
Qu'il est doux de porter ses pas religieux
Dans le fond du vallon, vers ce temple rustique,
Dont la mousse a couvert le modeste portique,
Mais où le ciel encor parle à des cœurs pieux.

(LAM.)

Ainsi arrangées, ces rimes s'appellent aussi *rimes mêlées.* On n'y met pas de suite plus de deux vers masculins ou plus de deux vers féminins et leur ordre n'est point uniforme. Voici un exemple de *rimes croisées.*

Que le Seigneur est bon! que son joug est aimable!
Heureux qui dès l'enfance en connaît la douceur,
Les biens les plus charmants n'ont rien de comparable
Aux torrents de plaisirs qu'il répand dans un cœur.

(RAC.)

Les autres dénominations de rimes n'ont rapport qu'à l'ancienne poésie française.

5. DE LA DISPOSITION DES VERS.

1. Les vers masculins et féminins se disposent ordinairement de manière à ce qu'il n'y ait pas plus de deux rimes de même consonnance à la suite l'une de l'autre.

2. Ce principe, généralement adopté, n'est pourtant pas sans exception : car on trouve assez fréquemment dans nos bons poètes, lorsqu'ils veulent presser un récit ou exprimer un grand sentiment, trois ou quatre rimes suivies.

Cieux, écoutez ma voix; terre, prête l'oreille,
Ne dis plus, ô Jacob! que ton Seigneur sommeille.
Pécheurs! disparaissez, le Seigneur se réveille.

(RAC.)

Donnez-nous, dit le peuple, un Roi qui se remue.
Le monarque des dieux leur envoie une grue,
Qui les croque, qui les tue. (LAF.)

3. Dans la poésie noble, dans l'épopée par exemple la tragédie, la haute comédie, etc., cette exception à la règle générale ne serait point reçue.

4. Le poète est libre de commencer sa composition, ou par une rime masculine, ou par une rime féminine.

5. Les *vers* sont *libres* quand on admet dans une composition des vers de différentes mesures, et que les *rimes* sont *mêlées* suivant le goût ou le caprice du poète.

6. L'assemblage de deux vers, formant un sens complet, se nomme *distique*.

> Dans la fable et le conte il n'eut point de rivaux
> Il peignit la nature, et garda ses pinceaux.
> (GUICHARD SUR LAFONTAINE.)

7. L'assemblage des vers par quatre ou plus se nomme *stance*, *strophe*, *couplet*, suivant le genre de la composition.

8. Quand une composition ne consiste qu'en un assemblage de 3, 4, 6, 8 ou dix vers, on nomme cet assemblage *tercet*, *quatrain*, *sixain*, *huitain* et *dixain*.

9. Il y a aussi des assemblages de 5, 7 et 9 vers; mais il n'ont pas de dénomination propre.

10. Dans tous ces petits genres de composition, l'écrivain est libre de mêler et de croiser les rimes suivant les préceptes énoncés plus haut; mais dans les sujets relevés il n'emploiera que des rimes plates.

Il est inutile, pour faire comprendre toutes ces observations, de citer des exemples. Rien n'est obscur ni confus.

6. DE L'ENJAMBEMENT, DE L'HIATUS ET DES LICENCES.

1. Il y a *enjambement*, lorsque le sens commencé dans un vers ne se complète que dans une partie du vers suivant. Notre poésie rejette les enjambements, à moins qu'ils ne produisent une beauté, comme nous l'avons vu en parlant de la césure. Boileau, en disant

> . . . . . . L'enfant tire, et Brontin
> Est le premier des noms qu'apporte le destin.

n'a fait qu'un enjambement apparent : car le sens se complète dans tout le second vers et non pas seulement dans une partie. Il n'en est pas de même dans l'exemple suivant.

> . . . . . . Rose après lui retrouve sur la plage
> Ses voiles; et tous deux sont rentrés au village.

L'enjambement ici est aussi plat qu'il peut l'être. Nul effet poétique, nulle grâce n'est dans cette césure produite forcément par l'enjambement.

L'espèce d'enjambement la plus commune aux poètereaux c'est celle du génitif, et c'est aussi la plus disgracieuse.

Ces jardins, ces forêts, cette chaîne sauvage,
De rocs; . . . .
Comme il reste surpris lorsqu'au léger feuillage
D'un arbre, il voit, etc. . . . .

La faute ici est doublement condamnable, car l'enjambement de deux syllabes (ou d'un pied) est une chute malheureuse. L'oreille pourrait se reposer sur trois ou quatre syllabes, et pour peu que la pensée fût grande, il s'en suivrait une césure supportable. Mais rien n'est respecté, ni rhythme, ni lois poétiques. Racine se permet-il de faire enjamber un génitif? il dit :

Je parlerai, Madame, avec la liberté
D'un soldat qui sait mal farder la vérité.

Remarquez 1° que l'enjambement est de trois syllabes; 2° que le poète a soin de faire courir tout d'un trait sa phrase jusqu'au bout du vers, pour faire excuser son enjambement; 3° qu'en supprimant les mots : *qui sait mal farder la vérité*, il y aurait une belle césure : Il y a, en effet un sens profond dans le mot *soldat.* C'est un *soldat* qui va parler, sans éloquence, sans fard, librement, à une impératrice. Nous nous arrêterions sur ce mot avec intérêt, et nous comprendrions à merveille toute son énergie.

Pourquoi le même poète n'a-t-il pas dit, dans Athalie ?

Le peuple saint en foule inondait les portiques
Du temple orné partout de festons magnifiques.

Parce qu'il y avait un enjambement du génitif sans effet de césure; pour éviter cette faute, il a eu recours à l'hyperbate, en plaçant le dernier vers avant le premier, et a fait deux vers irréprochables.

Du temple orné partout de festons magnifiques
Le peuple saint en foule inondait les portiques.

2. L'*hiatus* est produit par la rencontre de deux voyelles dont l'une ne peut s'élider. Ex. : Il all*a à A*rras.

Quoiqu'il ne soit point interdit dans la prose, il y fait presque toujours un mauvais effet. Dans la poésie, il n'est point permis, excepté quelques cas rares.

Nos anciens poètes se permettaient l'hiatus : Saint-Gelais, Théophile, Regnier, Marot ne prenaient aucun soin de l'éviter ; on en trouve même encore des exemples dans Malherbe ; mais depuis, il a été sévèrement banni de la poésie.

Il y a encore hiatus, 1° quand une voyelle rencontre un *h* non aspiré.

> J'*ai hor*reur d'un succès qu'il faut qu'un crime achète.

2° Quand la conjonction *et* se trouve avant une voyelle.

> *Et en* cent nœuds retors
> Accourcit *et al*longe *et en*lace son corps.
> (RON.)

3° Quand l'*e* muet précédé d'une voyelle n'est point élidé dans le corps du vers :

> Il vous loue tout haut et vous joue tout bas.
> (SCAR.)

4° Quand, l'élision étant faite, il s'ensuit une prononciation dure et désagréable :

> En m'arrachant mon fils, m'avait puni*e a*ssez.
> (V.)
> Condamne-*le à* l'amende, ou, s'il le casse, au fouet.
> (RAC.)

Ce dernier hiatus n'est point absolument et en principe regardé comme vicieux. Il est pourtant sec et rude. Il fait moins mauvais effet dans ce vers de Boileau.

> L'honneur est comme une île, escarpé*e et* sans bords.

L'hiatus n'est point vicieux :

1° Quand on veut citer des expressions proverbiales et des phrases toutes faites.

> Le juge prétendait qu'*à tort et à travers*
> On ne saurait manquer, condamnant un pervers.
> (LAF.)
> *Tant y a* qu'il n'est rien que votre chien ne prenne.
> (RAC.)

2° Dans les interjections, et le mot *oui*.

> *Ah ! il* faut modérer cette conduite austère.
> *Oui, oui*, je veux parler et ce dessein m'amène.

3. La *licence* poétique est une incorrection, soit de langage, soit d'ortographe, permise en faveur de l'harmonie, de l'élégance et de la rime ; c'est toute liberté que le poète se donne contre la règle et l'usage ordinaire.

En faveur de l'harmonie, la licence autorise des expressions semblables à celle-ci :

. . . . . De joyeuses abeilles
Viendront s'abattre en foule *à* leurs rideaux de lin.
(V. H.)

Il faudrait rigoureusement *sur* leurs rideaux.

Rangés devant le vieil autel de pierre
Nous *attendions venir* l'humble bannière.
(J. T.)

Au lieu de : *nous attendions que l'humble bannière vint.*

En faveur de l'élégance, la licence autorise certaines expressions que la prose n'admettrait pas toujours, telles sont :

L'empyrée — pour le ciel
Les sombres bords — l'autre monde
La race de Japhet — les hommes.

et une foule d'autres qu'il serait trop long d'énumérer et qu'on remarquera en lisant les poètes.

Enfin, en faveur de la rime comme de la mesure, on peut quelquefois supprimer une lettre ou l'ajouter à volonté. Tels sont les mots *je voi*, *j'aperçoi*, *encor*. Ici il faut se guider sur les bons poètes, et ne recourir à ces licences que lorsqu'on ne peut faire autrement.

En général, pour qu'une licence soit bonne, il faut qu'on puisse la justifier par une figure, parce que dans le cas où la grammaire vous condamnerait, la rhétorique vous absoudrait. Mais souvenez-vous qu'on doit

D'une licence heureuse user avec prudence,
Et n'oublier jamais que c'est une licence.
(DE ROSN.)

Si je voulais faire une poétique complète j'aurais à traiter maintenant des nombreux genres de poésie. Mais tel n'est pas mon but, je vais seulement les indiquer.

La poésie lyrique comprend :

L'ode sacrée (le cantique).
L'ode héroïque.
L'ode morale ou philosophique.
L'ode badine (la chanson).
La cantate et l'oratorio.

La poésie épique comprend :

L'épopée proprement dite.
Le poëme héroïque.
Le poëme héroï-comique.

La poésie dramatique comprend :

La tragédie proprement dite.
La tragédie populaire.
La tragédie lyrique.
La comédie (haute).
La comédie populaire.

La poésie didactique comprend :

Le poëme didactique.
L'épitre.
La satire.
L'apologue.
Le conte

La poésie pastorale comprend :

L'églogue.
L'Idylle.

La poésie élégiaque ne comprend que l'élégie.

La poésie fugitive comprend :

L'acrostiche.
Le bouquet.
La charade.
La complainte.
Le distique.
L'énigme.
L'épigramme.

L'épitaphe.
L'épithalame.
L'impromptu.
L'inscription.
Le logogriphe.
Le madrigal.
Le quatrain.
Les stances.
Le vaudeville.
Le sonnet.
La ballade.
Le rondeau.
Le trioiet.
Le lay.

Voilà la matière d'un bel et bon volume. J'abandonne l'étude de tous ces genres aux élèves qui ont des dispositions naturelles à la poésie, recommandant à ceux qui n'ont pas reçu le *feu sacré* de s'occuper de prose. Pour encourager ceux-ci à cultiver l'éloquence, en même temps que pour les rebuter d'une audacieuse entreprise, je leur proposerai l'exemple d'un de nos plus célèbres prosateurs, qui, sollicité un jour de faire des vers, composa, après y avoir bien rêvé, le célèbre distique suivant :

Il fait en ce grand jour le plus beau temps du monde,
Pour voyager à pied, sur la terre et sur l'onde.

Assurément, ces vers qui avaient coûté au célèbre orateur une demi-journée de travail, ne valent pas un seul membre de la plus faible de ses périodes, qu'il avait peut-être fait en moins d'une minute.

VERS A MESURER.

☞ Canevas nos 252 à 260.

FIN DU TOME PREMIER.

Roanne. — Imprimerie de A. Farine.

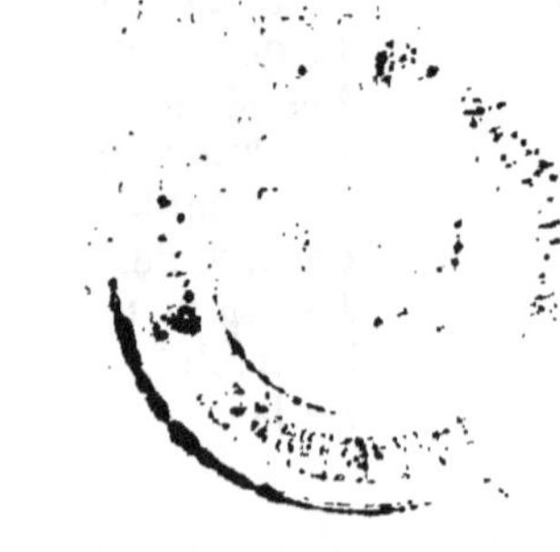

BIBLIOTHÈQUE NATIONALE
R.F.
IMPRIMÉS

TABLE

DU TOME Ier.

—

FIN DE LA TABLE DU TOME PREMIER.

Roanne. — Imprimerie de A. FARINE.

www.ingramcontent.com/pod-product-compliance
Lightning Source LLC
LaVergne TN
LVHW020530230826
846091LV00002B/230

* 9 7 8 2 0 1 3 0 7 5 0 7 7 *